W0074772

HEINZ DUCHHARDT
Der Aachener Kongress 1818

HEINZ DUCHHARDT

Der Aachener Kongress 1818

Ein europäisches Gipfeltreffen im Vormärz

Mit 13 Abbildungen

PIPER

Mehr über unsere Autoren und Bücher:
www.piper.de

Von Heinz Duchhardt liegt im Piper Verlag vor:
Der Weg in die Katastrophe des Dreißigjährigen Krieges

MIX
Papier aus verantwor-
tungsvollen Quellen
FSC® C014496

ISBN 978-3-492-05871-1
© Piper Verlag GmbH, München, 2018
Satz: Kösel Media GmbH, Krugzell
Gesetzt aus der Adobe Garamond Pro
Litho: Lorenz & Zeller, Inning am Ammersee
Druck und Bindung: GGP Media GmbH, Pößneck
Printed in Germany

Außerdem waren diese zwei Monate, obgleich voll Mühe und Arbeit, doch unstreitig die interessantesten, befriedigendsten und ruhmvollsten meines Lebens.

FRIEDRICH GENTZ, Tagebuch

Inhalt

Vorwort

Gipfeltreffen von Staatspräsidenten und Regierungschefs zählen seit den 1980er Jahren im Zuge der ungeheuren Verdichtung der Staatenbeziehungen und von Globalisierungsprozessen zu den Normalitäten einer »nachmonarchischen« Zeit, die glaubt, im persönlichen Austausch der Staatsmänner die Gebrechen eines Kontinents oder der ganzen Welt heilen und den Weg in eine bessere Zukunft planieren zu können: Die EU- und NATO-Gipfel, die EU-Afrika-Gipfel, die G7-, G8- und G20-Gipfel, die Klimagipfel und vieles andere mehr stehen für diesen Trend, dem spektakulären Zusammentreffen einer politischen Spitzenelite mehr zuzutrauen als dem stillen und beharrlichen, unprätentiösen sachorientierten Arbeiten von Diplomaten und Experten oder den UN-Resolutionen.

Unsere Gegenwart, so scheint es, bedarf des medial weltweit vermittelten Spektakels, mögen die tatsächlich auf diesen – immer massiver hinterfragten – Treffen erzielten Ergebnisse oft mit dem riesigen Aufwand auch in einem eklatanten Widerspruch und Missverhältnis stehen. Multilaterale Gipfeltreffen sind jedoch kein Phänomen der Moderne, die Traditionslinien gründen vielmehr im frühen 19. Jahrhundert. Damals wurde dieser Typus in die internationale Politik eingeführt, den es vor der Französischen Revolution so gut wie nicht gegeben hatte und der zugleich damals geradezu »explodierte«.

*

9

Der *Kongress nach »dem« Kongress* – so lautete eine erste (tentative) Titelfassung dieses Buches – verdient in mehr als einer Hinsicht stärkere Beachtung, als ihm bisher zuteil- wurde: als ein politisches Ereignis, das – ein kontrovers dis- kutiertes Thema in der zeitgenössischen Presse[1] – sich zwar nicht als bloße »Fortsetzung« des Wiener Kongresses ver- stand (und auch nicht verstanden werden darf), das aber trotzdem in mehr als einer Hinsicht auf Ergebnisse der Wie- ner Friedensordnung – des Kongresses und der ergänzenden Dokumente des Herbstes 1815 – rekurrierte und sie teils fortschrieb, teils modifizierte, teils wieder aufhob. Er ist zu verstehen als eine Blaupause, wie solche Gipfeltreffen zu- künftig abliefen, als ein Einschnitt, der die nachfolgenden Repressionen gegen oppositionelle zivilgesellschaftliche Gruppierungen wenigstens gedanklich antizipierte, aber auch als ein »Kulturfestival«, das für einige Wochen die bür- gerliche Gesellschaft der ehemaligen Reichsstadt Aachen mit musikalischen und künstlerischen Höchstleistungen in unmittelbaren Kontakt brachte.

Mainz, im Januar 2018
Heinz Duchhardt

10

Einleitung

Nachdem das Gedenkjahr des Wiener Kongresses in allen Medien – Büchern, Ausstellungen, Zeitungen, Funk und Fernsehen – 2014/15 reichen Widerhall gefunden hat, drängte es sich auf, den ersten »Folgekongress«, den Friedrich Gentz, der umtriebige Protokollführer, in seinem Tagebuch immerhin als den »interessantesten, ruhmvollsten und befriedigendsten« seines Lebens charakterisierte, unter zeitgemäßen Fragestellungen aufzuarbeiten[2]. Dass er nicht vergleichbar glamourös und zeitlich viel enger dimensioniert als »Wien« war, tat dieser Absicht keinen Abbruch, umso weniger, als sich in Aachen im Prinzip derselbe, allerdings deutlich »geschrumpfte« Kreis der »politischen Klasse« wiedertraf, der auch schon die Physiognomie des Wiener Kongresses geprägt hatte. Über den unbefriedigenden Forschungsstand wird weiter unten zu sprechen sein.

Formal führte sich der Kongress, als dessen Standort Aachen ausgewählt wurde, auf Artikel V des Zweiten Pariser Friedens vom 20. November 1815 zurück, der den vier Siegermächten (Russland, Österreich, Preußen, Vereinigtes Königreich) anheimstellte, nach Ablauf von drei Jahren (»au bout de trois ans«) darüber zu befinden, ob die gegen Frankreich verhängten Sanktionen – die Teilbesetzung des Königreichs durch eine alliierte Beobachtungsarmee und Kriegsentschädigungen in beträchtlicher Höhe – noch die festgesetzten zwei weiteren Jahre fortgeführt oder aber gelockert oder ganz aufgehoben werden sollten.

Im Text der (zur Kontrolle Frankreichs von der Sieger-koalition errichteten) Quadrupelallianz vom selben Datum, dem zweiten für »Aachen« wichtigen Referenzdokument, war eine solche präzise Terminierung unterblieben, und es war bemerkenswert, dass man sich nach anfangs sehr kon-troversen Diskussionen nicht auf den Pariser Frieden, son-dern auf die allgemeine Konsultationsoption der Vier Mächte gemäß Artikel III ihres Allianzvertrags bezog. Im Rückgriff auf die dortigen Formulierungen von der Auf-rechterhaltung der Ruhe Europas, der »tranquillité de l'Europe«, und der Ächtung revolutionärer Grundsätze, die, von Frankreich ausgehend, die Ruhe auch dritter Staaten beeinträchtigen könnten, eröffnete das die Chance, sich auch mit anderen Themen als nur der französischen Agenda zu befassen. Der Rekurs bot zudem den Vorteil, dass er über die Konsultations*option* hinaus eine Art Konsultations*gebot* beinhaltete und der Kreis der Teilnehmer, als er einmal fest-lag, nicht beliebig veränderbar war; angesichts der vielen Schuldner Frankreichs, die auf Zahlungen warteten, hätte bei einer Berufung nur auf den Pariser Frieden nicht aus-geschlossen werden können, dass auch weitere Staaten ihre Teilnahme reklamierten.

Ungeschrieben stand im Raum, wie Frankreich, wenn seine Regierung denn alle Auflagen erfüllt haben würde und die Sanktionen beendet würden, weiter zu behandeln sei. Der Bourbonenstaat war in Wien schon einmal wieder voll in den Kreis der Großmächte aufgenommen worden, die Neuauflage des Krieges gegen den zurückgekehrten Napo-leon hatte diese Situation aber erneut völlig verändert. Wie auch immer diese Prüfung und die Entscheidung ausfielen: Es war klar, dass sie das Mächtespiel nachhaltig berühren würden.

Es sei darauf verzichtet, die zeitgenössischen, unter ande-rem von Friedrich Gentz angestellten begrifflichen Reflexionen hier wiederzugeben, ob der Aachener »Kongress« ob seiner Kürze, des begrenzten Kreises der Akteure und seiner weitgehenden Unspektakularität wirklich ein Kongress oder »nur« eine »Ministerialkonferenz« gewesen sei, die das Etikett »Konferenz« nahelege. Anders als im Englischen – Webster spricht immer nur von »the conference of Aix-la-Chapelle« – hat sich im Deutschen für die vier Treffen der drei »östlichen« Monarchen und ihrer Kabinette in den Jahren 1818 bis 1822 der Begriff »Kongress« eingebürgert. Es besteht, wie ich denke, trotz der Ansätze von Werner Näf und seiner »Schule«, den Rang des Aachener Gipfeltreffens durch den Rückgriff auf die Begrifflichkeit »Konferenz« abzusenken, auch kein Anlass, von diesem allgemeinen Sprachgebrauch abzuweichen.

Dabei soll nicht in Abrede gestellt werden, dass die Protagonisten in einer bestimmten Phase des Vorlaufs von »Aachen« selbst den Rang des Treffens niedrig zu hängen suchten, um Empfindlichkeiten auszubalancieren und um dritte Monarchen oder Diplomaten vom »Kongress« fernzuhalten. Deswegen hatten sie in dieser Phase aus taktischen Gründen den verniedlichenden und verharmlosenden Begriff der »Konferenz« bevorzugt.

*

Ein Buch zur Dekade nach dem Wiener Kongress kann nicht *eo ipso* auf gespanntes Interesse hoffen, gilt dieses Jahrzehnt doch als ein Zeitfenster, in dem manche Ansätze und Ergebnisse von 1814/15 zurückgedrängt oder entleert worden seien, dem also der Geruch des Rückwärtsgewandten anhaftet: das Verdikt der finsteren »Restauration«, die bei in demokratischen und liberalen Werten sozialisierten Menschen unserer Gegenwart eher eine Antihaltung denn Begeisterung auslöst. Und da sich dieses überaus problematische Schlagwort der Restauration, der Rückschritte bis in die vorrevolutionäre Zeit, dann meist auch noch mit dem der »unverständlichen« und pejorativ besetzten Heiligen Allianz und mit dem Namen Metternich verbindet, des »Kutschers Europas«, des Mannes, der – vermeintlich – alle liberalen und demokratischen Bekundungen in Europa habe niederkartätschen lassen, der sich also gegen den »Fortschritt« gestellt habe, gilt diese Dekade gemeinhin als ein »dunkles Jahrzehnt«. Sie sei geprägt durch nicht eingelöste Verfassungsversprechen, die Karlsbader Beschlüsse und die Niederschlagung der liberalen Bewegungen in Spanien und im *Mezzogiorno,* durch »Demagogenverfolgung« und Zensur, durch Missernten, Hungersnot, schwärmerischen Mystizismus, Judenfeindschaft und -pogrome, um hier nur einige wenige Aspekte herauszugreifen. Indes: Diese Sicht greift zu kurz und wird der »dunklen« Dekade nicht voll gerecht. Neuere, vor allem von der Politikgeschichte ausgehende Aufhellungen des düsteren Bildes[3], die das innovative Potenzial jenes Jahrzehnts akzentuieren, haben den Weg ins allgemeine Bewusstsein allerdings noch längst nicht gefunden.

Wissenschaftler, Historiker zumal, pflegen ihre Bücher meist mit dem Hinweis auf eine eklatante Forschungslücke einzuleiten, die dringend auszufüllen wäre. Für das breitere Publikum sind solche Feststellungen in der Regel von nachgeordnetem Interesse, weil es schlicht ein unterhaltsames, gut geschriebenes und dabei zuverlässig recherchiertes Buch erwartet, das seine Neugier befriedigt und gegebenenfalls eine Wissenslücke beseitigt. Gleichwohl kann und soll aber auch hier nicht ganz auf den Topos von der Forschungslücke verzichtet werden, die im Vergleich mit dem Wiener Kongress besonders ins Auge springt.

Zunächst ein Wort zur Quellenlage. Einen zweiten Klüber, also einen Staatsrechtler oder Historiker, der es sich – zeitgenössisch – zur Aufgabe gemacht hätte, die

14

»Akten« dieses Gipfeltreffens herauszugeben, hat der Aachener Kongress nicht »geboren«. Johann Ludwig Klüber hatte in vielen Lieferungen, die wenige Wochen nach Beginn der Wiener Verhandlungen zu erscheinen begannen und dann zu neun gewichtigen Bänden gebunden wurden, dem erwartungsvollen Publikum Protokolle, Memoranden, auch Druckschriften zur Kenntnis gebracht, die ihm von verschiedenen Gewährsleuten zugespielt worden waren. Er hatte damit für einen eher noch dem Arkanbereich zugeordneten Kongress für eine ganz ungewöhnliche Transparenz und »Öffentlichkeit« gesorgt.

Bei den vielen Fachkommissionen, die in Wien parallel tagten, war diese Kompilation eine unschätzbare Hilfe, um in dem Dschungel der Verhandlungen einigermaßen den Durchblick zu behalten. Bei allen Defiziten dieses Unternehmens ist »der Klüber« bis heute eine zentrale Quellengrundlage für Forschungen zum Wiener Kongress geblieben. Am Aachener Kongress hat Johann Ludwig Klüber, inzwischen aus badischen in preußische Dienste übergewechselt und im Departement des Auswärtigen tätig, zwar mit dem Rang eines Geheimen Legationsrats im Gefolge des Fürsten Hardenberg teilgenommen, aber zu einem ähnlichen Unternehmen wie den *Acten des Wiener Congresses* fühlte er sich nicht herausgefordert – und sicher wäre ein solches Vorhaben auch gar nicht mehr im Sinn Berlins und Wiens gewesen.

In Aachen ist es zu einer vergleichbaren Auffächerung der Agenda und zur Einrichtung von Spezialkommissionen wie in Wien nicht gekommen. Die Runde der Minister der »Großen Vier« beziehungsweise der Fünf kontaktierte zwar fallweise – sehr selten! – Repräsentanten dritter Gemeinwesen oder Finanzfachleute als »Experten«, diese nahmen aber in keinem Fall an den Sitzungen teil. Die Ministerrunde blieb ein geschlossener politischer Körper, der sich zudem darauf verständigt hatte, vor Abschluss bestimmter Sachthemen keine Dokumente an die Öffentlichkeit zu geben. Die Treffen der Minister stellen somit die zentrale und letztlich auch einzige Einrichtung des Kongresses dar. Protokolliert wurden sie von dem bewährten »Sekretär« des Wiener Kongresses, Friedrich Gentz, ohne dass sie, gegebenenfalls mit ihren Beilagen, jemals das Interesse eines Editors gefunden hätten.

Immerhin liegen einige Schlüsseldokumente in einer fast zeitgenössischen Edition, Meyers *Corpus iuris* (1822), und in späteren Editionen (Albrecht-Carrié, 1928) vor. Ein in der Presse[4] erwähntes, von dem Pariser Buchhändler Emry herausgegebenes Lieferungswerk mit dem (übersetzten) Titel *Beobachter am Kongress: oder geschichtliche und anekdotische Erzählung des Aachener Kongresses im Jahre 1818* konnte in den Bibliotheken nicht ermittelt werden und ist wohl auch über die erste(n) Lieferung(en) nie hinausgekommen. Die in den deutschen und französischen Bibliotheken nicht mehr nachweisbaren *Nouvelles d'Aix-la-Chapelle* haben sich – notgedrungen – wohl allenfalls dem gesellschaftlichen »Begleitprogramm« des Kongresses gewidmet[5].

Aber die Quellendefizite beschränken sich nicht nur auf einen zweiten »Klüber«, sondern schließen auch die für »Wien« so ertragreiche zeitgenössische Memoirenliteratur ein. Um es nur an einem Beispiel aufzuzeigen: Der dann in der philhellenischen Bewegung eine große Rolle spielende Jean-Gabriel Eynard, ein Freund des russischen Außenministers Capodistria, hat zwar über seine Sicht des Wiener Kongresses, auf dem er die Interessen Genfs vertrat, ein gehaltvolles Tagebuch hinterlassen, nicht aber für den Aachener Kongress, obwohl er zweifelsfrei[6] daran teilgenommen hat[7]. Entsprechendes gilt für den Freiherrn vom Stein, der sich freilich nur wenige Tage (zwischen dem 31. Oktober und dem 9. November) in Aachen aufhielt.

16

Andere »notorische« Tagebuchschreiber wie etwa der Weimarer Verleger Carl Bertuch konnten den »Folgekongress« in Aachen gar nicht mehr aufsuchen, weil sie inzwischen – in diesem Fall im Oktober 1815 – verstorben waren. Mutmaßlich wäre für Bertuch eine Teilnahme aber auch wenig sinnvoll gewesen, weil sein Hauptanliegen, das Problem des unautorisierten Büchernachdrucks, dort keine Rolle mehr spielte. Ein »Briefeschreiber«, also ein Verfasser fiktiver, unmittelbar nach dem Ereignis in den Druck gegebener Briefe wie der rheinische Jurist und Literat Theodor von Haupt[8] blieb vom politischen Geschehen sehr weit entfernt, wiewohl seine Beobachtungen in Aachen nicht ohne kulturhistorischen Reiz sind.

Also: keine zeitgenössische Aktensammlung wie für Wien, nur wenige ins Detail gehende »Ego-Dokumente« wie knappe Tagebücher von Hauptakteuren oder Randfiguren (Hardenberg[9], Gentz[10], Capodistria[11], der westfälische Oberpräsident Vincke[12]), allerdings etliche (teil-)edierte Briefwechsel (Friedrich Wilhelm III.[13], Gentz[14], Humboldt[15], Stein[16]). Dieser Befund wird abgerundet durch eine im Vergleich mit Wien 1814/15 ernüchternd schlechte Literaturlage. Aus ihr ragt, wenn man denn so will, die ein Jahr nach dem Ereignis erschienene Darstellung *Aachen: der Monarchen-Kongreß 1818* des Aachener Archivars Karl Franz Meyer heraus, der selbst an einigen Punkten im Ablauf des Kongresses Akteur gewesen war und den Majestäten und sonstigen Besuchern seine geschichtlichen und naturkundlichen Sammlungen zu zeigen die Ehre hatte.

Die politische Agenda des Kongresses ist jedoch nie zusammenfassend oder auch nur ausschnitthaft aufgearbeitet worden. Am ehesten noch angegangen haben diese Aufgabe die von August Fournier geförderte Wiener Arbeit von Ernst Molden, die freilich, mitten im Ersten Weltkrieg nicht ohne tagespolitische Reflexionen auskommend, den

Fokus sehr einseitig auf die österreichisch-russischen Beziehungen legt, und die Studie von Wilhelm Schwarz über die Heilige Allianz. Die flott und für ein breites Publikum geschriebene reportageähnliche und im Inhalt sich der Regenbogenpresse annähernde Darstellung van Taacks ergeht sich oft in Spekulationen und quellenmäßig nicht belegbaren Annahmen. Sie glänzt mit *chroniques scandaleuses* und dem Nachzeichnen der Karrieren von Randfiguren, ermangelt aber einer konzisen politischen Fragestellung.

Der Rückgriff wenigstens auf das nur in archivalischer Überlieferung zugängliche Protokoll der Sitzungen erwies sich angesichts dieser Forschungslage, obwohl ursprünglich nicht geplant, als unabdingbar; es wurde in der Überlieferung des Berliner Geheimen Staatsarchivs herangezogen[17]. Die im Aachener Stadtarchiv erhobenen Akten werfen in erster Linie Licht auf die logistische Bewältigung der Kongressausrichtung durch die Kommune. Für die Rückwirkungen des Kongresses auf das städtische Leben erwies sich die lokale Zeitung als ergiebige Quelle, die in der Nachfolge des offiziösen *Journal de la Roer* stehende *Stadt Aachener Zeitung.*

Von Wien nach Aachen

Seit der Leipziger Völkerschlacht im Oktober 1813, die sehr rasch in den Rang und die Funktion eines gemeinsamen *lieu de mémoire,* eines »Erinnerungsorts« der Siegermächte aufgerückt war, waren die drei »östlichen« Monarchen – die Kaiser von Österreich und Russland sowie der preußische König – mit ihrer engeren Entourage immer mehr zu einer Art »Familie« zusammengewachsen, die den standesüblichen familiären Anreden eine neue Qualität verliehen hatte. Sie hatten – immer ohne den britischen König Georg III., der als geisteskrank galt – mehr oder weniger *gemeinsam* am letzten Feldzug gegen Napoleon teilgenommen, waren *gemeinsam* im »befreiten« Paris eingezogen, hatten in der französischen Hauptstadt *gemeinsam* den Rahmen des Ersten Pariser Friedens bestimmt und sich *gemeinsam* – wenn auch ohne den österreichischen Kaiser – einige Wochen in London beim Prinzregenten aufgehalten (und sich dort porträtieren lassen). Sie hatten all die Monate in Wien *gemeinsam* verbracht, hatten nach Bekanntwerden von Napoleons Rückkehr von Elba auf das Festland innerhalb weniger Stunden die Viererallianz von Chaumont erneuert und sich nach der Entscheidungsschlacht von Belle-Alliance/Waterloo erneut in Paris versammelt, um im September 1815 die Heilige Allianz und im November den Zweiten Pariser Frieden zu beraten und die Quadrupelallianz zu schließen.

Monarchentreffen, in den zurückliegenden Jahrhunderten rare Ereignisse, waren – um es ein wenig zuzuspitzen –

19

zur Normalität geworden, und auch wenn die Herzlichkeit zwischen den drei Monarchen abgestuft war, sprach vieles dafür, auch die letzte Etappe der Rückführung Frankreichs in die Gemeinschaft der Großmächte *gemeinsam* zu begehen. Mit und auf dem ersten »Folgekongress« nach Wien sollte ein weiteres Mal Solidarität demonstriert und symbolhaft ein Kapitel europäischer Geschichte, nämlich das der Leitung wesentlicher Elemente der Politik durch einen exklusiven Kreis von (auf bestimmte ethische Normen festgelegten) Großmächten, begonnen werden. Dass Frankreich zu diesem Kreis wieder hinzugezogen wurde, war ein Akt politischer Klugheit, allerdings verbunden mit einem sehr deutlich erhobenen Zeigefinger – das Repressions- und Sanktionsinstrumentarium behielt man wohlweislich in der Hinterhand.

In den Tagen europäischer Krisenbewältigung waren die Monarchen gefragt gewesen, es war an ihnen, die Dinge in die Hand zu nehmen: ausnahmslos autokratische Herrscher, die nicht durch irgendwelche Verfassungen eingegrenzt waren. Und sie hatten sich seit 1813 zu politischen Grundsatzentscheidungen durchgerungen, nicht immer einvernehmlich, oft auch gegen die Ratschläge ihrer Minister: nämlich den Krieg nach Frankreich hineinzutragen, mit Napoleon nicht mehr zu verhandeln und ihn, den Ehemann einer Erzherzogin, honorig mit dem Fürstentum Elba auszustatten. Sie hatten dafür gesorgt, Frankreich zunächst sehr glimpflich zu behandeln und erst nach Waterloo unter Kuratel zu stellen, die Heilige Allianz als Ausweis einer neuen politischen Philosophie zu etablieren, die gleichwohl noch ganz auf den Grundlagen eines »vormodernen, dynastischen Staatsverständnisses«[1] ruhte, und sich Druckmittel an die Hand zu geben, damit es wenigstens in der voraussehbaren Zukunft nie mehr zu revolutionären Exzessen kommen würde.

Die drei Monarchen, die sich dann in Aachen wiedertreffen sollten, einte bei aller Unterschiedlichkeit des Temperaments und des Grades ihrer immer wieder beschworenen »Freundschaft« eine entscheidende Erfahrung: die des unendlichen Leids, das Napoleon über ihre Herrschaftsbezirke gebracht hatte; die riesigen, vor allem den männlichen Anteil betreffenden Bevölkerungsverluste durch Kriegseinwirkung; die Zerstörung der Infrastruktur; der systematische Kunstraub gewaltigen Ausmaßes; im Fall Preußens und Österreichs die finanziellen Leistungen, die die Staaten an den Rand des totalen Kollapses gebracht hatten. So unterschiedlich ihre Weltbilder im Einzelnen gewesen sein mögen: Es war ein aus der Erfahrung, aus der Zeitgenossenschaft geborener Konsens, dass sich so etwas nie wiederholen dürfe, dass eine neue Politik Platz greifen müsse. Nachkriegszeiten verbinden Menschen und vor allem Verantwortliche, schwören sie auf eine andere Zukunft ein.

Es kann inzwischen als gesichertes historisches Wissen gelten, dass die Monarchen und ihre Minister in Wien und Paris – im Prinzip schon im Frühsommer, aber auf jeden Fall im Herbst 1815 – Abschied nahmen von einem Politikstil, der die letzten drei Jahrhunderte geprägt hatte: dem der »Balance of Power«, der Gleichgewichtsdoktrin. Dahinter steckte die Vorstellung, dass eine »Supermacht« oder ein in der Regel dynastisch verbundenes Staatenkonglomerat so drückend überlegen sei, dass für die Freiheit der anderen Schlimmes befürchtet werden müsse, weswegen Koalitionsbildungen für unabdingbar gehalten wurden, die dieses vermeintliche Übergewicht austarierten – oder man entschied sich gar für die Option des Präventivkriegs. »Gleichgewichtspolitik«, so ist es formuliert worden, »bildete [...] eine Selbstschutzvorrichtung der Großmächte gegen mögliche hegemoniale Ambitionen ihrer Nachbarn«[2], mehr aber auch nicht.

21

Dieses Wechselspiel von (tatsächlicher oder vermeintlicher) Bedrohung und Reaktion war für ein Kontinuum von Konflikten verantwortlich, die in geradezu systemischer Weise – der »bellizistischen Grunddisposition der Fürstenstaaten«[3] entsprechend – zu einer steten Abfolge von Kriegen und Friedensschlüssen geführt hatten, wobei Letztere allen Ewigkeitsformeln ungeachtet über kurz oder lang wieder in Kriege einmündeten. Dies umso eher, als sich die Bündniskonstellationen in der Zwischenzeit radikal verändert haben konnten.

Die Protagonisten von 1815 waren in vielem uneins, aber in einer Hinsicht nicht: Es musste ein neues staatliches Miteinander fernab von Ruhmsucht und Rivalitäten, fernab der Aussicht auf ein paar Quadratkilometer Land und eine »bessere« Grenze, fernab des steten Kreislaufs von tatsächlicher oder vermeintlicher Bedrohung des Friedens, Krieg und Friedensschluss gefunden werden. Das, was aus den Dokumenten des Herbstes 1815 hervorging, hatte nichts mehr mit Gleichgewicht zu tun, sondern nur noch mit Solidarität und Einvernehmen. Es war ein Strukturwandel, der das Staatensystem auf eine neue Grundlage stellte und wenigstens in Richtung eines kollektiven Sicherheitssystems zielte.

Man wird nicht umhinkönnen, die Anfänge dieser Sicherheitspolitik auf solidarischer Basis schon auf den März 1815 zu datieren, als die Vier Mächte unmittelbar nach und unter dem Eindruck von Napoleons Rückkehr ohne Wenn und Aber und in kürzester Frist die Entscheidung trafen, das gerade errichtete »System« mit allen Konsequenzen zu sichern und zu verteidigen. Seit dem großen Buch *The Transformation of European Politics, 1763–1848* von Paul W. Schroeder besteht in der Forschung ein breiter Konsens, dass in Wien eine staatenpolitische »Revolution« stattgefunden hat, die wenigstens unter den Hauptmächten dem

Ansatz zum Durchbruch verhalf, den Schlagworten Frieden, Freundschaft und Völkerrecht *(droit publique de l'Europe)* einen völlig neuen Bedeutungsgehalt zuzusprechen und die Solidarität der »Großen Vier« zur verbindlichen Grundlage einer auf Dauer angelegten Politik zu machen. Ihr gemeinsamer Nenner war die durch Unverständnis für einen wachsenden schwärmerischen Nationalgedanken angereicherte Angst vor einer neuerlichen Revolution oder gar einer Neuauflage der napoleonischen Diktatur.

Die genannten Schlagworte fanden ihre erste Manifestation in dem schon von den Zeitgenossen als merkwürdig eingestuften Konstrukt der Heiligen Allianz, die die drei Monarchen – Alexander I., Franz I. und Friedrich Wilhelm III.: ein Orthodoxer, ein Katholik, ein Protestant – an einem hohen orthodoxen Kirchenfest, dem Kreuzerhöhungsfest, im September 1815 miteinander schlossen. Metternich hat viele Jahrzehnte später diesen Freundschaftsbund dreier Fürsten als ein »lauttönendes Nichts« bezeichnet, aber damit wurde er der politischen Bedeutung dieser »Allianz« ebenso wenig gerecht wie Castlereagh mit seinem Dictum vom Aktenstück eines prachtvollen Mystizismus. Die Heilige Allianz, eher im Stil eines »erbaulichen Traktats« gehalten[4], war kein Mantra für eine bestimmte konkrete Politik und zielte anfangs überhaupt nicht auf die Unterdrückung liberaler Emanationen. Sie hat aber durch die in ihr genannten Prinzipien die europäische Politik der Folgezeit dennoch nachhaltig beeinflusst.

Es unterliegt keinem Zweifel, dass Zar Alexander I. als *spiritus rector,* als Ideengeber und als Verfasser der ersten Entwürfe gelten muss: ein Mann, der sich in den zurückliegenden Jahren durch viele Kontakte mit mystisch angehauchten, auf die Vertiefung des Christentums und seine Signalwirkung auf das ganze öffentliche Leben ausgerichte-

23

ten Theologen und Nicht-Theologen ein ganz spezifisches Weltbild geschaffen hatte, das von hohen Moralvorstellungen geprägt war[5]. Seine Kontaktleute und »Quellen« waren beispielsweise die Russen Koschelew und Galitzin, die Böhmischen Brüder, Quäker und Jung-Stilling. Die Genese dieses Weltbilds führte er in einem Gespräch mit dem Berliner Bischof Rulemann Friedrich Eylert im Frühherbst 1818 direkt auf das Schlüsselerlebnis des Brandes Moskaus 1812 zurück, das ihn Gott, dessen Willen und Gesetz habe erkennen lassen[6].

Nach der redaktionellen Überarbeitung von Alexanders Entwurf, der in vielem an Novalis' Die Christenheit oder Europa (1799) zu gemahnen scheint, durch Metternich, die dem Konzept »seinen phantastisch-religiösen Charakter nahm und ihm eine konservativ-monarchische Färbung gab«[7], waren es »la religion, la paix, et la justice«, die aufrechtzuerhalten sich die drei Monarchen als »pères de famille« aus einem »esprit de fraternité« versprachen. »Les préceptes de [la] religion sainte« würden zukünftig nicht nur die innere Administration ihrer Staaten, sondern auch ihre Außenpolitik bestimmen.

Diese Bindung aller Politik der drei Vertragschließenden, die im Unterschied zur völkerrechtlichen Praxis diesen Freundschaftsbund eigenhändig unterschrieben, sollte unbefristet gelten. Zum Beitritt wurden alle europäischen Staaten eingeladen. Wie ernst es insbesondere dem Zaren, an den nicht zufällig dann auch die Beitrittserklärungen von dritten Fürsten vorrangig adressiert wurden, mit dieser Selbstverpflichtung war, erhellt unter anderem daraus, dass er die Heilige Allianz – allerdings in Form eines mit dem Vertragstext nicht kongruenten »Manifests«[8] – am Weihnachtstag 1815 in allen russischen Kirchen verlesen ließ! Auch die »westliche« Presse machte die Allianz rasch dem breiten Publikum bekannt.

24

Die Heilige Allianz war »nur« eine Art moralischer Appell dreier Fürsten, die nicht müde wurden, ihre Brüderlichkeit, ihre gemeinsame Zugehörigkeit zu einer christlichen Familie und ihre Funktion als Beauftragte der »Vorsehung« zu betonen. Sie beinhaltete also keine Verabredungen zum Nachteil Dritter. Gerade deshalb wurde sie von den kleinen und mittleren europäischen Staaten, die ihr so gut wie vollzählig beitraten – 46 an der Zahl mit Ausnahme des Papstes, der Hohen Pforte und, aus verfassungsrechtlichen Gründen, des englischen Prinzregenten –, als eine Art Schutzschild gegen vermutete oder tatsächliche Ansprüche von Großmächten verstanden und als eine »rechtlich-moralische Hilfe«[9]. Es ist ja, vor allem in Nachkriegszeiten, ein Wesen von eine sichere, »goldene« Zukunft verheißenden Schlagworten, dass sie eine besondere Faszination verströmen.

Insofern hat die Heilige Allianz der praktischen Politik durchaus ihren Stempel aufgedrückt, auch wenn sie vom Typus her nicht mehr als ein freier Zusammenschluss zur Einhaltung moralischer Prinzipien war, der sich zudem keinerlei organisatorischen Mechanismus und keinen »Konsultationsapparat«[10] schuf. Der Qualitätssprung hin zu einem Politiksystem, das generell auf den Verzicht auf »Machtpolitik« und auf die Friedlichkeit der Mächtebeziehungen setzte, ist und bleibt dennoch aufregend genug.

Außer über die Sprache und die dahinterliegenden Prinzipien hat die Heilige Allianz auch dadurch über den Tag hinaus gewirkt, dass die drei Erstunterzeichner – wenngleich ohne ausdrücklichen Rekurs auf die Allianz – die vier Folgekongresse nicht nur einvernehmlich initiierten, sondern auch, mit einer Ausnahme, immer gemeinsam mit ihrer Teilnahme beehrten. Sie taten das zwar eher mit Bezug auf die Quadrupelallianz und das in Aachen aus der Taufe gehobene »Konzert«, aber in den Augen der Öffentlichkeit verwob sich das unauflöslich mit der Eigenschaft der Drei als Gründerväter der Heiligen Allianz. Dieser Eindruck konnte umso eher aufkommen, als einige der zentralen Dokumente von »Aachen« ganz unverkennbar die Sprache der Heiligen Allianz atmeten. Das Gewebe der Verträge von 1815 und 1818 war in der Tat verwirrend!

Die Heilige Allianz war für einen nicht begrenzten Zeitraum abgeschlossen worden, also für »ewig«, sie wurde dann aber doch 1833 durch einen geheim ausgehandelten und geheim bleibenden trilateralen Berliner Vertrag fortgeschrieben (dem, da geheim bleibend, kein weiterer Staat beitreten sollte). Das war dann allerdings auch der Schwanengesang der Heiligen Allianz; an ihrem unbeschränkten Interventionsanspruch hatten sich inzwischen die Geister geschieden. Ob man, wie die französische Diplomatie, von den »Trümmern der Heiligen Allianz« sprach oder es etwas moderater ausdrückte: Die Reformkräfte allüberall und der wachsende, über das Schwärmerische hinausgehende Patriotismus, die Verfassungsbewegung, die niemanden mehr unbeeindruckt lassen konnte, veränderten den politischen Spielraum der Protagonisten von 1815 entscheidend.

Hinzu fiel ins Gewicht, dass der Begriff »Heilige Allianz« inzwischen zu *dem* negativ besetzten Schlagwort der Zeit geworden war, mit dem man sich öffentlich nicht mehr gern in Verbindung bringen lassen wollte. Und genau deswegen gerieten auch die spektakulären Monarchentreffen der Vergangenheit mehr und mehr ins politische Abseits: der Geruch des Konspirativen, die Diskussion um ihre »Souveränität«, ihre zunehmende Einbindung in die »Nation« und generell der Wind des Liberalismus standen den Majestäten nun massiv ins Gesicht. Namentlich Preußens König widersetzte sich jetzt beharrlich dem Gedanken eines neuerlichen öffentlichkeitswirksamen Zusammentreffens der drei Fürsten.

26

Aber der Gedanke periodischer Zusammenkünfte der Monarchen beziehungsweise ihrer leitenden Minister gründete gar nicht in der Heiligen Allianz, sondern in Artikel VI der Quadrupelallianz vom 20. November 1815[11]. Es war eine revolutionäre, im Kern auf den britischen Außenminister Castlereagh zurückgehende Idee, durch Fürsten- und Ministertreffen eine Form europäischer Zusammenarbeit zu installieren, die die Sicherung des Status quo garantierte, der Friedensordnung, wie sie im Frühsommer in Wien »erfunden« worden war. Sieht man von den letztlich gescheiterten Kongressen von Soissons und Cambrai in den 1720er Jahren ab[12], war dies ein völlig neuer Ansatz zur kontinentalen Friedenswahrung und Konfliktprophylaxe, dessen Grundgedanke – der Exklusiv- und Monopolanspruch der Vier Mächte – freilich von Anfang an nicht unumstritten war. Denn obwohl – ganz anders als hundert Jahre später beim Völkerbund – jedes schriftliche Regelwerk und jede bürokratische Verfestigung fehlte, blieb Skepsis angesagt, wie lange dieser Klub der Mächtigen bestehen bleiben oder irgendwann zum Zweck der Verfolgung separater Interessen doch wieder auseinanderfallen würde.

Aber trotz der rasch allgemeinen Zulauf findenden Heiligen Allianz und der exklusiven Quadrupelallianz war die Architektur des europäischen Hauses noch fragil. Denn Frankreich, *die* Supermacht kurz zurückliegender Jahre, unter Quarantäne zu stellen und einer scharfen Kontrolle zu unterwerfen rührte massiv an den Stolz und das Selbstbewusstsein dieser Nation (und wurde innenpolitisch von radikalen Gruppierungen auch weidlich ausgenutzt). Einen Staat, der noch in jüngster Vergangenheit von der absoluten Dominanz in Europa geträumt hatte, mit einem Besatzungsheer und gewaltigen Kriegsentschädigungen zu belegen, mochte sich aus der Situation des Herbstes 1815 verstehen, aber schien nicht auf länger tunlich, wollte man das Land nicht noch weiter ins radikale Lager treiben lassen.

Die Regelungen waren für fünf Jahre getroffen worden, doch ist es bezeichnend, dass man aufseiten der Siegerkoalition unter dem Eindruck nachhaltiger französischer Petitionen und der Stimmungsberichte alliierter Beobachter einsichtig genug wurde, um bereits im Frühjahr 1817 die »Beobachtungsarmee« um ein Fünftel, 30 000 Mann, zu reduzieren und sich mit einer Ermäßigung der von Frankreich zu tragenden Verpflegungskosten einverstanden zu erklären. Dass mit solchen Schritten die Regierung gegenüber der wachsenden Opposition gestärkt und ihr Prestige erhöht werden sollte, liegt auf der Hand. Schon bei Beginn des Aachener Kongresses waren die Dinge ungeachtet aller Widerstände namentlich Preußens so in Fluss gekommen, dass man in der Öffentlichkeit trotz weiter bestehender Vorbehalte gegenüber Frankreichs »Läuterung« damit rechnete, in den Ministerkonferenzen den endgültigen Durchbruch zu erzielen und Frankreich von (fast) allen Repressalien zu befreien.

Nachdem Berlin unter sanftem russischem Druck beigedreht hatte, herrschte seit dem Hochsommer 1818 zwischen den Mächten der Quadrupelallianz prinzipielle Einmütigkeit in Hinsicht einer spürbaren Entlastung Frankreichs. Dessen finanzielle Lage mit einem riesigen Defizit im Budget des Jahres 1818 ließ im Grunde auch gar keinen Spielraum, wollte man die bourbonische Herrschaft, die sich neben den 1815 vereinbarten Kriegsentschädigungen ja auch noch mit gewaltigen Entschädigungsforderungen Dritter konfrontiert sah, nicht sehenden Auges weiter destabilisieren.

*

28

Die konkrete Agenda des Folgekongresses – deutlicher Schwerpunkt sollte das Frankreichproblem sein – lag indes Ende September mit Gewissheit noch nicht fest. Verschiedene mögliche Beratungspunkte waren aber auf den »normalen« diplomatischen Kanälen in Wien, St. Petersburg, Berlin und London vorbesprochen und zudem in den im Zweiten Pariser Frieden institutionalisierten Pariser Botschafterkonferenzen behandelt worden, die in etlichen Fällen auch Memoranden und Beschlussvorlagen lieferten. Diese »stehende« Pariser Konferenz der alliierten Botschafter mit dem Oberbefehlshaber der Besatzungstruppen, dem Waterloo-Sieger Wellington, war freilich nur eine von drei Einrichtungen, die zur Abrundung beziehungsweise Fortschreibung der Wiener und der Pariser Beschlüsse eingerichtet worden waren.

Daneben rangierten die Londoner Botschafterkonferenzen der Diplomaten der Siegermächte unter Vorsitz des britischen Außenministers[13], die allerdings einen eng umgrenzten Auftrag hatten. Sie sollten weiter über das Problem des Sklavenhandels und der Sklaverei diskutieren und das in einem Zusatzartikel des Pariser Friedens erneuerte Verbot des Sklavenhandels in die Praxis umsetzen sowie geeignete Maßnahmen gegen das Piratenunwesen im Mittelmeer vorschlagen – Übergriffe, denen im öffentlichen Diskurs wachsende Bedeutung zukam. Und in Frankfurt wurde am neu errichteten Bundestag eine dritte »stehende« Konferenz der Diplomaten der Vier Mächte installiert. Sie sollte die für die noch offenen deutschen Territorialangelegenheiten zu erarbeitenden Lösungen gemäß der Aufsichtsfunktion der Mächte prüfen und konstruktiv begleiten.

Dem Ancien Régime waren Botschafterkonferenzen »wesensfremd« geblieben[14], sie wurden aber in dem Augenblick sinnvoll, als sich die Mächtepolitik seit der Endphase der napoleonischen Epoche nachhaltig und dauerhaft verdichtete. Sie waren Ausdruck des Bedürfnisses, dass ein veränderter, auf Kooperation statt auf Misstrauen und Rivalität setzender Politikstil auch eines neuen politischen Instrumentariums zur kontinuierlichen Diskussion bedurfte. Die (in der Regel wöchentlich zusammentretenden) Botschafterkonferenzen waren eine »Erfindung«, die sich als politisches Instrument mit manchen spektakulären Ergebnissen bis heute gehalten hat, insofern eine institutionelle Erfolgsgeschichte.

Die als Ausführungsorgan der Quadrupelallianz zu verstehende Pariser Botschafterkonferenz, deren Vertraulichkeit wegen der politischen Nähe des russischen Diplomaten Pozzo di Borgo zur französischen Regierung nicht immer gewahrt blieb, leistete seit ihrer Einrichtung im Herbst 1815 über ihre »Kernaufgabe« – die Evaluation der »Fortschritte« in Frankreich – hinaus so gute Arbeit, dass das Vertrauen der beteiligten Mächte in dieses Instrument kräftig wuchs: Die in Paris akkreditierten Botschafter hatten eine ganze Reihe von Streitfragen erledigt und waren ungeplant mehr und mehr in die Funktion einer »Instanz der Krisenentschärfung mit gesamteuropäischer Reichweite« hineingewachsen[15].

So hatte die Botschafterkonferenz 1817 eine Lösung für die (zwischen Österreich und Spanien umstrittene) Nachfolge in den mittelitalienischen Fürstentümern Parma, Piacenza und Guastalla zustande gebracht. Oder sie hatte – im Sinn einer kollektiven Vermittlung, für diesen Zweck erweitert um die Botschafter der beiden iberischen Staaten – im Frühjahr 1818 einen Ausgleich zwischen Spanien und Portugal in der Angelegenheit der sogenannten *Banda Oriental* erzielt. Dieser verpflichtete Portugal, einen widerrechtlich besetzten Teil des spanischen Vizekönigreichs Rio de la Plata zu restituieren, wofür es mit einer verbesserten Grenzziehung und einem finanziellen Ausgleich entschädigt

30

wurde. Dass – entgegen einer ausdrücklichen Empfehlung der in Aachen versammelten Alliierten[16] – eine Partei von »Falken« am Madrider Hof diese Vereinbarung zu konterkarieren suchte, steht auf einem anderen Blatt. Beide Fälle illustrierten mit beeindruckender Deutlichkeit, wie die großen *Player* individuelle Präferenzen zugunsten einer von allen getragenen Lösung zurückzustellen bereit waren.

Die Erfahrung, die die Pariser Botschafterkonferenz bei der Evaluation des innenpolitischen Zustands Frankreichs geschöpft hatte, hat Metternich bewogen, schon 1816 einen Plan ausarbeiten zu lassen, sie zu einer festen Einrichtung zu machen, die aufgrund der Polizeirapporte alles Material sammeln und auswerten sollte, das revolutionäre Umtriebe irgendwo in Europa betraf. Man würde heute von einer Art Datenbank sprechen, die den Vertretern der Vier beziehungsweise Fünf auf Dauer zur Verfügung stehen und Entscheidungshilfen liefern sollte. Dieser Plan scheiterte damals freilich am britischen Widerstand. In der 1819 eingerichteten Mainzer Zentraluntersuchungskommission sollte er nach den Karlsbader Beschlüssen dann aber fröhliche Urständ feiern.

*

In Paris hat man sich mit gutem Grund nicht mit den vielen noch schwebenden deutschen Territorialangelegenheiten befasst. Der Wiener Kongress hatte – der sogenannten Herrschaft der Hundert Tage, also der völlig unerwarteten Rückkehr Napoleons nach Frankreich wegen – überstürzt abgeschlossen werden müssen, und es war schlicht keine Zeit mehr geblieben, in Anwesenheit eines ganzen Schocks von deutschen Delegierten alle Verschiebungen abzusegnen, die aus dem Heiligen Römischen Reich eine neue Landkarte machten. Über manche an Frankreich angrenzende Gebiete war noch überhaupt nicht entschieden worden, kleine territoriale Einheiten wanderten von der einen Hand in eine andere, hier waren Entschädigungen fällig, Streit und Unmut allerorten.

Auch in Süddeutschland, Österreich eingeschlossen, war noch vieles im Fluss, die Verhandlungen zogen sich hin, teils unter Mitwirkung der interessierten Großmächte, aber ein Machtwort irgendeiner Instanz schloss sich auf diesem sensiblen Feld – neue Grenzziehungen, das Aufrechnen der schieren Zahlen von Untertanen, Verschiebungen unter Außerachtlassung von Traditionen und von Emotionen – aus. Ein Gutteil der Unruhe in Europa schuldete sich diesen ungeklärten und ergebnisoffenen neuen Zuschnitten der deutschen Staaten. Am Frankfurter Bundestag löste ein »Territorialrezess« den anderen ab, ohne dass damit das Konfliktpotenzial aus der Welt geschafft worden wäre. Auch die Aachener Ministerkonferenzen sollten noch mit einer ganzen Reihe von *querelles allemandes* konfrontiert werden.

Die verbreitete Unruhe in Deutschland ob der noch ausstehenden Territorialverschiebungen setzte sich aus anderen Gründen in halb Europa fort: in Polen, wo mit dem Konstrukt der Personalunion mit Russland (»Kongress-Polen«) kaum jemand glücklich war; in Italien, wo es zu überhaupt keiner »Flurbereinigung« gekommen, die Dominanz Österreichs nur noch größer geworden war (und als immer drückender empfunden wurde) und wo liberale Gruppen immer deutlicher Selbstbestimmung und »nationale« Lösungen einforderten; in Griechenland, wo sich – wie auch in anderen Teilen des Balkans – Bewegungen formierten, die, dezent oder offen von Russland als zentraler Anlaufstelle ihrer Klagen[17] unterstützt, die osmanische Herrschaft abzuschütteln suchten. Und natürlich in Frankreich.

Nach den Hundert Tagen und der Schlacht bei Waterloo waren – im Bewusstsein, dass Frankreich wohl noch auf längere Zeit ein unsicherer Kantonist bleiben würde – ur-

32

sprünglich fast gänzlich vermiedene Sanktionen in Kraft gesetzt worden. Frankreichs auf dem Schlachtfeld bei Brüssel endgültig besiegter Herrscher hatte Europa fünfzehn Jahre und hundert Tage lang herausgefordert, seine Bekämpfung und Niederringung hatte Unsummen Geld und einen riesengroßen Aderlass an »Humankapital« und Wirtschaftskraft gekostet, hatte Infrastrukturen und Handelswege zusammenbrechen lassen: Nun war der Geduldsfaden gerissen, und die Siegermächte hatten spürbare Sanktionen verfügt – so spürbar, dass sie das französische Ehrgefühl empfindlich verletzten.

Die Alliierten hatten Frankreich gewaltige Reparationen auferlegt – deren anteiliger Zufluss in Berlin beispielsweise für Wiederaufbaumaßnahmen sehnlich erwartet wurde – sowie, vielleicht noch gravierender, eine 150000 Mann starke alliierte Beobachtungsarmee im Nordosten Frankreichs stationiert, die gegen alle »revolutionären«, also nicht systemkonformen Unruhen unnachsichtig einschreiten sollte. Besatzungstruppen sind nur selten ein Instrument, um die psychischen und physischen Wunden einer Niederlage rasch vergessen zu machen. In Frankreich war das nicht anders: Der verletzte Stolz überwog die Erleichterung, dass das Kapitel Napoleon endgültig abgeschlossen war, bei Weitem.

Zu allen Unsicherheiten, ob Ludwig XVIII., der jüngere Bruder des 1793 hingerichteten Ludwigs XVI., der nicht ohne vorgängige Diskussionen unter den alliierten »Königsmachern« installierte Bourbone, in der Lage sein würde, die aufgeladene Stimmung zu befrieden, kam aus der Sicht der Alliierten noch ein zweites Bedenken gegen die Stabilität der innenpolitischen Lage in Frankreich: Der Monarch mochte noch so sehr das Gottesgnadentum als Basis seiner Herrschaft betonen statt – wie vom Senat gewünscht – das Prinzip der Volkssouveränität, es führte dennoch kein Weg an der Erkenntnis vorbei, dass sich in Frankreich ein politisches System ausgebildet hatte, das sich von dem der anderen Monarchien elementar unterschied. Hier gab es mit der *Charte* eine Verfassung, die das Prinzip der Gewaltenteilung als Grundlage der Rechtsstaatlichkeit verankerte und damit ein Maß an persönlicher Freiheit und des öffentlichen Diskurses herstellte, von dem die autokratischen Regime der drei »östlichen« Monarchen noch meilenweit entfernt waren.

Außerdem – und auch in dieser Hinsicht regten sich Zweifel an der politischen Statur des Bourbonenkönigs – erforderte die Situation in den »beiden Frankreich«, dem der zurückkehrenden revolutionsgeschädigten Adligen und dem der Sympathisanten oder gar Profiteure des napoleonischen Systems, ein hohes Maß an Fingerspitzengefühl. Man konnte vorläufig überhaupt nicht sicher sein, dass die Lage nicht doch nach der einen oder der anderen Seite kippen würde: Das Land war zerrissen zwischen Royalisten und Bonapartisten, zwischen Liberalen, Ultraroyalisten und Jakobinern, zwischen Protagonisten des Antiklerikalismus und solchen neuer Religiosität. Die Wahlen zur Abgeordnetenkammer vom August 1815 mit ihrer erdrückenden Mehrheit der Ultrarechten hatten den Eindruck, dass die Lage in Frankreich instabil war, dick unterstrichen. Die mögliche Nachfolge von »Monsieur«, dem bourbonischen Grafen von Artois, beim vorzeitigen Tod des Königs blieb für viele seit 1815 ein Trauma[18].

Diese Bedenken waren in den anderen Hauptstädten in die Sorge eingemündet, Gruppierungen im eigenen Land könnten vergleichbare Forderungen wie in Frankreich auf den Tisch legen. Dass der König – so durch das Wahlgesetz von 1817 und das Militärgesetz von 1818 – tendenziell eindeutig das Bürgertum begünstigte, schmeckte in Berlin und Wien auch längst nicht jedermann. Unmittelbar vor Beginn des Aachener Kongresses machten Gerüchte einer ultraroya-

34

listischen Verschwörung unter Führung des Bruders des Königs, des Grafen von Artois, die Runde, derentwegen Metternich zeitweise sogar plante, als »Feuerwehr« vor Beginn der Aachener Verhandlungen noch nach Paris zu eilen. Der gescheiterte Putsch von Vitrolles im Juli 1818 hatte einen Eindruck von dem vermittelt, womit man in Frankreich jeden Tag rechnen musste. Frankreich war im Herbst 1815 wieder in die Klasse der unzuverlässigen, revolutionsanfälligen Gemeinwesen strafversetzt worden, und diese Einschätzung sollte bis in die Diktion der Aachener Dokumente mitschwingen.

Zu allen linksliberalen und demokratischen Bewegungen, die sich in Frankreich zu formieren begannen, kam schließlich noch die napoleonische »Altlast« hinzu, die Diskussion über den Umgang mit der eigenen Geschichte: die Frustration seiner immer noch zahlreichen Anhängerschaft und die verbreitete Unzufriedenheit mit der wieder eingesetzten Dynastie und speziell mit Ludwig XVIII. Freilich bewegte sich fast alles, was aus Paris oder anderen Weltgegenden kolportiert wurde, im Halbdunkel des Gerüchts: Napoleons angebliche Fluchtpläne und wer seine potenziellen Helfershelfer auf dem Kontinent und auf St. Helena seien. Diese Mutmaßungen sollten auch den Aachener Kongress nicht nur erreichen, sondern überschatten.

Die Episode um die vermeintlich geplante Entführung des russischen Kaisers anlässlich eines Besuchs in Brüssel bei seiner jüngsten Schwester Anna, die seit 1816 mit dem Kronprinzen der Niederlande vermählt war, beschäftigte die Konferenzteilnehmer nachhaltig und sollte auf ihre Weise auch zu einer Verhärtung maßgeblicher Akteure gegenüber allem Unruhepotenzial beitragen. Brüssel, das war notorisch, war ein Hauptaktionsplatz geflohener Anhänger Napoleons, die von dort aus ihre antibourbonischen Netze knüpften, um einem der Napoleoniden zur Macht zu verhelfen. Die Brüsseler »Verschwörung«, von der die Gerüchte seit Mitte November wissen wollten, war in den letzten beiden Wochen Tagesgespräch am Konferenzort und weit darüber hinaus, ohne dass, wie bei Verschwörungen üblich, alle Facetten klar vor Augen lagen.

Es wurde jedenfalls kolportiert – so etwa der vor Ort anwesende Wilhelm von Humboldt in einem Brief an seine Frau[19] –, dass Anhänger Napoleons geplant hätten, den Zaren in Brüssel »aufzuheben«, also gefangen zu setzen, nach Paris zu verbringen und dort zu zwingen, entweder Napoleon wieder auf den Thron zu setzen oder dessen Sohn zum König ausrufen zu lassen. Belgische Quellen, die in Aachen rezipiert wurden (und auch in einer Ministersitzung zur Sprache kamen[20]), nahmen an, dass das Komplott »nur« dazu gedient habe, Alexander ein Dokument unterschreiben zu lassen, mit dem Napoleon wieder auf freien Fuß gesetzt würde[21]. Das »Komplott«, von dem man nicht weiß, wie weit es wirklich durchgeplant gewesen war, hat immerhin dazu geführt, dass etliche Napoleonanhänger ausgewiesen wurden – und sich dann im Großraum Frankfurt niederließen, wo sie den österreichischen »Konfidenten«, den Spionen, ein reiches Betätigungsfeld eröffneten.

Aber Frankreich war längst nicht das einzige europäische Gemeinwesen, dessen Weg aus der napoleonischen »Universalmonarchie« in eine neue Zeit dornenreich war. Napoleon hatte sein spanisches Abenteuer unter dem Druck des Ergebnisses der Leipziger Völkerschlacht und der schnell in den Rang eines nationalen Heldenepos aufgerückten Volkserhebung im Dezember 1813 beenden müssen. Um nicht einen völligen Scherbenhaufen und ein politisches Vakuum zu hinterlassen, hatte er den »legitimen« bourbonischen Kronprinzen Ferdinand (VII.) als Herrscher anerkannt: *el Deseado,* der Ersehnte, von der Bevölkerung anfangs enthusiastisch begrüßt.

36

Die Euphorie war freilich schnell in grenzenlose Enttäuschung umgeschlagen, je mehr der auf Misstrauen ruhende Charakter des Monarchen erkennbar wurde und es sich erwies, dass sein ganzes Sinnen und Trachten darauf gerichtet war, das Rad der Geschichte ins Jahr 1808 zurückzudrehen. Wegmarken waren die Wiederherstellung der Inquisition, die Annullierung der Verfassung von 1812 und der gesamten Gesetzgebung von Regentschaftsrat und *Cortes* (Einkammerparlament), die Verfolgung liberaler *Cortes*-Mitglieder und der Anhänger des vertriebenen Napoleoniden Joseph, sofern sie sich nicht ohnehin mit ihm nach Frankreich abgesetzt hatten. Die brodelnde Unruhe und politische Polarisierung, die aus der durch offenkundige Korruption bewirkten Zerrüttung der Staatsfinanzen zusätzlich genährt wurde, mündete in Denunziantentum und Verschwörungen, in Putschversuche des stark politisierten Offizierskorps und der Guerillaführer, in Geheimbündeleien jedweder Art.

Die Art, wie der König die bisherigen Kolonien in Lateinamerika wieder unter seine Herrschaft zurückzwingen wollte, verschärfte die politisch-gesellschaftliche Lage weiter, sodass 1817/18 nicht nur die Regierung, auch durch äußere Einflüsse und ständige Ministerwechsel, immer instabiler wurde, sondern es auch nicht mehr ausgeschlossen werden konnte, dass in Spanien etwas Revolutionsähnliches »ausgebrütet« werden würde, das weite Teile des Kontinents mit sich reißen könnte. Der Putsch des Obersten Rafael Riego und der auf den Transport nach Hispanoamerika in Andalusien wartenden Truppen am 1. Januar 1820 kündigte sich lange an.

Und selbst das vermeintlich dauerstabile Großbritannien blieb in den Jahren zwischen dem Wiener Kongress und dem Beginn der Aachener Konferenzen von inneren Erschütterungen nicht verschont, dort freilich nur indirekt als eine Art napoleonische Altlast. Das britische Staatswesen hatte sich zum exponiertesten Gegner Napoleons entwickelt, hatte gleichwohl im Schatten der napoleonischen Herrschaft sein Kolonialimperium zulasten kontinentaler Konkurrenten in verschiedenen Weltteilen gewaltig ausgedehnt und musste somit indirekt als ein Profiteur der zurückliegenden Krisenjahre gelten.

Whitehall hatte in Wien ein politisches System auf dem Kontinent installieren können, das seinem Sicherheitsdenken voll Rechnung trug. Das Prinzip der britischen Innenpolitik, in einer durch die industrielle Revolution zunehmend polarisierten und durch rückläufige Exporte, durch den Zusammenbruch der Rüstungsindustrie und die vom Kontinent zurückflutenden arbeitsuchenden Soldaten zusätzlich auf die Probe gestellten Gesellschaft das Druckventil immer dann, wenn die Pression gar zu groß wurde, ein wenig zu lösen und sehr moderate Reformen zu initiieren, hatte freilich in den hier zur Diskussion stehenden Jahren erste Schrammen erhalten. Die noch 1799 verbotenen Arbeiterkoalitionen ließen sich nicht mehr verhindern, Massendemonstrationen wie die Londoner *Spa Fields Riots* im Spätherbst 1816 wühlten das Land auf. Die Regierung sah sich 1817/18 gar gezwungen, zum wiederholten Mal innerhalb weniger Jahre die zum Grundstock des Verfassungslebens zählende Habeas-Corpus-Akte und die darin verbriefte Versammlungsfreiheit befristet außer Kraft zu setzen; Maßnahmen gegen radikale Klubs, die sich offen für die »Ideen von 1789« einsetzten, häuften sich. Und vor allem: Die ersten Aktivitäten und Demonstrationen gewerkschaftlicher Verbindungen, die ein Mehr an sozialen Maßnahmen und an politischer Partizipation einforderten, ließen sich nicht mehr verhindern, oder doch allenfalls nur noch wie bei der Maschinenstürmerei von 1816 (»Ludditen«) durch den massiven Einsatz des Militärs.

Seit 1817, seit dem Protestmarsch der in ihrer Existenz bedrohten Handspinner *(Blanketeers)* aus den Midlands auf London, wo sie dem Parlament ihre Petitionen übergeben wollten, reagierte die Regierung zunehmend nervös und mit wachsender Brutalität auf Großveranstaltungen gegen die Getreidezölle, die den heimischen Brotpreis künstlich hoch hielten, und für eine Parlamentsreform. Das sogenannte Peterloo-Massaker im August 1819 bei Manchester kündigte sich frühzeitig an und führte durch die darauffolgenden *Six Acts* auch in Großbritannien zu einer deutlichen Verschärfung des innenpolitischen Klimas. Eine großflächige allgemeine Rebellion konnte nicht mehr ausgeschlossen werden. Dass ausgerechnet der *Oesterreichische Beobachter* mit den englischen Fabrikarbeitern zu sympathisieren schien, erregte Metternichs uneingeschränkten Zorn[22].

Unruhe, ein gesellschaftliches Brodeln, wohin man blickte: Die wenigen Jahre zwischen Wien und Aachen waren alles andere als Jahre des lähmenden Erschöpfungszustands und des Atemholens nach einem langen Krieg.

*

Um die ganze Brisanz und Dramatik der drei Jahre nach den Wiener Herbstverträgen zu ermessen, genügt die politisch-staatengeschichtliche Perspektive freilich nicht. Die Wirtschaft ist ins Auge zu fassen, deren beklagenswerter Zustand wenigstens teilweise dem endlos langen Krieg geschuldet war, den Auswirkungen der Kontinentalsperre, dem Zusammenbruch ganzer Märkte und Handelswege, einer geradezu grotesken Überschuldung der Staaten – aber eben nur teilweise, denn es gab vereinzelt durchaus Kommunen und Regionen, die vom Krieg profitiert hatten.

Und es ist, namentlich für den Deutschen Bund, jene tief in die Mentalitäten einschlagende Enttäuschung in Rechnung zu stellen, die das Ergebnis des Wiener Kongresses in

39

liberalen Kreisen ausgelöst hatte: Anstelle eines kräftigen, mit nationalstaatlichen Elementen angereicherten Bundesstaats war nicht mehr als ein lockerer Staatenbund geboren worden, dessen Einzelglieder nach innen und außen weitgehend souverän waren, der aller »nationalen« Einrichtungen wie etwa eines Zentralgerichts und einer repräsentativen Spitze entbehrte. Von der erhofften »Nationalisierung« Deutschlands waren die Architekten der Bundesverfassung weit entfernt geblieben: Die Publizisten fassten, soweit die Zensur sie nicht mundtot machte, ihre Enttäuschung in Worte und Pamphlete. Ein von der Aachener Lokalzeitung wiedergegebener Artikel eines Speyerer Blattes hatte vorgeschlagen, zur sogenannten Deutschen Nation ein Buch zu schreiben mit dem Titel »Abhandlung von Versuchen, die nicht gelungen sind«[23].

Und dann die zivilgesellschaftlichen Gruppen: die Turner, die mit dem Unterton der Forderung nach Zensurfreiheit auf dem thüringischen Wartenberg eine Bücherverbrennung großen Stils veranstalteten, der antinationale Schriften zum Opfer fielen; die Studenten, die sich 1817 auf der Wartburg in einer großen Demonstration »mit nationalen Visionen«[24] organisierten und sich just zur Zeit des Aachener Kongresses, im Oktober 1818 – natürlich erneut am Jahrestag der Völkerschlacht! – in Jena, am Standort der »Urburschenschaft«, zur Allgemeinen Deutschen Burschenschaft zusammenschlossen.

Die ersten behördlichen Maßnahmen wurden – wie in Hessen – ergriffen, um Studenten, die, so die Behauptung, im Land umherzögen, um Unterschriften für eine Petition zur Errichtung von Landständen zu sammeln, sofort hinter Schloss und Riegel zu setzen[25]. In Göttingen wurde eine größere Zahl »aufmüpfiger«, in Konflikt mit der Bürgerschaft geratener Studenten relegiert; ihre Suche nach einer neuen Hochschule gestaltete sich eminent schwierig. Auch

40

allzu »freimütige« Journalisten gerieten zunehmend ins Fadenkreuz der Staatsorgane, so etwa, was selbst die staatsloyale *Stadt Aachener Zeitung* vermeldete, der Herausgeber des *Volksfreundes aus Schwaben*[26]. Auch die Tatsache, dass die *Hanauer Zeitung* mehrere Tage nicht erscheinen durfte, war dem Aachener Blatt eine Meldung wert[27].

Die in Süddeutschland entstehenden »Deutschen Gesellschaften« wären zu nennen und viele andere deutschtümelnde Gruppen und Bewegungen, die den Überwachungsbehörden zunehmend Kopfzerbrechen bereiteten, obwohl sie allesamt den revolutionären Umsturzideen klare Absagen erteilten. Der globale Revolutionsvorwurf Metternichs und anderer an die Adresse »der« Studentenschaft entbehrte letztlich jeder Grundlage. Auch die drei Reden, die am vierten Jahrestag der Leipziger Völkerschlacht auf dem Wartburgfest – jener Manifestation »des bürgerlichen Protestes gegen die Ergebnisse des Wiener Kongresses«[28] – gehalten wurden, waren zwar emotional, aber ebenso wenig wie das Jenenser Burschenschaftsprogramm als Aufruf zum revolutionären Umsturz zu verstehen. Die Gießener Studenten von 1816/18 waren zwar um einiges radikaler, indes keineswegs repräsentativ für die deutsche Studentenbewegung.

Wie auch immer: Unter der Oberfläche gärte es, und gerade die mystisch verbrämten Assoziationen eines kruden und schwärmerischen Nationalgedankens, wie ihn etwa die berühmte Flugschrift *Teutsche Jugend an die teutsche Menge*[29] (1818) spiegelt, wurden als Indikator eines bevorstehenden Umsturzes (miss-)verstanden. Das Konfliktpotenzial war jedenfalls beträchtlich und wurde in den Kabinetten und Hauptstädten akribisch registriert. Schon die Propagierung eines ethnisch geprägten Volksbegriffs in der Nachfolge Johann Gottfried Herders wurde von manchen Politikern landauf, landab als eine existenzielle Bedrohung der 1815 hergestellten Ordnung empfunden. Und es ist ja bekannt, wie die Romantiker, die Novalis und Wackenroder, die Schelling und Fichte, die nationale Idee, oft im Rückgriff auf ein mythisiertes Mittelalter, zu lancieren begannen: eine Art Proto-Nationalismus, der in der gemeinsam gefühlten, aber vage bleibenden »deutschen Identität« seinen Fixpunkt hatte.

Dass gerade die großen »Orientierungsstaaten« sich mit der in der Bundesakte zugesagten Einrichtung von Repräsentativverfassungen Zeit ließen und sie auf den Sankt-Nimmerleins-Tag zu verschieben suchten, goss nur noch mehr Öl ins glimmende Feuer. Ohnehin wurde generell die Umsetzung des Artikels 14 der Deutschen Bundesakte ein zentraler Gegenstand des politischen Diskurses. Der Aachener Kongress hat sich zwar nicht offiziell und ausdrücklich mit dem Wartburgfest 1817 und der durch die Gründung der Allgemeinen Deutschen Burschenschaft noch stärker emotionalisierten Grundstimmung der Menschen in der Mitte Europas beschäftigt, aber durch die Polizeirapports und die Spitzelberichte war allen Akteuren selbstredend die (zudem um Längen überzeichnete) Brisanz der Lage bewusst. Der preußische König war durch einen – im Übrigen völlig fehlerhaften – Bericht des *Brandenburger Erzählers* über das Wartburgfest informiert worden[30] und hatte unter dem Eindruck der Agitationen des Polizeidirektors Karl Christoph von Kamptz schon im frühen Dezember 1817 unter Umgehung des Staatskanzlers eine Kabinettsordre erlassen, die deutlich über das hinausging, was später in Karlsbad beschlossen werden sollte[31].

Zur politischen Unruhe trat eine existenzielle. Der Ausbruch des Stratovulkans Tambora auf der Insel Sumbawa im indonesischen Archipel wurde zu einem erfahrungsgeschichtlichen Trauma, ohne dass die meisten der Zeitgenossen den Namen jemals gehört oder die Zusammenhänge

42

erkannt hätten, die auf sie rückwirkten. Nachdem der Vulkan viele Hunderte Jahre »geruht« hatte, brach er, vorangekündigt durch stärkere Aktivitäten seit 1812, im April 1815 mit einer ungeheuren Wucht aus; die Explosionen sollen noch in über zweitausend Kilometer Entfernung zu hören gewesen sein. Die Stärke dieses Ausbruchs wird mit 7 auf der Skala des Vulkanexplosionsindex geschätzt. Mitsamt den durch den Ascheregen und die pyroklastischen Ströme unmittelbar ums Leben gekommenen Inselbewohnern und infolge des durch die unvorstellbare Energie des Ausbruchs ausgelösten Tsunamis sind wohl annähernd 100000 Menschen getötet worden.

Die Zeitungen hatten damals noch keine Korrespondenten weltweit stationiert, sodass sich die Nachrichten von dieser Katastrophe am Rande des britischen Empire nur sehr allmählich in Europa verbreiteten – die ersten gedruckten Augenzeugenberichte erschienen wesentlich später. Und deswegen sahen die Menschen zunächst auch überhaupt keinen Zusammenhang mit dem, was seit dem Sommer 1816 über sie hereinbrach: Die durch die Windströmungen verteilten Staubteilchen machten in Europa den Sommer 1816 zum kältesten überhaupt seit Beginn der Wetteraufzeichnungen, sodass die Zeitgenossen geradezu von einem »Jahr ohne Sommer« sprachen. In den meisten europäischen Ländern kam es zu dramatischen Ernteausfällen, die in Hungersnöte und dann – so in England und Frankreich – in Hungeraufstände oder aber in verstärkte Auswanderung einmündeten. Zwischen 1816 und 1819 sind aus Deutschland über 25000 Menschen nach Übersee ausgewandert[32], mehr als jemals zuvor. Die Krisenjahre 1816/17 wurden in ganz Europa als eine einzige Katastrophe empfunden. Dass die Sonnenuntergänge in Europa als mittelbare Folge des Vulkanausbruchs im fernen Südostasien von besonderer Pracht waren und Künstler wie William Turner

43

herausforderten und zu Meisterwerken inspirierten, war den meisten Menschen in Europa, die um ihre nackte Existenz fürchten mussten, wohl ziemlich gleichgültig.

Vergleichbare Naturkatastrophen wie der Tambora-Ausbruch und seine Folgen blieben den Menschen in Europa im Jahr 1818 zwar erspart – die Zeitungen vermeldeten allenfalls einmal ein starkes Erdbeben im Gebiet von Palermo im Frühherbst[33] und wenig später[34] ein offenbar wesentlich leichteres in der erdbebenanfälligen Region Aachen. Nach den verheerenden Erfahrungen und Wetterkapriolen mit ihren massiven Auswirkungen auf das Wirtschafts- und Sozialleben in den zurückliegenden beiden Jahren war man jedoch sichtlich erleichtert, nicht schon wieder mit schweren Eingriffen der Natur in das tägliche Leben konfrontiert zu sein.

Die europäischen Staaten konnten die durch die Ernteausfälle bedingten enormen Versorgungsengpässe nicht wirklich ausgleichen, weil sie durch die lange Kriegsdauer hoffnungslos verschuldet waren. Das betraf Österreich, das harte Kontributionen, die ihm Napoleon diktiert hatte, hatte erlegen müssen und den Krieg von 1815 nur im Vorgriff auf fünfzehn Jahre Steuereinnahmen hatte finanzieren können (und gerade 1818 wegen des Schwankens der Kurse seines Papiergeldes erneut in finanzielle Turbulenzen geriet)[35]. Das betraf vor allem aber Preußen, das von Napoleon in besonders rücksichtsloser Weise ausgeplündert worden war und dessen Staatsschuld um 1818 ca. zweihundert Millionen Reichstaler betragen haben dürfte, bei Staatseinnahmen von lediglich 25 Millionen jährlich. Insofern versteht man die preußische Reaktion auf den Schuldenschnitt, der 1818 zugunsten Frankreichs verabredet wurde, nur zu gut.

Die drei Jahre nach dem Wiener Kongress waren somit Jahre extremer sozioökonomischer Anspannung: Jahre der

44

Hungerkatastrophen und der (für die Menschen unerklärlichen) Wetterverschlechterung, Jahre extremer Finanzknappheit der Staaten, die größere Investitionen vorderhand ausschlossen. Und die Austeritätspolitik der Staatshaushalte verschärfte die soziale Krise nur noch weiter[36], denn die finanziellen Engpässe der Staaten hatten vielerlei Konsequenzen, unter anderem die, dass der Beamtenapparat, gerade als man für die neuen Gebiete gut ausgebildete und verlässliche Staatsdiener dringend benötigte, eher abgebaut werden musste denn verstärkt werden konnte. Selbst graduierte Juristen blieben »auf der Strecke« und erhielten keine Chance auf eine Festanstellung im Staatsdienst. Die stellungslosen Privatdozenten, die sich mühsam als Journalisten durchzuschlagen suchten, wurden zu einem Sozialphänomen und einem Reservoir der Fundamentalopposition.

Armut, Hunger, ein so gut wie abgeschotteter Stellenpool der staatlichen Behörden, Universitäten oft eingeschlossen, Handwerksgesellen, die angesichts der Subsistenzkrise keine Aussicht auf eine Meisterstelle mehr hatten, schufen ein Klima allgemeiner Unzufriedenheit und Perspektivlosigkeit, dem viel Brisanz innewohnte. Diese Stimmung wurde dadurch noch weiter angeheizt, dass viele Intellektuelle, ohnehin ob fehlender Zukunftsperspektiven frustriert, nicht nur die Studenten und die Turner, die Defizite an liberalen und demokratischen Elementen in der Bundesverfassung und ein Zuviel an staatlicher Zersplitterung vehement kritisierten. Und sie wurden sich damit zugleich auch bewusst, als »verspätete Nation« – den Begriff nutzte allerdings damals noch niemand – gegenüber den Nachbarn kaum aufgeholt zu haben.

Aus diesem Gebräu von Perspektivlosigkeit, Subsistenzsorgen und politischer Unzufriedenheit erwuchs eine Geisteshaltung, die vermeintlich oder tatsächlich »Schuldigen«

an dieser Entwicklung den Zorn des »Volkes« spüren zu lassen. Schleichend entwickelte sich eine »Philosophie des politischen Mordes«, also des gezielten personenbezogenen Terrorismus. Da alle diese genannten Faktoren – Haushaltsprobleme und -kürzungen, gravierende Ernährungsprobleme, Perspektivlosigkeit breiter Bevölkerungsschichten – auch für das bisherige »Geberland« Großbritannien zutrafen, war es kein Zufall, dass politische Attentate sogar dort auftraten, etwa schon 1812 gegen den Premierminister Spencer Perceval und dann in Form eines (gescheiterten) Anschlags auf den Prinzregenten im Januar 1817, in dessen Vorfeld – ein wiederkehrendes Motiv in der englischen Geschichte! – Pläne aufgedeckt worden waren, das Parlament in die Luft zu sprengen.

Aber mehr noch häuften sich die Attentate auf dem Kontinent. So wurde 1818 etwa – hier spielten Aggressionen gegenüber einem Repräsentanten der Beobachtungsarmee eine maßgebliche Rolle – in der französischen Hauptstadt ein Mordversuch gegen den Sieger von Waterloo, den Herzog von Wellington, unternommen[37]. Als der Zar auf seiner Reise nach Aachen im Spätsommer 1818 in Weimar Station machte, ging eine radikale Jenenser Studentengruppe (»Die Unbedingten«) mit dem Plan um, ihn zu ermorden – die Absicht wurde publik und schlug hohe Wellen. Das »Attentat« war damit endgültig zu einem Schlüsselbegriff der Epoche geworden, nachdem schon im Zweiten Pariser Frieden der Umsturzversuch Napoleons als ein »Attentat« qualifiziert worden war: das Attentat als Bedrohungsszenario, als Anschlag auf das europäische System, das Attentat als krimineller Vorgang.

Dass die Follen-Brüder in Gießen ganz konsequent dem politischen Mord das Wort redeten, dass 1819 der Dichter und russische Staatsrat August von Kotzebue von dem Theologiestudenten Karl Ludwig Sand, einem Follen-Schü-

46

ler und Teilnehmer am Wartburgfest, ermordet wurde und kurz darauf ein von einem Gießener Burschenschaftler geplanter Anschlag auf den nassauischen Regierungspräsidenten Karl Friedrich Emil von Ibell unternommen wurde, dass 1820 der Herzog von Berry mit dem Ziel, die Bourbonendynastie wieder zu stürzen, Opfer eines Attentats wurde – all das waren Indizien für eine europaweit wachsende Gewaltbereitschaft. Es waren solche terroristischen Aktionen, von deren Signalwirkung Metternich die Gefahr eines Umsturzes des »Systems« befürchtete, nicht etwa von einer Revolution der »Massen«[38]. Insofern war es hoch bezeichnend, wie intensiv sich Metternich mit einer dezidiert antirevolutionären Rede beschäftigte, die George Canning, der Castlereagh-Gegner und damalige Präsident des Kontrollrats der Ostindien-Kompanie, nach dem Prinzregenten-Attentat hielt – und sich mit ihr identifizierte[39].

Dass sich bei dieser Suche nach den »Schuldigen« für die rundum missliche Lebenssituation die Augen auch wieder auf die Juden richteten, die vermeintlichen »Profiteure« der Hungerkatastrophe und der wirtschaftlichen Notlage, konnte keinen, der um die aus Krisen erwachsenen Pogrome der Vergangenheit wusste, wirklich überraschen. Vor allem in Südwestdeutschland wurden antijüdische Exzesse manifest, die sich in der sogenannten Hep-Hep-Bewegung artikulierten und 1819 im an sich im Prozess der Emanzipation der Juden bereits weit vorangeschrittenen Großherzogtum Baden zwar zu keinem Blutvergießen führten, aber zu erheblichen Übergriffen auf Sachen und Immobilien[40]. Da sich derartige Auswüchse in aller Regel mit xenophoben und sozialkritischen Tendenzen verknüpften, durfte man sie gleichwohl nicht auf die leichte Schulter nehmen, umso weniger, als viele nicht reüssierte Intellektuelle ihre Perspektivlosigkeit offen oder verdeckt auf »die Juden« zu projizieren begannen.

47

Das Aachener Gipfeltreffen steht am Beginn einer Abfolge von vier Kongressen, die nicht mehr der Beilegung eines konkreten Konflikts, eines zwischenstaatlichen Krieges dienten, sondern der Wahrung eines gegebenen Status quo. Sie waren nicht etwas völlig Neues, das Neue war, dass die Protagonisten nicht mehr prinzipiell gegeneinander arbeiteten, sondern gemeinsam nach Antworten auf Herausforderungen suchten, dass man nun allseits eine Lösung *erreichen* und nicht *verhindern* wollte. Das war in der Tat eine neue Stufe von Außen- und Gesellschaftspolitik: Die Kooperation zwischen den (selbst ernannten) Großmächten ersetzte die Austragung von Mächterivalitäten als Leitprinzip von Politik[41].

Nachdem schon die Schlüsseldokumente des Herbstes 1815 nur noch von den *vier* Großmächten unterzeichnet, im Unterschied zur Kongressakte vom Juni 1815 die damaligen Signatarstaaten Spanien, Schweden und Portugal also nicht mehr hinzugezogen worden waren, wurde das Aachener Treffen der erste Kongress, der nur noch von den Alliierten von 1813 beschickt wurde. Diese erhoben fortan den Anspruch, als eine Art Kartell die anfallenden europäischen Angelegenheiten, seien sie zwischenstaatlicher oder in bestimmten Fällen auch innerstaatlicher Art, einer Lösung zuzuführen. Es war – nach Aachen wieder mit Zuziehung Frankreichs in der institutionalisierten Form des »Konzerts« – der Versuch, einen selbst geschaffenen politischgesellschaftlichen Zustand zu zementieren oder allenfalls so zu modifizieren, dass er mit den Interessen aller Kartellangehörigen kompatibel war.

48

Der Ort des Geschehens

Warum die Alliierten für den ersten Kongress nach dem Wiener und den Pariser Treffen vom Herbst 1815 sich für eine preußische Stadt entschieden, lag in der Logik des brüderlichen Einvernehmens der Herrscher und der Parität: In Paris, im besiegten Feindesland, hatte man den Triumph des epochalen Sieges über Bonaparte gefeiert und sich in wochenlangen Verhandlungen auf den (Ersten) Pariser Frieden verständigt. Im Sommer 1814 waren die Monarchen – mit Ausnahme des österreichischen Kaisers – und ihre Entourage nach London aufgebrochen, wo man einige Wochen mit der politischen Elite des Landes verbrachte, von dort war man nach Wien weitergereist, wo man neun Monate verhandelt und gefeiert hatte, dann hatte man sich erneut in Paris getroffen, um den (Zweiten) Pariser Frieden zu verhandeln und abzuschließen und in Anlehnung an den (ohnehin auf zwanzig Jahre abgeschlossenen) Vertrag von Chaumont die Quadrupelallianz zu erneuern.

Nun war des Feierns und des Friedenschließens genug, jetzt war die politische Routine wieder angesagt bei gleichzeitiger erneuter Demonstration der unverbrüchlichen Einheit der Vier Mächte. Es lag auf der Hand, dass ein weiteres Treffen der Monarchen und ihrer Ministerriege anderswo, in Preußen oder Russland, stattfinden sollte. Die Parität sollte, schon aus optischen Gründen, gewahrt bleiben, mochte Zar Alexander auch 1816/17 immer wieder einmal mit einer Neuauflage des Kongresses in der Donaumetropole geliebäugelt haben[1]; das war freilich für die Wiener Entscheidungsträger schon allein aus finanziellen Gründen nicht (mehr) vorstellbar! Da sich Russland – es wäre der repräsentativen Bausubstanz und der Logistik wegen ohnehin wohl nur St. Petersburg in Betracht gekommen – der Geografie und der (vor allem wenn es ins Spätjahr hineinging) klimatischen Bedingungen wegen nicht gerade aufdrängte, lag die Option Preußen mehr oder weniger »alternativlos« nahe. Die Überlegungen des Grafen Capodistria, der sich seine diplomatischen Sporen in der Schweiz verdient hatte, eine eidgenössische Stadt als Konferenzort ins Gespräch zu bringen, hatten vor diesem Hintergrund wenig Chancen.

Warum am Ende der Kongress nicht nach Berlin anberaumt wurde, sondern in eine »Provinzstadt«, wird sich endgültig nur schwer beantworten lassen. Es gibt Belege dafür, dass es Alexander war, der in seiner inzwischen sehr spiritistisch-religiösen Grundstimmung den Hauptstädten mit ihrem lockeren Lebenswandel generell eine Absage erteilte[2]. Hinzu kam, dass Berlin kurz nach den Napoleonischen Kriegen immer noch unter den Zerstörungen von 1806 und den Schäden von 1812 litt und mit dem Glanz der Kaiserstadt an der Donau noch längst nicht mithalten konnte – die großen Bauvorhaben der Schinkel-Epoche liefen ja gerade erst an. Zudem sollte der Folgekongress ein in seiner zeitlichen Erstreckung sehr viel bescheidenerer Arbeitskongress mit einer beschränkten Agenda sein, für die man ausgiebige Feste nicht zwingend benötigte. Man suchte, wie fast alle Beteiligten verlauten ließen, eine ruhige Stadt fernab weltstädtischen Betriebes und Treibens, eine Stadt, die aber doch die eine oder andere Annehmlichkeit bot und logistisch günstig gelegen war.

Wenn schon nicht Berlin, warum dann Aachen – und nicht etwa Breslau, Stettin oder Königsberg, Münster oder

50

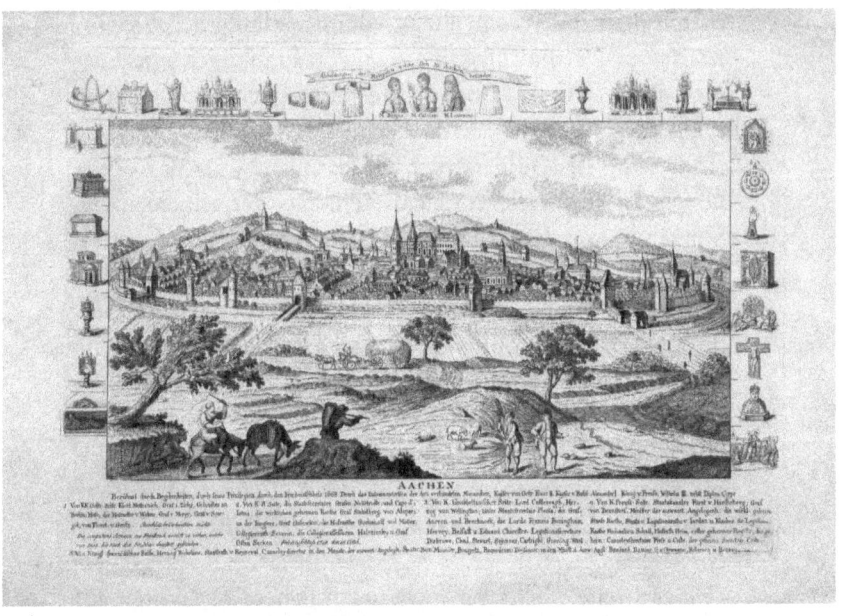

[1] Ansicht der Stadt Aachen, 1818

Magdeburg? Warum nicht – von den gelegentlich genannten nichtpreußischen Städten Heidelberg und Mannheim
einmal ganz abgesehen – das wegen seiner bequemeren
Erreichbarkeit auf dem Wasserweg in Vorschlag gebrachte
Düsseldorf?

Zum einen sprach die geografische Lage für Aachen:
Hinter der nicht weit entfernten französischen Grenze war
das alliierte »Sicherheitskorps« stationiert, dem – was dann
auch geschah – ein Besuch der Majestäten guttun und der
von der Öffentlichkeit sicher besonders positiv vermerkt
werden würde. Vor allem aber: Aachen hatte eine reiche
Erfahrung in der Organisation von »Gipfeltreffen«, einen
Fundus an kollektivem *Know-how,* den sonst kaum eine
Stadt auf deutschem Boden vorweisen konnte. In Aachen

51

hatten die Konferenzen zur Wiederherstellung des Friedens nach dem Devolutionskrieg zwischen Frankreich und Spanien 1668 und nach dem Österreichischen Erbfolgekrieg 1748 stattgefunden, gerade Letzteres ein Ereignis, das im Gedächtnis der Bürgerschaft fest verankert war. Sie konnte bei (fast) jeder Gelegenheit die Porträts der seinerzeitigen Spitzendiplomaten (Österreichs, Frankreichs, Großbritanniens, Preußens, der Generalstaaten, Sardiniens, Modenas, Genuas, Venedigs, der Kurie und Kurbayerns) bewundern[3], die ihr Rathaus und dessen »Friedenssaal« zierten – heute sind sie auf verschiedene Räume verteilt. Die städtischen Autoritäten sollten dann auch kaum eine Gelegenheit auslassen, diese besondere Dignität ihrer Kommune gebührend hervorzuheben: Aachen als die Kongressstadt *par excellence* – dem hatten konkurrierende Städte nur wenig entgegenzusetzen!

Der zweite, vielleicht noch wesentlichere Aspekt der aus der Geschichte abgeleiteten Dignität der Kommune, der in exzeptioneller Weise für sie sprach, gründete in der reichsverfassungsrechtlich hervorgehobenen Stellung der Stadt: Sie war über Jahrhunderte hinweg, bekräftigt noch einmal durch die Goldene Bulle von 1356, der traditionelle Krönungsort der deutschen Könige, also jener Ort, an dem mit Karl dem Großen die Grundlagen des monarchischen Systems Alteuropas gelegt worden waren und an dem sich sein legendärer Herrscherstuhl befand. Zu den anderen Momenten, die für die Option Aachen sprachen, kam deswegen mit ganzer Wucht die Geschichte hinzu: Aachen als Wiege einer Gesellschaftsordnung in Europa, die vom gesalbten und gekrönten Herrscher geprägt wurde und die unverändert Gültigkeit besaß. Sogar ein »Aufsteiger« wie Napoleon Bonaparte, der seit seinem Aachenbesuch 1804 eine sehr emotionale Beziehung zu der Stadt entwickelt, den Karlskult maßgeblich gefördert und der Kommune den Ehren-

52

titel »bonne ville« verliehen hatte, hatte dem Tribut gezollt.

Die Stadt mochte also noch so überschaubar und vergleichsweise wenig repräsentativ sein: Es gab eine Menge Gründe, Aachen als Ort des ersten Folge- und Abwicklungskongresses nach 1815 in Vorschlag zu bringen.

Es ist müßig, darüber zu spekulieren, wer für die Initialzündung verantwortlich war. Metternich hatte Aachen schon im Frühjahr 1817 einmal ganz vage und tentativ als Ort eines möglichen Kongresses genannt, was offenbar der russische Botschafter in Wien Graf Stackelberg aufgegriffen hatte[4]. Wenigstens im russischen Lager scheint man sich – nicht zuletzt der Kur- und Badebedürfnisse des Kaisers wegen – bis Jahresende 1817 auf Aachen festgelegt oder wenigstens doch »eingeschossen« zu haben, mochte auch Capodistria sozusagen in letzter Minute – vergeblich – noch Basel ins Gespräch bringen[5]. Die in Berlin für einen Augenblick ventilierte Option, sich vielleicht doch – eine bloße Courtoisie oder mehr? – für St. Petersburg zu entscheiden, war damit schneller wieder vom Tisch, als man sich das in der Entourage Friedrich Wilhelms III. vorgestellt hatte.

Bei der Berliner Entscheidung zugunsten Aachens haben, auch wenn sie quellenmäßig schwer fassbar sein mögen, noch weitere Gesichtspunkte neben der Geschichte und der einschlägigen Erfahrung bei der Abwicklung von Kongressen eine Rolle gespielt: Eine »Kurstadt« mit Heilquellen, zudem nicht weit von Spa entfernt, dem Modebad der damaligen Zeit, war allemal eine Attraktion, wobei man vonseiten der Berliner Regierung freilich – die Verwissenschaftlichung griff um sich! – im Vorfeld des Kongresses einen Jenenser Gelehrten damit beauftragte, die Qualität der Wässer chemisch zu untersuchen[6]. Da der Badebetrieb in der napoleonischen Ära weitgehend zusammengebrochen war, konnte ein Spektakel wie ein Gipfeltreffen dem Kurbetrieb nachhaltig wieder aufhelfen. Eine subtile Art von Tourismus- und damit Wirtschaftsförderung!

Zum anderen verkörperte Aachen den Typus der Gewerbe- und Industriestadt, deren Einrichtungen, die in den Jahren der napoleonischen Herrschaft einen gewaltigen Aufschwung genommen und viel Innovatives rezipiert hatten, für »Moderne« und wirtschaftlichen Aufbruch standen. Die dortigen Fabriken und Manufakturen sollten deswegen nicht zufällig auch die besondere Aufmerksamkeit der Monarchen auf sich ziehen.

Für die Berliner Ministerien und die unmittelbare Umgebung des Königs kam noch eine weitere Überlegung hinzu, die etwas mit den Mentalitäten und mit symbolischem Handeln zu tun hatte: Der Anfall des Rheinlands an Preußen auf dem Wiener Kongress, obwohl umgehend schon im April/Mai 1815 vollzogen, wurde an der Spree eher als ein Danaergeschenk eingestuft, als ein wenig willkommener »Ersatz« für jene Teile Sachsens, die an die alte Dynastie retourniert werden mussten und die man doch liebend gern behalten hätte. Den – zudem noch katholischen! – Rheinlanden stand man in Berlin mit ausgesprochener Distanz gegenüber, und diese Haltung beruhte auf Gegenseitigkeit. Die Spannung zwischen Hof und (neuer) Provinz, zwischen Zentrum und Peripherie wurde noch dadurch gesteigert, dass das »französische« Recht auf dem linken Rheinufer in Kraft blieb – und auch die französische Munizipalverfassung erst 1845 durch die preußische Gemeindeordnung ersetzt werden konnte. Die Rheinlande waren also ein Sonderrechtsgebiet, in einem zentralistisch-uniformen Staatswesen wie Preußen an sich ein Unding.

Die höheren Verwaltungspositionen in der »Rheinprovinz« – der Begriff sollte sich erst nach einer Verwaltungsreform in den frühen 1820er Jahren einbürgern – galten dem preußischen Dienstadel als die am wenigsten attraktiven.

54

Vor diesem Hintergrund war eine Geste wie die Vergabe eines Ereignisses, das europäische Aufmerksamkeit finden würde, an eine Kommune in dieser Provinz durchaus geeignet, diese an die Krone anzunähern, eine Stimmung zu generieren, die einen Zuwachs an emotionaler Nähe und Gesamtstaatsbewusstsein erwarten ließ.

Die Wahl Aachens war somit Teil einer bewussten Strukturpolitik der Berliner Zentrale, einer *Good-will*-Offensive, um die neue »Rheinprovinz«, die 1816 knapp unter zwei Millionen Einwohner zählte, näher an den preußischen Staat heranzuführen. Wie stark diese Region noch nach Wien hin orientiert war und mit der neuen Situation, von heute auf morgen Bestandteil eines durch und durch protestantischen Staates geworden zu sein, Schwierigkeiten hatte, war Metternich bei seinem kurzen Aufenthalt auf der Anreise in Köln geradezu in die Augen gesprungen.

Ein wichtiger weiterer Aspekt dieser Bemühungen um eine bessere Integration der Rheinlande war die Gründung einer Universität in den und für die neuen Landesteile. Die »alten« Universitäten in der Region – die traditionsreiche Kölner, die Trierer und die kurzlebigen Duisburger und Bonner – waren in den Wirren der Revolutionskriege untergegangen, und es verstand sich von selbst, dass hier Handlungsbedarf bestand: Man konnte der rheinischen Studentenschaft nicht auf Dauer zumuten, in Berlin, Königsberg, Halle, Greifswald oder Breslau zu studieren – und die katholische Universität Münster war im Sommer 1818 fehlender Reformbereitschaft und mangelnden eigenen Widerstandes wegen endgültig aufgelassen worden[7]. Es sprach somit, und hier war ein Nexus mit Münster mit im Spiel, alles für die Option, die preußische Hochschullandschaft im Westen zu erweitern.

Während Trier seiner peripheren Lage wegen sich dafür nicht zwingend aufdrängte und man in Berlin befürchtete,

in Köln könne eine Universität schnell vom örtlichen erz-
bischöflichen Ordinariat dominiert werden, entfielen für
Bonn ähnliche Bedenken. Die bevorstehende Neugrün-
dung der von vornherein überkonfessionell geplanten Bonner Universität war schon Wochen vorher allgemeines
Gesprächsthema[8], war also keine Überraschung mehr. Die
Kabinettsordre zur Errichtung der »zweiten« Bonner Universität war Ende Mai 1818 erlassen worden, die eigentliche
Gründungsurkunde wurde von König Friedrich Wilhelm
am 18. Oktober, dem Jahrestag der Leipziger Völkerschlacht,
in Aachen ausgefertigt[9] und tags darauf Staatskanzler Hardenberg zugestellt[10]. Damit konnten die Dinge in Bonn
mit der Konstituierung der Gremien und den ersten Wahlen endgültig ihren Lauf nehmen.

Ob damals bereits im Anschluss an die Besichtigungen
der lokalen und regionalen Industriebetriebe durch den
Monarchen und seine Entourage erste Überlegungen angestellt wurden, in dieser von einer innovativen Wirtschaft
geradezu übersprudelnden Industrielandschaft eine auf
Wirtschaft und Technik spezialisierte Hochschule ins Leben
zu rufen, ist mehr als fraglich. Der Gedanke der Gründung
von anwendungsorientierten Hochschulen jenseits der »tra-
ditionellen Universität« lag trotz zunehmender Bedeutung
der Polytechnischen Lehranstalten noch nicht wirklich in
der Luft und realisierte sich dann ja auch erst nach der Mitte
des Jahrhunderts nach und nach. Die Gründung der Rhei-
nisch-Westfälischen Technischen Hochschule erfolgte erst
1870, also ein gutes halbes Jahrhundert nach der der Bonner
Universität. Bis dahin hatte sich Aachen mit der 1817 errichteten Handwerksschule und der 1837 ins Leben getretenen
Gewerbeschule zu begnügen. Aber auch wenn Aachen in
diesem Sektor der Kultur- und Wissenschaftspolitik vorerst
noch nicht zum Zuge kam: Die Errichtung einer Universität in Bonn kann in ihrer Signalwirkung für die gesamte

56

Rheinprovinz gar nicht überschätzt werden. Archivar Meyer sprach deswegen in Anlehnung an Horaz auch nicht zufällig von einem »monumentum aere perennius«[11].

Wie auch immer die Entscheidung für Aachen gefallen sein mag: Sicher hat ein Artikel des rührigen Stadtarchivars Meyer in der lokalen Zeitung, der die unvergleichlichen Vorzüge Aachens bilanzierte, keine Rolle gespielt. Rekonstruieren lässt sich aber, wie massiv die Stadt bei den Berliner Verantwortlichen vorstellig wurde und ihre »Kandidatur« betrieb. Nachdem – dem Tagebuch des Staatskanzlers zufolge – der Aachener Generalvikar Funk Hardenberg schon am 12. Februar 1818 einen Besuch abgestattet hatte, bei dem es mutmaßlich nicht nur um geistliche Angelegenheiten ging, traf Hardenberg wenige Tage später, am 22. Februar, eine größere Aachener Delegation, die vom Oberbürgermeister angeführt wurde und drei weitere Personen umfasste: Leopold Bettendorf und zwei (ungenannt bleibende) Kaufleute, von denen angenommen werden kann, dass sie dem Stadtrat angehörten.

Irgendwann im März 1818 muss dann in Berlin die endgültige Entscheidung für Aachen gefallen sein – das Metternich wenig später in Karlsbad zugetragene Gerücht, das Monarchentreffen werde in Prag stattfinden[12], entbehrte somit jeder Grundlage.

Spätestens nach dem 20. April, als die förmliche Ankündigung in Aachen eintraf, konnten vor Ort die logistischen Vorbereitungen des Treffens anlaufen, wofür es nun allerdings auch höchste Zeit wurde. Ende Juli kam Hardenberg selbst in die Stadt, besichtigte die für ihn angemietete Wohnung im Hotel der Witwe Bettendorf am Markt und machte sich sicher auch ein Bild vom Stand der Vorbereitungen des Kongresses – den baulichen Veränderungen, dem Zustand der Straßen, den »Orten« des »Rahmenprogramms« –, bevor er nach Spa weiterreiste. Auf dem Rückweg weilte er

57

mehrere Tage – vom 29. August bis 5. September – erneut in Aachen, sozusagen zur Schlussinspektion.

Für die preußischen Gastgeber war es angesichts ihrer nach wie vor klammen Kassen sicher eine Erleichterung, dass – im Unterschied zu Wien, wo Krone und Regierung den weitaus größten Teil der Aufenthaltskosten wenigstens der »Siegermächte« getragen hatten – auf Anregung Kaiser Franz' man sich diesmal schon im Vorfeld verständigte, dass jede Seite ihre anfallenden Kosten selbst übernehmen solle[13]. Trotzdem blieb für Berlin noch genug zu finanzieren übrig.

*

Aachen, dessen künftige staatliche Zugehörigkeit lange unsicher gewesen war, war kurz nach dem Ende der Napoleonischen Kriege eine Kommune, die kaum mehr als 32 000 Einwohner zählte und deren Leben sich nach wie vor im Wesentlichen innerhalb der alten »Freiheit« abspielte und sich durch den Wall und die großen Tore (Marschiertor, Kölner Tor usw.) begrenzte; die Befestigungsanlagen waren freilich in der Franzosenzeit weitgehend zerfallen. Wenngleich den sorgfältigen vitalstatistischen Befunden für den Regierungsbezirk zufolge, die in der lokalen Presse penibel referiert wurden[14], davon ausgegangen werden kann, dass auch in der Stadt Aachen die Bevölkerung kontinuierlich anstieg, blieb sie doch im unteren 30 000er-Bereich. Von Wien mit seinen deutlich über 200 000 Einwohnern und einer ungleich größeren Fläche trennten Aachen Welten.

Aber das war ja genau das, was die Protagonisten in Wien und Berlin im Fokus hatten: eine »mittlere« Kommune mit einer begrenzten Fläche und sehr beschränkten Unterbringungsmöglichkeiten, die es von vornherein ausschlossen, an eine riesengroße Zahl von Delegationen kleiner und kleins-

58

ter und selbst größerer Staaten auch nur zu denken. Aachen sollte, ganz anders, als es einigen russischen Funktionsträgern vorschwebte, keine »Superveranstaltung« wie Wien sein, sondern allein der Logistik wegen ein Kongress im Wesentlichen der Großen Vier, der sich unter Umständen zu einer Veranstaltung der Großen Fünf veränderte, aber nicht zu einem Unternehmen der zweihundert Delegationen. Deswegen vermied man seitens der Mächte sogar anfangs konsequent den Begriff »Kongress«, um nicht Erwartungen und Befürchtungen zu wecken und fremden Staaten die Teilnahme verwehren zu müssen. Diese Maßnahmen in Schriftform zu bringen war übrigens eine der letzten großen Leistungen der Pariser Botschafterkonferenz, die nach dem Aachener Kongress – logischerweise – zu bestehen aufhörte[15].

Die Umwälzungen um die Jahrhundertwende hatten tief greifende Auswirkungen mit sich gebracht: Ihren Charakter als freie Reichsstadt hatte die Kommune schon spätestens seit ihrer Eingliederung in das französische Reich (als Hauptort des Départements Roer) verloren (1797). Im Unterschied zu anderen Kommunen – den Hansestädten Bremen und Hamburg, Frankfurt – war es Aachen auf dem Wiener Kongress, sicher auch mangelnder Präsenz wegen, nicht gelungen, zur alten Unabhängigkeit zurückzufinden. Im Wesentlichen ist damals über den Kopf der Betroffenen hinweg entschieden worden, und in Artikel 25 der Kongressakte war Aachen Preußen zugeschlagen worden, zwar – neben Koblenz, Trier, Düsseldorf und Köln – eine der fünf Bezirkshauptstädte, aber nicht Sitz des Oberpräsidenten. Das wurde als eine empfindliche Minderung der politischen Bedeutung der Kommune empfunden, wobei sie dieses Schicksal freilich mit etlichen anderen Städten teilte, die im Ancien Régime eine herausragende Rolle gespielt hatten. Den politischen Bedeutungsverlust hatte Aachen allerdings mit bemerkenswerten Erfolgen durch seinen wirtschaftlich-industriellen Aufschwung wettzumachen versucht.

1802 war, nachdem jahrelang antikirchliche Aktionen die Szene beherrscht hatten, die Stadt von Napoleons Gnaden zum Sitz eines Bischofs aufgestiegen, eines glühenden Napoleonanhängers, in dessen Sprengel aber die Protestanten beider Richtungen weitgehende Freiheiten genossen. Letzteres war in Aachen nicht immer so gewesen. Im ausgehenden 16. und beginnenden 17. Jahrhundert war die Stadt von schweren konfessionellen Wirren heimgesucht worden, denen allerdings immer auch ein erhebliches Maß an verfassungsrechtlichen und sozialen Problemen innewohnte. Über die Kommune war seinerzeit gleich zweimal die Reichsacht verhängt worden! Dem neuen Bischofssitz war indes nur ein kurzes Dasein beschieden: 1821, also schon in der preußischen Zeit, wurde das Bistum wieder aufgelassen. Der 1809 von Napoleon eingesetzte, aber vom Papst nie bestätigte Bischof Camus war 1814 verstorben, es bestand also eine Sedisvakanz.

*

An der Spitze des Stadtrats stand 1818 der schon in der Franzosenzeit als *Maire* fungierende Oberbürgermeister Cornelius von Guaita. Sein Name mag stellvertretend stehen für die Weltoffenheit der Kommune, in die seit Generationen Menschen aus den Nachbarregionen – den südlichen und den nördlichen Niederlanden, Frankreich – zuzogen, teils aus konfessionellen, teils aus ökonomischen Gründen. Die Guaitas stammten ursprünglich aus Menaggio am Comer See und waren als Südfrüchtehändler nach Deutschland gekommen. In Frankfurt hatten sie rasch eine beachtliche soziale Stellung errungen und waren von dort Anfang des 18. Jahrhunderts über Köln auch nach Aachen weitergezogen, wo sich ein Zweig der Familie dauerhaft etablierte.

60

Um die Jahrhundertwende zählte die Patrizierfamilie zu den großen Grundstücks- und Immobilienbesitzern der Stadt und spielte im Wirtschaftsleben eine herausragende Rolle. Cornelius von Guaita war Inhaber einer großen Nadelfabrik, und für sein wirtschaftliches Ansehen spricht auch, dass er nach der Franzosenzeit Präsident der Industrie- und Handelskammer Aachen wurde. Sein Sozialprestige spiegelt sich darin, dass während des Kongresses kein Geringerer als der Herzog von Wellington in seinem Haus am Markt Wohnung bezog.

Des Oberbürgermeisters – und des Stadtrats – Aufgabe war es natürlich nicht, den Kongress politisch vorzubereiten, seines Amtes war es, die logistischen Voraussetzungen für das »Rendezvous« der Fürsten und ihrer Minister zu schaffen. Das meinte, die Quartiere für die illustren Gäste zu organisieren und für deren »Optimierung« zu sorgen, die Höchstpreise für Unterkünfte[16], Gewerbe und (Lebensmittel-)Händler zu überwachen, die ausreichende Versorgung der Gäste zu gewährleisten, für ein attraktives »Rahmenprogramm« zu sorgen. Für wenigstens einen Teil dieser Aufgaben war eine im Frühjahr 1818 eingesetzte Servis- und Einquartierungs-Commission zuständig, die mit der Königlich Preußischen Etappen-Kommission[17] Hand in Hand arbeitete.

In Ermangelung eines weiträumigen Palastes, wie ihn die Hofburg geboten hatte, musste beispielsweise das (überschaubare) Angebot an einigermaßen repräsentativen Hotels und Privatquartieren nach bestem Wissen und Gewissen auf die einzelnen Delegationen verteilt werden. Und diese Herausforderung war schon allein quantitativ groß. Die – auch im Druck erschienene – Quartierliste der preußischen Delegation, die sich in den Akten des Aachener Stadtarchivs findet[18], nennt allein über siebzig Personen, die zur engeren »Suite« des Königs zählten und auf eine Fülle von Standorten verteilt werden mussten. Diese erstreckten sich vom Markt (Staatskanzler Hardenberg) über den Kapuzinergraben (Prinz Karl), die Adalbert- und die Ursulinenstraße bis zum Büchel, zur Hartmannstraße, zum Wirichsbongart, zur Eselsgasse, zur Peterstraße, zum Damengraben, zum Kolbert, zum Hühnermarkt, zum Neutor, zur Pontstraße, zur Kölnstraße, zur Großkölnstraße, zur St. Annastraße, zur Kleinmarschierstraße, zur Jakobstraße und zum Augustinerbach. Im »Palast« des Königs selbst waren nur die Allerwenigsten untergebracht, neben dem Kämmerer und dem Hofmarschall auch der Leibfriseur, der Mundkoch, der Silberaufseher und der Hofkonditor[19].

Entsprechend »dezentral« waren natürlich auch die engeren »Suiten« der anderen Monarchen untergebracht; die Unterkünfte des Stabes des österreichischen Kaisers, des Zaren[20] und des Herzogs von Wellington[21] wurden ebenfalls in der lokalen Zeitung abgedruckt[22]. Die Vermieter werden diese verkappte Werbung gar nicht ungern gesehen haben.

Royale Prominenz war der Badestadt nicht unbekannt. Im Sommer 1791 hatte beispielsweise der schwedische König Gustav III. in ihren Mauern geweilt, und der Aachenbesuch Napoleons und Joséphines 1804 hatte sich tief ins kollektive Gedächtnis der Stadt eingegraben. Aber diesmal ging es um mehr, ging es um etwas Exzeptionelles, ja Singuläres. Ein Spektakel wie das Zusammentreffen gleich mehrerer Monarchen pflegte – Wien hatte ein mehr als anschauliches Exempel geliefert – viele Menschen aus den verschiedensten Gründen anzuziehen: Dienstboten, Kutscher und Handwerker, die seit Mitte September vermehrt per Zeitungsannonce ihre Dienste anboten, Glücksritter, Spekulanten und Prostituierte – Aachen mit seiner großen Fluktuation an Badegästen war ohnehin schon eine relativ bordellgesättigte Stadt![23] –, Kaufmänner wie einen Braunschweiger Juwelier

62

und einen holländischen Diamantenhändler[24], einen Bielefelder Leinwarenproduzenten[25] und Kunsthändler, zwei türkische Kaufleute mit einem großen Sortiment an orientalischen Spezialitäten[26] oder einen brabantischen Weinhändler[27].

Hinzu kamen Anbieter spektakulärer *events* wie eines Panoramas der Schlacht von Waterloo, des »optischen Panoramas« der deutschen Lande des Hamburger Malers Suhr[28] oder eine Ausstellung hochwertiger französischer Gobelins[29]. Zwei Frauen versuchten sich an Heißluftballonfahrten, und drei englische Faustkämpfer trugen gegen Entgelt im Redoutensaal öffentliche Boxkämpfe aus[30]. Große Aufmerksamkeit fanden ein indischer Jongleur[31] – ob er wirklich aus Indien stammte, mag dahingestellt bleiben –, eine (stark nachgefragte) Wahrsagerin und ein Bauchredner[32]. Keine Frage: Das Leben in der Kommune wurde reicher, bunter und »spannender«, wozu etwa auch beitrug, dass ein Restaurant »nach Pariser Art«[33] eröffnet wurde.

Dass bei den (Eintritts-)Preisen nichts überhandnahm und sich die Preisspirale nicht kontinuierlich nach oben drehte, war Sache der lokalen Obrigkeit. Trotz aller Vorsorge und Appelle: Klagen über überhöhte Zimmerpreise und dass die Nahrungsmittel zu teuer seien – weswegen man in Westfalen beispielsweise für günstiges Geld Eier aufkaufte und nach Aachen schaffte und in den niederländischen Hafenstädten ohne Zwischenhändler in großem Stil Fisch einkaufte – blieben nicht aus, waren bei solchen Anlässen aber eher der Kategorie Standardbeschwerden zuzurechnen.

Was für den täglichen Bedarf galt, setzte sich bei den »Sonderanbietern« fort. Metternich klagte über die Preise und war überzeugt, dass die meisten Händler sich verspekuliert hätten, weil die auswärtigen Besucher nur das Allernotwendigste kauften. Der Sorge, Polizeireglements zu erlassen

63

wie bei früheren Friedenskongressen, um zu verhindern, dass es zwischen den Angehörigen verfeindeter Delegationen zu Schlägereien und Blutvergießen kam, war man inzwischen glücklicherweise enthoben. Für die Sicherheit in der Kongressstadt war in letzter Instanz übrigens ein für die Kongressdauer eigens bestallter Stadtkommandant verantwortlich, kein Geringerer als Carl von Clausewitz, der nach seinem Ausscheiden aus preußischen Diensten mit einiger Mühe wieder das Vertrauen des Monarchen gewonnen hatte und unmittelbar nach Aachen das Amt des Direktors der Berliner Kriegsschule übernehmen sollte.

Trotz dieser Hilfe von »außen« blieb genug zu tun für die Kommune. So musste, um nur ein Beispiel zu nennen, bei den großen gesellschaftlichen Ereignissen – den Bällen, Theateraufführungen, großen Konzerten usw. – dafür gesorgt werden, dass die Kutschen der hohen Gäste freie Fahrt hatten und auch beim Abholen nicht durch Menschenansammlungen oder andere Gefährte aufgehalten wurden. Die Ordnungsaufgaben des Stadtrats bezogen sich vor allem auf den Verkehr – man muss sich Aachens Straßen ja um vieles enger vorstellen, als die heutigen Trassenführungen es assoziieren – und auf das Meldewesen, das eine penible Kontrolle aller an- und abreisenden Fremden ermöglichte[34] (und die Wirte, die der Einlieferung der An- und Abmeldeformulare nicht nachkamen, mit empfindlichen Strafen belegte[35]). Die geradezu buchhalterische Erfassung der Fremden wurde von der österreichischen und der preußischen Geheimpolizei selbstverständlich nicht ungern gesehen[36].

Erst gegen Kongressende, am 11. November, wurde aber dann doch eine allgemeine Polizeiordnung erlassen, die Elemente der nächtlichen Sicherheit, der Verkehrssicherheit, des Rauchens mit »ungedeckten« Pfeifen, des Jugendschutzes und der Tierhaltung miteinander verband[37] – sicher aus

64

den Erfahrungen der zurückliegenden Wochen erwachsen. Sie fand zwei Tage später ihre Ergänzung durch eine eigene Kehrordnung[38] – »Preußen« hatte endgültig Einzug in Aachen gehalten.

Allen diesen Reglementierungen und Einschränkungen des Verkehrs und des öffentlichen Lebens zum Trotz: Die Einwohnerschaft sah dem Ereignis mit riesengroßen Erwartungen entgegen, mit ungetrübter Vorfreude. Ein längeres, gelegentlich etwas holpriges, auf den 1. September 1818 datiertes und mit dem Namen des Verfassers – Ermisch – versehenes Gedicht in der *Stadt Aachener Zeitung* vom 8. September 1818 bringt das zum Ausdruck:

Auf Aachen ist jetzt Aller Blick gerichtet,
Und von der Kaiserstadt spricht Süd und Nord,
Hier, heißt es, wird der Völker Zwist geschlichtet,
Der Heil'ge Bund versammelt sich ja dort!
Wo Karl der Große schon vor Tausend Jahren,
Das deutsche Land beschützte vor Gefahren;
Den Ort, von wo in jenen finstern Zeiten,
Das Licht des Christenthums verbreitet ward;
Die Statt, wo oft nach blut'ger Fehd' und Streiten,
Dem Lande Fried' und Ruh' gegeben ward;
Und wo zu gleichem Zweck vor siebzig Jahren,
Von ganz Europen Gesandte waren;
Wo einst, nach langem Streit und Unglückstagen,
Rudolph von Habsburg ward mit Pomp gekrön't.
Wodurch das deutsche Reich von Kriegesplagen,
Befreit, und alle Fürsten ausgesöhnt.
Hier ward die kaiserlose Zeit beendet,
Und Zwist und Krieg von Deutschland abgewendet;
So laß't uns denn nun fest und voll Vertrauen.
Mit deutschem Sinn, und treuer Bürgerpflicht,
Auf unsers Königs Wort und Großmuth bauen,

65

Dem's nicht an Weisheit, nicht an Kraft gebricht;
Im Glück und Unglück hat Er dies bewiesen,
Von Feinden selbst ward Er deßhalb gepriesen.
Und welche Männer stehen Ihm zur Seite?
Ein Hardenberg! – der sich des Landes Noth,
Zu Herzen nahm, und keine Opfer scheu'te,
Den Staat zu retten, der so sehr bedroh't;
Mit großer Mühe ist es Ihm gelungen,
Er hat den edlen Zweck so schön errungen,
Verein't mit Friedrich Wilhelm wird erscheinen.
Ein Fürst, bewährt als Freund, gleich wie als Held,
Der's ungern sieht, wenn Unterthanen weinen
Deutschlands Befreier! (nennet ihn die Welt),
Den Held des Nordens brauch' ich nicht zu nennen,
Ihr werdet diesen Freund des Königs kennen.
Um nun dies Fürsten-Kleeblatt voll zu machen,
So kömmt auch Oest'reichs Stolz, der Kaiser Franz
Für Deutschlands Wohlfahrt mit zu wachen,
Reicht Er die Hand zum ew'gen Friedenskranz.
Was Ihm das Liebste war in diesem Leben,
Hat Er um Frieden einst dahin gegeben.
Nicht alle großen Männer kann ich nennen,
Die man erwartet in der Kaiserstadt,
Germanen, Britten, Russen, Franken, Brennen,
Die Namen aller füll'ten dieses Blatt.
Wir wollen froh der Zeit entgegen sehen,
Unß kann durch den Kongreß nur Heil entstehen!

Für die Stadt war der Kongress jedenfalls ein Ereignis, das vom Glanz her die beiden früheren Kongresse bei Weitem in den Schatten stellte. Trotzdem kamen die städtischen Autoritäten und die Journalisten auf diese Trias – 1668, 1748, 1818 – immer wieder zu sprechen. Und es war auch kein Zufall, dass die Stadt im Sinn einer nacharbeitenden

Werbemaßnahme mit dafür sorgte, dass die – mehr oder weniger offiziösen Charakter tragende – Schrift des Stadtarchivars Meyer ganz breit »gestreut« und Anfang 1820 auch allen beteiligten Monarchen übersandt wurde[39].

Zu dieser Aufarbeitung des spektakulären Ereignisses gehörte zudem, dass man sich bemühte, die eine oder andere Kopie der von dem britischen Hofmaler Lawrence verfertigten Gemälde der Repräsentanten der Mächte – darüber unten mehr – für den Ratssaal zu erwerben. Es scheint, dass erst der vorzeitige Tod des Oberbürgermeisters Guaita diese Bemühungen wieder abbrechen ließ. Aber der Wille war vorhanden, dem Ensemble der Gemälde der Friedensgesandten von 1748 ein Äquivalent zur Seite zu stellen, das nicht nur Diplomaten, sondern veritable Monarchen und leitende Minister umfasst hätte. *Das* wäre dann der spektakulärste *lieu de mémoire* geworden!

Auf einem bescheideneren Niveau, wenn auch durchaus publikumswirksam, bewegte sich die Auflage dreier Gedenkmedaillen durch die Kommune, die in verschiedenen Metallen und Legierungen noch während des Kongresses zur Ausgabe gelangten. Sie huldigten zum einen mit dem Datum Oktober 1818 der allegorischen Figur der Pax, erwiesen zum anderen dem russischen Kaiser Alexander I. Reverenz und beschworen schließlich die *concordia* der christlichen Fürsten Europas (Abb. 2). Da es von diesen Medaillen auch eine Kupferversion gab, werden sie in zahlreiche Aachener Haushalte Eingang gefunden und die Erinnerung an den Kongress wachgehalten haben.

Aber die kommunale Erinnerungskultur reichte, nicht nur dieser Erinnerungsstücke wegen, weit über die unmittelbaren Nach-Kongress-Jahre hinaus. Das nachhaltigste Indiz, dass sich das Monarchentreffen im kollektiven Gedächtnis der Stadt fest implementiert hatte, ist das sogenannte Kongressdenkmal. Es wurde seit 1822 mit Entwür-

[2] Gedenkmedaillen auf den Aachener Kongress, 1818

fen für die Stelle vor dem Adalbertstor geplant, an der die drei Fürsten am Jahrestag der Völkerschlacht ihren damaligen Schwur erneuert hatten, gemeinsam »zum Heil der Völker, zur Herstellung des Rechts und der Wahrheit« unverbrüchlich zusammenwirken zu wollen. Das Denkmalprojekt blieb zunächst etliche Jahre liegen, bis anlässlich des Besuchs des preußischen Kronprinzen, des späteren Königs Friedrich Wilhelm IV., 1836 die Grundsteinlegung erfolgte. Ein wenig später entstandener Schinkel-Entwurf, der das Friedenstempelmotiv vorgab, wurde am Ende dann zwischen 1841 und 1844 von einheimischen Künstlern und Handwerkern umgesetzt und 1844 eingeweiht (Abb. 3), also 26 Jahre nach dem Kongress.

Allerdings blieb dem Denkmal nicht nur eine lange Entstehungsphase, sondern auch ein wechselvolles Schicksal

68

Das Heilig-Allianz-Monument bei Aachen.

[3] Kongressdenkmal, 1844, zeitgenössischer Stahlstich

nicht erspart. 1914 musste es dem Erweiterungsbau des Gerichtsgebäudes weichen, wurde demontiert, um erst vierzehn Jahre später, in Einzelheiten ein wenig verändert, im Stadtgarten wiederaufgebaut zu werden.

Die Straßen, an denen die Quartiere der drei Monarchen lagen – der preußische König logierte im Offermannschen Hotel, Kaiser Franz II. im Hotel am Großmarschiertor, Alexander I. im Hotel der Witwe Claus –, tragen im Übrigen bis heute die Namen der Protagonisten (Alexanderstraße, Friedrich-Wilhelm-Platz, Franzstraße). Die Umbenennun-

69

gen wurden durch die Namensgeber am Jahrestag der Völkerschlacht, also am 18. Oktober 1818, persönlich vorgenommen[40]. Sie haben alle politischen Umwälzungen der folgenden zwei Jahrhunderte unbeschadet überstanden.

Die Stadtverwaltung war sicher der Meinung, durch den Kongress eine Menge »symbolisches Kapital« akkumuliert zu haben – die Ehre, im europäischen Rampenlicht zu stehen, wog in ihren Augen zweifellos die erheblichen Investitionen auf, die im Vorfeld des Kongresses getätigt werden mussten. Dabei bleibt es freilich unsicher, inwieweit sich der in Köln ansässige Regierungspräsident der Rheinprovinz oder auch die Berliner Zentrale an den Kosten beteiligten. So wurde im Vorfeld des Kongresses beispielsweise das Schauspielhaus – wie Meyer schreibt – »mercklich verschönert« und »geschmackvoll eingerichtet« (was offenbar auch notwendig war, weil es fremden Besuchern nicht gerade als ein architektonisches Juwel mit einem Optimum an Funktionalität erschien[41]). Weiterhin wurden im Innern des Rathauses »Modernisierungen« vorgenommen (das große Porträt Napoleons im Sitzungssaal hatte schon zwei Jahre vorher seinen Weg nach Berlin angetreten); die in ehemaligen Klöstern untergebrachten Kasernen wurden besser ausgestattet; vor allem aber wurden die Straßen und die Promenaden gründlich saniert und wenigstens teilweise auch gepflastert. Da die Aachener Gewerke diesem Maß an Arbeiten nicht allein gewachsen waren, mussten von außerhalb Handwerker und Arbeiter in die Stadt geholt werden, um termingerecht mit allem abgeschlossen zu haben. Ein Konjunkturprogramm, das vielen Beteiligten sicher hochwillkommen war!

Wie die Einwohnerschaft – die Kaufleute und Handwerker, die Vermieter und Dienstleister – von dem Kongress profitiert haben, ist kaum zu bemessen. Meyers Bemerkung, groß sei die Geldmasse gewesen, die von den hohen,

70

höchsten und allerhöchsten Gästen in Umlauf gesetzt worden sei [42], lässt sich naturgemäß kaum verifizieren, geschweige denn beziffern. Einem Besucher wie Theodor von Haupt fiel jedenfalls auf, wie viele Zimmer und Wohnungen nicht hatten vermietet werden können. Ob sich förmliche Freundschaften zwischen privaten Vermietern und ihren auswärtigen Gästen entwickelt haben, ist angesichts der Kürze des Kongresses eher unwahrscheinlich – bei Kongressen mit einer deutlich längeren Laufzeit hatten, wie in Münster und Osnabrück, solche gewachsenen Nahverhältnisse bis hin zur Übernahme von Patenschaften geführt. Ob es die verstärkte Kaufkraft der Aachener Bürger war, die Austernhändler in beachtlicher Zahl auftreten ließ?

Aber alle, auch wenn ihre kaufmännischen Erwartungen sich nicht erfüllt hatten, werden am Ende den Kongress haben scheiden sehen mit dem Gefühl, ein Stück europäischer Geschichte hautnah miterlebt zu haben. Einige Bürger hatten bei Kongressbeginn ihre Häuser mit Chronogrammen auf die Teilnehmer oder das Ereignis an sich geschmückt [43], die nicht gleich wieder entfernt wurden. Die lokale Zeitung verlieh diesem Gefühl, dass der Kongress eine tiefe Zäsur im Leben der Stadt bedeute, dadurch Ausdruck, dass sie ab dem 29. September, dem Tag vor Konferenzbeginn, bei der Nummerierung ihrer Ausgaben auf die 1 wechselte!

Das »symbolische Kapital« war aber nur einer der Aspekte, der die Ratsherren beschäftigte. Dem standen die Investitionen der Kommune gegenüber, von denen schon die Rede war, zu denen aber auch noch die Kosten für die von der Stadt veranstalteten Bälle und Soireen kamen, die Verpflegung der vielen Soldaten, die die Kommune allein – die Akten des Stadtarchivs sind voll davon – nicht schultern konnte, die Ehrengeschenke, die den illustren Gästen gemacht werden mussten. Kongresse waren für die ausrich-

71

tenden Kommunen in der Vormoderne in aller Regel ein finanzielles Zuschussgeschäft – in Aachen verhielt es sich 1818 nicht anders.

Die Agenda und der Erwartungshorizont der Öffentlichkeit

Die Wünschbarkeit eines neuen Kongresses hatte sich, ganz unabhängig von den Vorgaben des Zweiten Pariser Friedens und der Einsicht, dass die Teilbesetzung Frankreichs nicht bis zum Letzten ausgereizt werden dürfe, seit dem Hochsommer 1817 mehr und mehr verfestigt. Daran trug zu einem wesentlichen Teil die Unruhe Schuld, die der Zar – willentlich oder unwillentlich – verbreitete. Auch hier kam dem Gerücht eine maßgebende Rolle zu: Mutmaßungen, Alexander plane ein Bündnis mit den Bourbonenstaaten, sei in Vorbereitungen begriffen, nach Italien zu reisen, um den dortigen Liberalen den Rücken zu stärken, oder wolle die Bourbonenstaaten sofort in die Quadrupelallianz integrieren, machten in der Presse die Runde und fanden Eingang in die Diplomatenkorrespondenzen. Auf jeden Fall generierten diese auf kaum belastbaren Quellen beruhenden Ondits wenigstens in Wien, aber auch in Berlin eine Stimmung, den Zaren möglichst umgehend wieder »einzufangen« und auf die alten Verträge zu verpflichten. Jenseits aller Zwänge, über die Zukunft Frankreichs zu entscheiden, machten die Gerüchte die Einberufung einer neuen Konferenz in noch höherem Maß wünschenswert.

Über seine Agenda ist im weiteren Vorfeld des Aachener Kongresses im politischen Raum eifrig »deliberiert« worden. Die Diplomaten waren seit dem März 1818 hin und her gegangen und wurden – wie im Fall des russischen Georg Alexander Golowkin – wohl auch von der »Gegenseite« einmal bespitzelt. Die unterschiedlichen politischen Perspektiven standen zwar im Raum, waren letztlich indes doch nicht so gewaltig, als dass man sich nicht hätte einigen können.

Besonderes Gewicht im Sinn eines Denkanstoßes kam einem Memorandum Metternichs vom 5. April 1818 zu, das sich entschieden dafür aussprach, die Konferenz auf Artikel V des Zweiten Pariser Friedens und nicht auf Artikel VI der Quadrupelallianz zu basieren, umso mehr, als Frankreich zwar möglicherweise alle materiellen Voraussetzungen zur Aufhebung oder doch Lockerung der Sanktionen erfüllen werde, aber sicher nicht die moralischen. Metternichs Vorstoß bedeutete auf jeden Fall, dass die anderen Signatarmächte der Wiener Kongressakte von der Teilnahme ausgeschlossen bleiben sollten. Eine solche wurde seitdem in der Tat nicht mehr ernsthaft in Erwägung gezogen.

An sich waren die früheren Überlegungen des Zaren und die Verlautbarungen seiner Diplomaten aber in genau diese Richtung gegangen: einen Kongress mit einem größeren Teilnehmerkreis und einer breiteren Agenda anzuberaumen und insbesondere die deutschen Angelegenheiten und die Probleme Spaniens in seinen amerikanischen Kolonien zur Sprache zu bringen. Außenminister Capodistria, bis in den Frühsommer hinein das unumstrittene Sprachrohr des Zaren, hatte eben dies immer wieder gefordert. Für ihn rangieren in seinen Memoiren denn auch – ganz irrig – die spanischen Angelegenheiten und die deutschen vor der Lösung des Frankreichproblems[1]. Aber die russische Diplomatie ließ es in Hinsicht weder auf den Teilnehmerkreis noch auf den Schwerpunkt der Beratungen auf eine wirkliche Kraftprobe ankommen. Gegen die im Kern einander ähnlichen

74

Positionen Wiens und Londons, die sich allerdings im Umfang des Mandats des Kongresses unterschieden, war dann doch kein Durchkommen – wobei die russische Diplomatie freilich darauf beharrte, dass Frankreich hinzugezogen werden müsse. Man fand am Ende dann einen Mittelweg, demzufolge Frankreich zunächst nur eine Art Beobachterstatus mit Rechenschaftspflicht zuerkannt und der französische Ministerpräsident ab einem bestimmten Zeitpunkt eingeladen werden solle, fortan an den Sitzungen als vollberechtigtes Mitglied teilzunehmen. Wie das verfahrens- und vertragsrechtlich zu regeln wäre, war vorläufig noch völlig unklar.

Die ursprünglich unterschiedlichen Konzeptionen der Mächte blieben der Öffentlichkeit nicht verborgen und führten zu Spekulationen. Aber die Gerüchteküche brodelte ohnehin – sieht man einmal ganz davon ab, dass die Möglichkeit einer Flucht Napoleons von St. Helena, die alles auf den Kopf stellen würde[2], zu einem der Standardthemen der Presse wurde. Pozzo di Borgo, der aus Korsika stammende, in Paris akkreditierte bourbonenorientierte und in einem Nahverhältnis zum neuen Ministerpräsidenten Richelieu[3] stehende russische Diplomat[4], ließ im Frühjahr 1818 beispielsweise verlauten, der Zar werde auf der Konferenz Vorschläge machen, auf die niemand gefasst sei, und die Öffentlichkeit glaubte umgehend, von interventionistischen Aktivitäten des Zaren ausgehen zu müssen, dessen Interesse an dem Problemfeld Spanien/Portugal/Kolonien notorisch war[5].

Solche Ankündigungen, die sich rasch mit Angstpsychosen angesichts der riesigen russischen Armee verbanden, waren geeignet, diplomatische Aktivitäten auf der »Gegenseite« in Gang zu setzen, die zu der Verabredung zwischen London, Wien und Berlin führten, es bei der Beibehaltung der alten Allianz zu belassen und Frankreich nur insoweit in

75

das System der Großmächte wieder einzugliedern, als es zu den Beratungen allgemeinpolitischer Art nach Artikel VI der Quadrupelallianz hinzugezogen werden sollte.

Die Erwartungshaltung der Öffentlichkeit war demgegenüber zwar unrealistisch, aber der Druck war da, dass der Kongress all das fortschreiben werde, was der Wiener Kongress rückständig und ungeklärt gelassen hatte. Dass »Wien« für die Alliierten ein abgeschlossenes Kapitel war und sie »Aachen« nicht als Fortsetzung verstanden, sondern als eine Veranstaltung mit einer vergleichsweise eng umgrenzten Agenda, ist längst nicht allen am politischen Diskurs Beteiligten klar gewesen. Anlässlich einer kurz vor Kongressbeginn bekannt gewordenen englischen Pressemeldung, dass der Aachener Kongress alles nacharbeiten werde, wozu man in Wien nicht gekommen sei, trat Gentz schließlich in einer unzweideutigen Pressekampagne allen solchen Spekulationen entgegen[6].

Es wird zu zeigen sein, wie stark die Publizistik diesem lieb gewordenen Gedanken noch nachhing. Denn obwohl der Aachener Kongress – wie der Wiener – nur eine begrenzte »Vorlaufzeit« von deutlich weniger als einem halben Jahr hatte, meldeten sich Publizisten zuhauf zu Wort. Es war ja die hohe Zeit der politischen Publizistik, die bekanntlich längst nicht immer auf das Wohlgefallen der Regierungen stieß. Titel wie *Erwartungen Deutschlands vom Aachener Congreß. Ansichten eines freymüthigen deutschen Mannes,* die im September 1818 nicht nur in den Aachener Buchhandlungen angeboten[7] (und in der lokalen Presse rezensiert[8]) wurden, standen für einen gewaltigen Erwartungsdruck – der mutmaßlich enttäuscht werden würde.

Eine prominente Stimme in diesem Chor der Publizisten war die Conrad Oelsners, der seine Autorschaft allerdings hinter dem Pseudonym »Dr. Schlottmann« verbarg – eine gezielte Sottise, denn der wirkliche Dr. Schlottmann hatte im Vorfeld des Wartburgfestes die preußischen Behörden mit dem Polizeiminister Graf Wittgenstein an der Spitze über die studentischen Umtriebe informiert und war, kaum zufällig, von den Veranstaltern zu dem Wartburgfest auch nicht zugelassen worden[9]. Die Schrift *Politische Aphorismen zur Beherzigung vor dem Congreß zu Aachen* war ein engagiertes Plädoyer für eine neue umfassende Völkerrechtsordnung, von der in Wien ja nur das eine oder andere kleinere Segment – die Freiheit der Flussschifffahrt, das Verbot des Sklavenhandels – kaum abschließend, aber doch vorläufig geregelt worden war.

Oelsner – immer unter der stillschweigenden Voraussetzung, dass die von und in den Bibliotheken vorgenommene Identifizierung des Pseudonyms zutrifft – hatte zum Zeitpunkt der Publikation dieser Schrift schon ein bewegtes politisches Leben hinter sich: 1764 in Schlesien geboren, hatte er, nach dem Abbruch seines Studiums in unsicheren Verhältnissen lebend, nach Ausbruch der Revolution rasch und entschlossen den Weg nach Frankreich gesucht mit dem Ziel, seinen deutschen Landsleuten ein möglichst authentisches und unmittelbares Bild der dortigen Entwicklung zu vermitteln: mit kritischer Distanz zur jakobinischen Herrschaft und vor allem zur *Terreur*. Er wurde zu einem wichtigen »Reporter« der Ereignisse, die er unter anderem in Artikeln in der viel gelesenen Zeitschrift *Minerva* und in dem Periodikum *Klio* niederlegte. Mehrere Jahre lang zwischen der Schweiz und Frankreich pendelnd, hier wie dort wiederholt verhaftet und bespitzelt, 1798 von den preußischen Behörden des Landes verwiesen, war Oelsner, gerade als er um die französische Staatsbürgerschaft einkam, immer deutlicher bewusst geworden, dass das französische Experiment in seinem Sinn – die Umsetzung der Ideen der Aufklärung in praktische Politik – als gescheitert angesehen werden musste. Er zog sich in der Napoleonära

77

völlig aus der Politik zurück, verfasste stattdessen historische Arbeiten und bemühte sich allenfalls bis 1817 noch, eine deutsche Bundeszeitung ins Leben zu rufen, die allerdings schon nach zwei Nummern einging.

In dieser Situation erschienen seine *Politischen Aphorismen*, die seine französischen Erfahrungen spiegelten, sie aber auf eine andere Ebene transponierten: die des Völkerrechts, das endlich in eine der Zeit und der Zivilisationsstufe der Menschheit gemäße Form gebracht werden müsse. Es war ein ganzes Völkerrechtsgebäude, das der Verfasser entwarf. Er proklamierte einen »Verein« von Gemeinwesen, für die – nebenbei abgehandelt – der Handel immer essenzieller würde, die, obschon monarchisch strukturiert, alle auf der Basis einer mitbestimmungsberechtigten Volksvertretung, also einer repräsentativen Verfassung, beruhten. Alle Beschlüsse, die dort geplant oder gefasst würden, wären »lautkündig« und würden durch eine freie Presse vorher in die Bevölkerung hinein vermittelt.

Die aktive Mitwirkung der Volksvertretung, ohne deren Genehmigung insbesondere kein Krieg erklärt werden dürfe, würde alle Maßnahmen des jeweiligen Regimes »überlegter, weiser, gerechter, edler, großsinniger« machen. Die Organisation, in der sie sich, ohne die Individualität und die Spezifik ihrer Glieder infrage zu stellen, zusammenfänden, hätte friedenswahrende schiedsrichterliche Befugnisse. Sie dürfe sich aber nicht so verfestigen, dass zur Umsetzung ihrer Entscheidungen militärische Gewalt vonnöten wäre, die nur ihrerseits wieder Kriege anfache, das Übel schlechthin der Vergangenheit. Die »Behörde«, also ein Schiedshof, könne nur über die öffentliche Meinung etwas bewirken, nicht durch Zwangsmittel. Kriege in der Abfolge von Krieg und Frieden seien zwar unvermeidbar, dabei könne man über die Beweggründe aber durchaus unterschiedlicher Meinung sein. In den Revolutionskriegen hät-

78

ten sich beide Seiten viele Verfehlungen und Verstöße gegen das Recht zuschulden kommen lassen, die nur als »sittliche Verwilderung« eingestuft werden könnten.

Die »tonangebenden Mächte« in Europa hätten deswegen nun ein Friedensmanifest zu entwerfen und zu verkünden, mit all den »völkerrechtlichen Grundsätzen«, »zu welchem sich alle gesitteten Staaten der christlichen Welt zu bekennen hätten, wenn sie in gegenseitiger Eintracht stehen wollten«. Zentral für die Mitglieder dieses »Friedensbundes« wären die absolute Vertragstreue und die Garantie der territorialen Integrität aller Beteiligten – also, in der heutigen Begrifflichkeit, der Kern eines kollektiven Sicherheitssystems. Sie müssten sich auf alle Zeiten verpflichten, dass keine Dynastie im Eventualfall Ansprüche auf vakant gewordene Staaten erhebe und dass die Teilung von Gemeinwesen zu ihrem Ende komme.

Was die Religion betreffe, in der Vergangenheit oft genug Auslöser kriegerischer Konflikte, so sei überall das Prinzip der Glaubens- und Gewissensfreiheit einzuführen, das in Verbindung mit der Pressefreiheit ähnliche Verirrungen unterbinde. Die Pressefreiheit wäre auch – da sie Übel rechtzeitig aufdecke – ein Garant, dass innere Aufstände die Herrschaft nicht destabilisierten. Die stehenden Heere, die *per se* oft genug Ursache eines Krieges gewesen seien, seien gänzlich abzuschaffen und durch ein Landwehrsystem zu ersetzen, das in etlichen Staaten ja schon mit Erfolg praktiziert werde.

Um Kriegen vorzubeugen, sei die Handelsfreiheit ein adäquates Mittel, wie überhaupt die Freiheit des Verkehrs – Kommunikation und Austausch von Ideen eingeschlossen – in Verbindung mit der Glaubens- und Gewissensfreiheit und der Öffentlichkeit aller politischen Handlungen als konstitutiv für das neue Völkerrechtssystem eingestuft werden müsste. Hilfreich für die neue Ordnung wäre es, wenn jeder Staat seine Verträge mit anderen Gemeinwesen – europäischen und außereuropäischen – nicht nur offenlegte, sondern auch von den anderen genehmigen ließe.

Im Kriegsfall, der Eigentumsverhältnisse von Privatpersonen höchstens befristet aufhebe, sei die Piraterie allenfalls gegen Staatseigentum erlaubt. Kriegsgefangene dürften weder verstümmelt noch getötet, weder zur Zwangsarbeit gezwungen noch versklavt werden; Verwundete und Kranke oblägen der Fürsorge des Siegers; Frauen, Greise und Beamte dürften nicht zwangsverpflichtet werden. Museen, Monumente und wissenschaftliche Einrichtungen, wohltätige Anstalten ebenso wie Sparkassen seien unantastbar. Die den Flussmündungen vorgelagerten Inseln gehörten unstreitig dem Besitzer des rückwärtigen Landes, im Übrigen habe die Freiheit der Seeschifffahrt zu gelten. Im Kriegsfall gelte das Prinzip der Neutralität des Meeres, jedenfalls bis auf Geschützweite vom neutralen Ufer aus gerechnet.

Gegen die Übung, dass auf See ein Schiff der schwächeren Macht eines der stärkeren Macht mit Flaggenhissung begrüße, sei nichts einzuwenden. Falsche Flaggen seien nicht zwingend zu bestrafen, es sei wohl nur ein frommer Wunsch, dass sich Schiffe verschiedener Kriegsparteien von ferne einander zu erkennen gäben. Die Häfen einer Krieg führenden Partei müssten nicht notwendigerweise auch den Schiffen neutraler Mächte verschlossen bleiben. Es sei ein Gebot der Menschlichkeit, den Schiffbruch des Gegners nicht zum eigenen Vorteil auszunutzen. Im Übrigen sei es ein dringendes Desiderat der Stunde, dass sich die europäischen Mächte endlich gegen die mittelmeerischen Seeräuberstaaten zusammenschlössen und gemeinsam gegen sie vorgingen.

Was das Zeremoniell auf internationalem Parkett betrifft, so plädiert der Autor für den Vorrang der Macht gegenüber anderen Kriterien – Alter des Staatswesens oder der Dynastie – und erklärt sich damit einverstanden, dass das Französische die *Lingua franca* der Diplomaten werde. Vorteile bringe das Frankreich nicht.

Den Gedanken, einen über ganz Europa verteilten Ritterorden ins Leben zu rufen, der über die Einhaltung der völkerrechtlichen Regeln wacht, diskutiert der Autor zwar, verwirft ihn dann aber. Dagegen komme den Schriftstellern – gemeint sind die Publizisten – die Funktion zu, die Völker auf den Weg zu Repräsentativverfassungen zu führen und sie zu sensibilisieren, das Verhalten ihrer jeweiligen Regierung genau unter die Lupe zu nehmen und auch zu kritisieren. Sie, die Publizisten, sind die eigentliche Macht, das Völkerrecht auf der Grundlage von Volkswillen und »offenkundigen Staatsverhandlungen« einzufordern und über die Einhaltung der Regeln zu wachen.

Soweit das Plädoyer Oelsners für ein neues, auf Repräsentativverfassungen aufbauendes europäisches Völkerrecht, das sich von dem Diktat der Dynastien löst und der ständigen Kontrolle durch die Presse unterworfen ist, das gleichwohl aber einige Organisationsformen – den Friedensbund, der sofort an die Heilige Allianz denken lässt, die Allianz gegen die Barbareskenstaaten – vorsieht und eine Menge Einzelfragen thematisiert. Das waren Wünsche eines Außenstehenden an die Versammlung in Aachen, die freilich so, in dieser Komplexität, nicht realistisch waren.

Am Ende entwarf Oelsner noch seine Vision der Zukunft Deutschlands, über die seit Wien ja intensiv diskutiert wurde, wie auch über die vermeintlichen Versäumnisse, die damals triumphiert hatten, über die Unzulänglichkeiten des Konstrukts des Deutschen Bundes. Das Bedürfnis eines »engeren Zusammenhangs der deutschen Völkerschaften« werde landauf, landab erörtert, am wenigsten wohl in Altbayern, »das für sich eine kleine welterobernde Nation ausmachen möchte«. Deutschland werde sich allerdings nie zu einer »streng geschlossenen Einheit« entwickeln. Es sei der Grundzug der deutschen Signatur, aus einer Vielzahl kleiner Einheiten zu bestehen. Das sei aber gar nicht wirklich zu beklagen, weil sich dadurch viel mehr »Selbstständigkeiten« ausgebildet hätten: solche des Verstandes, des Willens, der Sitten. Bei keiner europäischen Nation sei »die Kultur der Vernunft und der Sitten des gemeinen Mannes« so weit vorangeschritten wie in Deutschlands Vielfalt. Dem Gewissen des Volkes wichen die »schlechten Staatseinrichtungen und Gesetze« von selbst. Man dürfe darauf vertrauen, dass in ganz wichtigen Situationen die Deutschen wohl auch in der Lage wären, als »gemeinschaftlicher Körper« aufzutreten.

Lässt man diese abschließenden Reflexionen über Deutschlands Zukunft, die auf dem Kongress kein Thema sein konnte, einmal außer Betracht, so interessiert vorrangig, welche Motive aus dem völkerrechtlichen Kaleidoskop, das Oelsner präsentiert hatte, in der Aachener Ministerrunde tatsächlich aufgegriffen wurden. Um es vorwegzunehmen: Es waren nicht viele. Von einem neuen »Grotius«, einem universalen Völkerrecht, blieb Aachen weit entfernt.

Ein noch viel größeres Echo als »Dr. Schlottmanns« Pamphlet fanden Reflexionen in der Tagespresse, unter denen ein Artikel im englischen *Courier* hervorsticht, weil er von der deutschen Presse breit rezipiert und ausführlich diskutiert wurde, allerdings mit einem deutlich kritischen Unterton. Der ungenannte, aber sicher nicht in einem Nahverhältnis zur Regierung stehende Autor hatte ein umfangreiches Programm des Kongresses entworfen, das von der Wiederherstellung der *Cortes* in Spanien bis zum Austausch Portugals gegen die lateinamerikanischen Kolonien, von der englischen Parlamentsreform bis zur Emanzipation der irischen Katholiken, von der Vereinigung Polens mit Preußen (!) bis zur »Bereinigung« der deutschen Landkarte auf fünf oder sechs Staaten reichte[10]. Gerade weil das ein so abstrus-wirklichkeitsfremdes »Programm« war, fanden derartige Presseerzeugnisse eine Resonanz, die weit über ihre tatsächliche Bedeutung hinausging.

Oelsners Flugschrift steht für eine ganze Phalanx ähnlich ausgerichteter Abhandlungen, die in den Wochen vor Beginn der Aachener Konferenz auf dem Buchmarkt erschienen – die meisten anonym oder unter Pseudonym und meist auch mit fingierten Druckorten: Die landesfürstliche Zensur war ein Damoklesschwert. Die ohne Verfasserangabe erschienenen *Erwartungen Deutschlands vom Aachener Congreß* nannten als Druckort beispielsweise lediglich »Deutschland«. Auf sie soll noch ein kurzer ergänzender Blick geworfen werden, weil der Typus dort noch deutlicher hervortritt: der Typus des Pamphlets, das aus der Enttäuschung über die Ergebnisse des Wiener Kongresses erwachsen ist und von dem neuen Kongress nicht nur die Fortschreibung der dortigen Beschlüsse, sondern geradezu deren Revision erwartete. Sie wird zugleich aber auch des Kontrastes wegen ausgewählt, weil sie im Unterschied zur Multiperspektivität der Oelsner-Schrift sich mit einem einzigen großen Thema begnügt.

Der Verfasser beklagte vehement, dass der Wiener Kongress den »Zeitgeist« völlig übergangen habe wie auch die Bedürfnisse der Völker, die es schließlich gewesen seien, die den Fürsten ihre Throne gerettet hätten. Statt Selbstständigkeit der Völker und der Konstitutionen seien Zerstückelung und Repression auf der Tagesordnung geblieben. Der Wiener Kongress habe lediglich die Regelung der äußeren, aber nicht die inneren Verhältnisse im Auge gehabt, habe somit für die Entwicklung der nationalen Einheit, des »Nationalwohls« und der Nationalkulturen nichts geleistet.

Warum nur hätten die Verantwortlichen in Wien nicht die vielen Anregungen der Aufklärung und vor allem der

83

Revolution aufgegriffen und zu ihren gemacht? Die Wiener Diplomatie habe nichts anderes gekannt, als gleichsam als »Pflugschaar« alle Grenzen »aufzureißen« und die Länder neu zu schneiden. Und der Deutsche Bund, auf den man sich nach unendlich langen Diskussionen verständigt habe, liege wie eine »tode phlegmatische Masse«, die »kein politisches Leben gewinnen kann«, vor den Menschen: eine »unreife Geburt«, etwas »Monströses und Karikaturartiges«, ein Gebilde zudem, in dem die beiden deutschen Großmächte immer Fremdkörper bleiben müssten. Da aber Politik generell noch völlig unwissenschaftlich, mit Instrumentarien der Vergangenheit betrieben werde, weil ihr das entsprechende Rüstzeug fehle, könne man den sogenannten Staatsmännern gar keinen rechten Vorwurf machen, die Interessen der Völker bisher (zu) wenig beachtet zu haben.

Von diesem Ansatz her, Mechanismen zu erfinden, die aus dem Konglomerat der Bundesglieder einen wirklich politischen Körper machten, entwickelt der Anonymus sodann mit großem Aufwand eine Theorie der Erfordernisse von Staatlichkeit, die auf die Verfügbarkeit von Wasser (Meer, Flüsse) und Gebirge hinausläuft und ihn ein riesengroßes territoriales Revirement in der Mitte Europas in Vorschlag bringen lässt. Es läuft auf ein Nebeneinander der Großmächte Preußen und Österreich, die gewaltig zu arrondieren wären, und eines Bundesreichs hinaus, dessen einzelne Glieder ihrerseits geradezu groteske Verschiebungen hinzunehmen hätten. Das an Österreich fallende Bayern beispielsweise wäre am Rhein durch die jetzt preußischen Rheinlande zu entschädigen und Mecklenburg, das an Preußen fiele, in Westfalen.

Diese Auflösung aller bisherigen Ordnung wäre hinzunehmen, weil die Menschen in allen deutschen Staaten dieselben konstitutionellen Freiheiten genössen, die Dynastie also keine Rolle mehr spiele. Diese Totalumgestaltung

84

schließe auch französische (Elsass, Lothringen, Nordfrankreich) und russische Verluste ein, die beide Staaten aber durch den Erwerb nordafrikanischer Kolonien (zulasten der Barbareskenstaaten) und durch die Befreiung Griechenlands und stärkeren Einfluss auf das Osmanische Reich kompensieren würden. Die Schaffung eines so geschnittenen deutschen Bundesreichs mit zwanzig Millionen Einwohnern, in dem man gegebenenfalls Bayern eine Führungsrolle überlassen würde, läge auch im Interesse der europäischen Staaten, weil dadurch die frühere Schwäche der Mitte des Kontinents beseitigt würde.

Auch wenn der Anonymus die Schwierigkeiten bei der Umsetzung seiner Vision nicht verkannte – insbesondere aufseiten Bayerns! –, glaubte er, dieses Projekt eines nie vorher gesehenen Ländertauschs in die anstehende Diskussion einbringen zu sollen. Die völlige Neukonturierung der deutschen Landkarte – die entsprechende Auflösung von großflächigen Imperien schien dem Verfasser geradezu ein Modell für die Zukunft zu sein – von einem Kongress zu erwarten, der sich selbst sehr enge Termine gesetzt hatte, war schlicht blauäugig, spiegelt aber den Grad der Unzufriedenheit, die weithin ob des Konstrukts des Deutschen Bundes herrschte. Eine Revision der Wiener Lösung erschien wünschenswert, aber ob sie gleich so weit gehen musste, die gesamte mitteleuropäische Staatenwelt auf den Kopf zu stellen und durcheinanderzuwirbeln, werden sich unbefangene Leser dann wohl doch gefragt haben.

*

Ob die sieben beziehungsweise acht Minister, die die Verhandlungen in Aachen bestreiten sollten, derartige *admonitiones* überhaupt zur Kenntnis nahmen, ist denkbar ungewiss. Die Tagesordnung des Kongresses war eine Resultante des in den zurückliegenden Monaten gepflogenen Austauschs zwischen den Monarchen und den Regierungen, sei es zwischen leitenden Ministern, sei es von Diplomaten mit dem Gastgeberhof, sei es bei den Pariser Botschafterkonferenzen. Hier fielen die Grundsatzentscheidungen: über den Teilnehmerkreis, über die zentralen Agenden, auch über den Zeitrahmen, den man nach Möglichkeit nicht überschreiten wollte. Die »Feinarbeit« wurde dann einige Wochen vor Kongressbeginn bei einem Treffen Hardenbergs mit Metternich und dem Grafen Münster, der für die britische Regierung ein Mandat hatte, in Koblenz[11] geleistet.

Das Fehlen eines russischen Repräsentanten war schon vorher dadurch geheilt worden, dass sich Metternich Mitte August in Franzensbad und Karlsbad mit dem Grafen Capodistria getroffen und man die unterschiedlichen Vorstellungen ausgetauscht hatte mit dem Ergebnis, dass sich Capodistria, eher zähneknirschend, mit dem »abgespeckten« Kongress und seiner begrenzten Agenda einverstanden erklärt hatte. Es waren in Böhmen im Übrigen spektakuläre Tage, als Metternich Adlige und Diplomaten aus ganz Europa um sich scharte und, in Gesellschaft unter anderem von der Herzogin von Sagan, einer der *femmes fatales* von Wien, von Goethe und dem zukünftigen Star des Aachener Musikherbstes, Angelica Catalani, »Hof hielt«[12].

Der Kongress blieb der dort vorbesprochenen Tagesordnung dann im Wesentlichen treu; Befürchtungen auf österreichischer Seite, er könne in die Diskussionen im Frankfurter Bundestag über die Militärverfassung des Bundes eingreifen, denen angesichts des Abzugs der alliierten Truppen aus Frankreich eine gewisse Brisanz innewohnte, bestätigten sich nicht. Das schloss nicht aus, dass die Briten am Ende aber doch die Chance nutzen sollten, die Tagesordnung um einige Punkte zu erweitern, die ihnen besonders am Herzen lagen.

86

Die Protagonisten – die Monarchen und ihre Minister – und der Arbeitsstil

Es war eine wahre Invasion von Menschen – die weitaus meisten adlig –, die über die Bürgergemeinde »hereinbrach«. Überschlägt man die auch im Druck erschienenen Quartierlisten der Delegationen, wird man auf etliche Hundert »offizielle« Delegationsmitglieder der Briten, Russen, Österreicher und Preußen kommen – die kasernierten Soldaten nicht mitgerechnet. Und dann die weitere Entourage: Die Prinzessin von Thurn und Taxis brachte natürlich ihren eigenen Hofstaat mit; der Herzog von Richelieu, der, immer wieder unterbrochen durch Paris-Reisen, von Anbeginn des Kongresses an in Aachen weilte, ebenso. Und jeder der Minister hatte selbstredend seinen eigenen kleinen Tross bei sich, bestehend aus Schreibern und Kanzlisten, aus Fachleuten und Dienstpersonal.

Wie gewohnt zog ein solches Ereignis jede Menge Menschen an, die hofften, auf schnelle Art immens reich zu werden oder ihre berufliche Zukunft in andere Bahnen lenken zu können. Es gab zwar im Unterschied zum Wiener Kongress nicht annähernd zweihundert Delegationen aus fast allen Ecken Europas, aber die Menge an Fremden, die in der vergleichsweise engen alten Reichsstadt zusammentraf – allein in Paris sollen tausend Pässe für Aachen ausgestellt worden sein![1] –, wurde von den Einheimischen, die ihret-

87

wegen nicht nur Einnahmen hatten, sondern auch gewisse Einschränkungen hinnehmen mussten, dann doch als »Überfüllung« empfunden. Längst nicht alle Kleinfürsten und Beamte, Diplomaten und »Lobbyisten«, die Aachen für kürzere oder längere Zeit uneingeladen aufsuchten, konnten angemessen, das heißt ihren Vorstellungen und Standards gemäß, untergebracht werden – obwohl der »Markt« an Privatquartieren nach dem Eindruck von Besuchern keineswegs ausgereizt war.

*

Die Form des Kongresses – mit drei Monarchen, die zwar indirekt auf die Verhandlungen Einfluss nahmen, aber nicht an den Sitzungen teilnahmen – ist im Vorfeld keineswegs unumstritten gewesen. Capodistria beispielsweise hatte Metternich seine Skepsis gegenüber der Einbeziehung der Fürsten zu verdeutlichen gesucht[2], hatte sich dann aber dem Argument gebeugt, dass die Anwesenheit der Monarchen notwendig sei. Im Kern betraf es den Zaren, der seiner religiösen Schwärmereien, seiner expansionistischen Gedankenspiele und seiner vermuteten Pläne wegen, direkt oder indirekt die nationalen und konstitutionellen Tendenzen in europäischen Großregionen wie etwa Italien zu befördern, als eine Art Sicherheitsrisiko galt und deswegen öffentlichkeitswirksam wieder in die Solidarität der Mächte auf der Grundlage der Herbstverträge 1815 einzubinden sei.

Es ging bei dieser Diskussion aber auch um die mögliche Eifersucht dritter Mächte und Fürsten auf einen selbst ernannten und exklusiven Areopag und das Reklamieren von Ansprüchen, ebenfalls zugelassen zu werden. Metternich hatte diese Einwände unter Hinweis auf die »Pflicht« der Signatarmächte vom Herbst 1815, sich im Interesse der Sicherheit und der Ruhe in Europa zu solchen Zusammenkünften persönlich zu treffen, ins Leere laufen lassen.

Der äußere Ablauf der materiellen Seite des Kongresses lässt sich aus den ungedruckten Protokollen, aber auch aus Tagebüchern und Briefwechseln der Akteure und anderen Quellen präzise rekonstruieren. Die erste Konferenz wurde beim Gastgeber Hardenberg am 30. September 1818 abgehalten. Seitdem fanden in der Regel tagtäglich – im Wechsel im Quartier des preußischen Staatskanzlers am Markt und demjenigen Metternichs in der Komphausbadstraße – Konferenzen statt, die jeweils um zehn oder elf Uhr begannen und bis zum frühen Nachmittag andauerten.

Der Teilnehmerkreis stand fest: im Prinzip mit Ausnahme Österreichs je zwei Delegierte der Vier Mächte, wobei schon gleich zu Beginn mit dem Herzog von Richelieu ein Gast hinzugebeten wurde. Parallel dazu beschäftigten sich kleine informelle Expertengruppen mit den randständigen Fragen, von denen man noch nicht einmal so recht wusste, ob sie ins »Plenum« gelangen würden. Über die Zusammensetzung dieser Arbeitsgruppen schweigen sich die Protokolle im Allgemeinen aus.

Der 14. November als Termin der Schlusssitzung ließ sich zwar wegen der Notwendigkeit, für die französischen Restschulden einen neuen Terminplan zu finden[3], nicht halten, aber am 22. November, einem Sonntag, fand schließlich die letzte Konferenz – erneut bei Hardenberg – statt. Die anfängliche Prognose Metternichs, man werde die Agenda wohl in drei oder vier Wochen abarbeiten können[4] – das war auch der Erwartungshorizont etwa des Herzogs von Richelieu[5] –, hatte sich dann doch als ein wenig zu optimistisch erwiesen.

Die förmlichen, protokollierten 46 Konferenzen waren freilich nur Puzzleteile in dem emsigen Getriebe, das sich hinter den Kulissen abspielte und in das beispielsweise das Tagebuch Friedrich Gentz' einen guten Einblick eröffnet. Es verging wohl kein Tag, an dem der Sekretär des Kongres-

89

ses nicht mit wenigstens einem halben Dutzend fremder Funktionsträger mehr oder weniger intensiv auf privater Ebene – für ihn das »Salz von Aachen«[6] – gesprochen und Beschlüsse vorbereitet hat. Und bei den Ministern war das selbstredend nicht anders.

Man hatte sich im Übrigen darauf verständigt, die Pariser Botschafterkonferenzen und die Frankfurter Territorialkommission während des Kongresses weiterlaufen zu lassen – wie böse Stimmen behaupteten vor allem deswegen, um den in Wien verhassten Pozzo di Borgo, den russischen Botschafter in Paris, davon abzuhalten, nach Aachen anzureisen. Freilich scheiterte dieses – offenbar mit Preußen abgestimmte – Metternich'sche Manöver; schon aus Prestigegründen und entgegen einem früheren Beschluss vom Mai 1818 bestand die russische Seite auf Pozzos Anwesenheit, der zwar an den Ministerkonferenzen nicht teilnahm, aber im Hintergrund als Alexanders Berater wirkte. Die von Metternich vermutete Bildung einer festen Achse Paris – St. Petersburg blieb trotz Pozzos Präsenz aus; alle Befürchtungen, der Zar könne aus der »Einheitsfront« ausbrechen und sein eigenes Süppchen kochen, erwiesen sich schlussendlich als gegenstandslos.

*

So ähnlich der Personenkreis in Wien und Aachen war, so sehr hatten sich im Einzelnen die Gewichte doch verschoben. Zu den Persönlichkeiten, die in Aachen mit einer ganz anderen Aura auftraten als in Wien, zählte vor allem der Waterloo-Feldherr, der Herzog von Wellington. Der einzige »Neuling« unter den bevollmächtigten Ministern war neben dem erst nach Wien ins Amt gelangten französischen Ministerpräsidenten Richelieu der preußische Außenminister Graf Bernstorff.

Andere, die die »Geschäfte« in Wien wesentlich mitbe-

90

stimmt hatten, fehlten dagegen: natürlich Talleyrand, der kurz nach Ende des Wiener Kongresses seiner offenkundig russophoben Tendenzen wegen entlassen worden war, aber auch der Pole Adam Czartoryski, den die Entwicklung in seinem Heimatland schnell desillusionierte und dessen Spannungen mit Zar Alexander schon in der Endphase des Wiener Kongresses unübersehbar geworden waren. Auf österreichischer Seite war der Freiherr Johann von Wessenberg, der jetzt in der Frankfurter Territorialkommission tätig war, nicht mehr dabei. Auf preußischer Seite fehlte Wilhelm von Humboldt, der als nunmehriger Botschafter auf dem ungeliebten Posten in London saß und als engagierter Gegner Hardenbergs nur gegen Ende des Kongresses, am 3. November, für ein paar Tage nach Aachen kommen durfte[7], aber kaum mehr Einfluss ausübte.

Es war ein enger Zirkel von gerade einmal acht Persönlichkeiten, zwischen denen es zumindest zu keinen schweren Friktionen kommen sollte. Sie einte ein von der Revolution und dem europäischen Kampf gegen Napoleons »Supermacht« geprägtes Weltbild, das an der Erhaltung der gesellschaftlichen Strukturen (oder allenfalls deren moderaten Anpassung an den »Zeitgeist«), an der Stärkung der »erhaltenden« Kräfte orientiert war.

Die Erfahrung einer sich völlig auflösenden politischen Ordnung, die die Staatenvielfalt außer Kraft gesetzt hatte, war für sie zum Trauma geworden und war eingemündet in die Vorstellung, dass die nachnapoleonische Ordnung nur von einem kleinen Kreis von Großmächten überwacht und garantiert werden könne. Daraus war die Überzeugung erwachsen, dass die bisherige kurzatmige, an der Gleichgewichtsmetapher orientierte Staatenpolitik einem neuen Denken weichen müsse, das die grundsätzliche Kooperation an die Stelle permanenter Rivalität, die kollektive Verantwortung an die Stelle nackten Machtegoismus stelle. In

Wien und im Herbst 1815 waren die entscheidenden Weichenstellungen hierfür erfolgt.

*

Auch wenn die Monarchen nicht persönlich an den Arbeitssitzungen teilnahmen, soll der kursorische Überblick über die Teilnehmer mit ihnen beginnen, denn natürlich waren sie es, die in letzter Instanz für die politischen Entscheidungen standen. Schon ihr Eintreffen in Aachen war ein kleines Politikum. Aus Gründen der Etikette musste der Landesherr, der preußische König, zuerst in die Stadt einziehen, im Tagesabstand folgten dann der österreichische Kaiser und wenig später der Zar. Der preußische König hatte somit in beiden Fällen die Gelegenheit, den anderen Fürsten, die die Uniformen »ihrer« preußischen Regimenter angelegt hatten, spektakulär entgegenzuziehen und sie in ihre Quartiere zu geleiten.

Dem virtuellen Rang nach kam dem österreichischen Kaiser Franz I. der erste Platz zu[8]. Franz hatte auf seiner Anreise, die zu einem guten Teil auf dem Wasserweg vor sich ging, hautnah erfahren, wie populär das österreichische Kaiserhaus im ehemaligen sogenannten Dritten Deutschland – den kleineren deutschen Staaten – nach wie vor war. Und es war auch kein Zufall, dass er, der letzte Römisch-Deutsche Kaiser, in Aachen mit geradezu grenzenloser Begeisterung – sozusagen als legitimer Nachfolger Karls des Großen – empfangen wurde. Auch fremden Beobachtern fiel der eklatante Unterschied zwischen der Kühle, die die Anreise des preußischen Königs durch das Rheinland begleitete, und dem Enthusiasmus auf, den das Erscheinen des Kaisers auslöste. Seine triumphale Rheinreise war begleitet vom Jubel der am Ufer wartenden Menschen, eskortiert von geschmückten kleineren Schiffen, gefeiert mit Musik, Glockengeläut und Böllerschüssen. In Köln waren die Straßen so voll mit jubelnden Menschen, dass der Wagen des

92

Kaisers nur Schritt für Schritt vorankam; Illuminationen und Glockengeläut der zahlreichen Kölner Kirchen trugen das Ihre dazu bei, den Tag für alle Anwesenden unvergesslich zu machen. Auch die weitere Anreise in der Kutsche auf dem linken Rheinufer durch die Dörfer und Städtchen, die sich mit Ehrenbögen und Inschriften herausgeputzt hatten[9], glich einer Triumphfahrt. Dass damals Gerüchte auftauchten, er, der letzte Träger der Römisch-Deutschen Kaiserkrone, könne doch noch seine Hand nach der Kaiserwürde im Deutschen Bund ausstrecken, wird dem österreichischen Lager wenigstens geschmeichelt haben.

Franz I., bei Weitem keine so stattliche Erscheinung wie etwa der Zar, einer leichten Rückgratverkrümmung wegen auch kein »Partylöwe« wie der Romanow, hatte in den zurückliegenden Jahren, ganz im Fahrwasser des immer bestimmender und mächtiger werdenden Grafen beziehungsweise Fürsten Metternich, einen strikten Kurs des Immobilismus, also der Nichtveränderung, gefahren. Der Kaiser, »a rigid conservative«, wie es formuliert worden ist[10], hatte sich sogar den sehr moderaten Verwaltungsreformen Metternichs verschlossen.

Der 1768 als ältester Sohn des Großherzogs Peter Leopold von Toskana, des späteren Kaisers Leopold II., in Florenz geborene Franz, der von 1792 bis 1806 die Römisch-Deutsche Kaiserkrone getragen und sich 1804 den Titel eines Kaisers von Österreich beigelegt hatte, hatte in jungen Jahren eine Gärtnerlehre absolviert, was nicht nur sein lebenslanges Interesse an der Botanik erklärt (»Blumenkaiser«), sondern auch ahnen lässt, dass sein Interesse an der »großen« Politik eher begrenzt war. Anders als das große, überall reproduzierte »Staatsporträt« von Giuseppe Tominz von 1821 assoziieren könnte (Abb. 4), trat Franz nur höchst selten in Uniform auf, sondern bevorzugte in geradezu biedermeierscher Manier bürgerliche Kleidung.

[4] Porträt Kaiser Franz' I. von Giuseppe Tominz, 1821

Das darf allerdings nicht in dem Sinn missverstanden werden, dass er nicht von seinem Gottesgnadentum voll überzeugt und einem »liberalen« und bürgerlichen Weltbild verpflichtet gewesen wäre. Als Franz I. in Aachen eintraf, war er kurz vorher (1816) seine vierte Ehe (mit einer bayerischen Prinzessin) eingegangen, die im Unterschied zu den ersten drei Ehen kinderlos bleiben sollte.

Wenn man sein Aachener Besuchsprogramm Revue passieren lässt, fällt auf, dass er ausgesprochen selten zusammen mit seinen beiden Fürstenkollegen in der Öffentlichkeit auftrat. Der österreichische Kaiser mied eher die Gesellschaft der beiden anderen, als dass er sie suchte. Höchst bezeichnend war schon, dass er auf der Hinreise einen Tag länger in Mainz und Johannisberg verbrachte, um nicht in Koblenz mit dem preußischen König zusammenzutreffen. Zum Schlussmanöver der Observierungsarmee und nach Paris begleitete er – symbolisches Handeln? – den Hohenzoller und den Romanow nicht. Dem preußischen König fühlte er sich qua Geburt und den Rang seiner Dynastie überlegen, Alexander blieb für ihn immer ein unsicherer Kantonist, mochte der Romanow auch noch so oft in Wien »vorbeischauen«, an dessen Flair er sein Herz verloren hatte.

Zar Alexander I. hatte sich seit dem Wiener Kongress zu einer Art *enfant terrible* für die Kräfte des Konservatismus entwickelt[11]: Es hatte sich das Bild eines Fürsten generiert und verfestigt, der, auch ob seiner Hinwendung zu mystisch-religiösen Schwärmereien, als unberechenbar galt, eines – wie Zeitgenossen mutmaßten – Mannes, der nicht ganz richtig im Kopf sei. Die »öffentliche Meinung« glaubte in ihm einen Monarchen zu erkennen, dem man ob seiner aus seiner Affinität zu den Ideen des Liberalismus und des »Völkerfrühlings« herfließenden »Humanitätsduselei« zutraute, das ganze internationale System auf den Kopf zu stellen.

95

Im März 1818 hatte Alexander den ersten Reichstag seit der Errichtung des in Personalunion mit dem Zarenamt verbundenen Königreichs Polen eröffnet, in seiner Thronrede die Strahlkraft der neuen polnischen Verfassung unterstrichen und angedeutet, dass sein entschlossenes Bemühen dahin gehe, ganz Europa mit Konstitutionen liberalen Zuschnitts ausgestattet zu sehen. Er ließ bei dieser Gelegenheit gar verlauten, er habe bereits eine Konstitution für Russland in Auftrag gegeben. Die Liberalen in ganz Europa jubelten dieser (vermeintlichen) Rückkehr Alexanders zu seinen früheren Ideen der Völkerbeglückung wegen auf, die ihm den Ruhm des fortschrittlichsten Herrschers Europas eingetragen hatten.

Umso sorgenvoller aber wurden die Mienen in Wien und auch in Berlin, weil man eine solche Ermunterung der liberalen Opposition und des nationalen Gedankens als ein Menetekel empfand, das nur Schlimmes nach sich ziehen würde. Zwar distanzierte sich Alexander gegenüber aufgeregten österreichischen Emissären bald wieder von diesem pathetischen Paukenschlag, der wohl vor allem für den europäischen »Zeitgeist« gedacht war. Dies wiederum war geeignet, das Bild von seiner Unberechenbarkeit nur noch einmal zu unterstreichen. Denn die Pläne, die er in den zurückliegenden Jahren hervorgezaubert hatte, etwa den einer allgemeinen und kompletten Abrüstung in Europa (1816), hatten mehr als einmal für Irritationen gesorgt.

Diese Unberechenbarkeit war auch schon den Beobachtern in Wien aufgefallen, und sie hatte sich dort noch dadurch verstärkt, dass sich Alexander mit einem breiten Kreis von Beratern umgeben hatte – darunter dem Freiherrn vom Stein –, der alles andere als homogen war. Das sollte sich, obwohl er den Freiherrn vom Stein zu einem Kurzbesuch in den ersten Novembertagen einlud[12], in Aachen zwar anders gestalten, als Alexander sich im Wesentlichen nur auf

96

den Grafen Nesselrode und Ioannis Capodistria verließ, den nominellen Außenminister. Aber die Sprunghaftigkeit blieb trotzdem Alexanders »Markenzeichen«.

Und sie hatte System: Die beiden Minister, die ihn in Aachen umgaben, standen »ideologisch« – nicht menschlich – zueinander wie Feuer und Wasser. Jedenfalls konnten aber in Aachen trotz oder wegen dieses ambivalenten Ministertandems die lange gepflegten Gerüchte, dass Alexander ein verkappter Liberaler und dass der Grundzug seiner Politik die unverbrüchliche Freundschaft mit Frankreich sei, nicht mehr als feste politische Größen gelten.

Der neuerliche Stimmungsumschwung nach der Warschauer Rede war die Folge einer geradezu »konzertierten Aktion« konservativer Gegenkräfte – darunter neben österreichischen Diplomaten auch der preußische König und seine Emissäre –, die in Alexander die Gedanken hatten keimen lassen, dass an vielen Orten Europas revolutionäre Gruppen Umstürze der Gesellschaftssysteme vorbereiteten und es auch in seinem eigenen Reich Geheimgesellschaften gebe, die mit derartigen Absichten umgingen. Dass Alexander viele seiner anfänglichen Pläne in Bezug auf den anstehenden Kongress – Teilnehmerkreis, keine förmliche Erneuerung der (gegen Frankreich gerichteten) Quadrupelallianz, vorbehaltlose und völlige Gleichberechtigung Frankreichs – wieder fallen ließ, war diesem geradezu manipulativen Vorstelligwerden der Wiener und Berliner Diplomatie geschuldet.

Spätestens auf seiner Anreise nach Aachen über Weimar und Frankfurt, Darmstadt, Stuttgart und München, auf der er von seinen zahlreichen Verwandten und von Intellektuellen ob seiner Vision angegangen worden war, hatte der Zar erkannt, dass er sich zu weit vorgewagt und sich isoliert hatte. In Aachen herrschte dann wieder eitel Sonnenschein, zumal der Romanow mit Verve allen Gerüchten, sozusagen seine ständigen Begleiter[13], entgegentrat, er plane einen Krieg – gegen wen? – oder er wolle den Charakter und die Zusammensetzung der Quadrupelallianz grundsätzlich verändern. Metternich fand den Zaren in derselben Aufgeschlossenheit und »Disposition« wie im Jahr 1813. Der russische Kaiser überbot sich in Höflichkeiten und Freundlichkeiten, und dass er dabei bei dem preußischen König, dem »älteren« Waffengefährten, auf mehr Resonanz stieß als bei dem österreichischen Kaiser, wird man nach allem, was in den zurückliegenden Monaten und Jahren vorgefallen war, nachvollziehen können.

Der 1777 geborene, aus der Ehe des Großfürsten (und späteren Zaren) Paul und dessen württembergischer Gemahlin Sophie Dorothee hervorgegangene Romanow hatte, obwohl von seinem Vater eher kritisch beobachtet, eine ganz von den aufgeklärten Zeitströmungen geprägte Erziehung genossen, bei der sich der Schweizer Frédéric-César de la Harpe (Laharpe) besonders hervorgetan hatte. Alexander war, fünfzehnjährig, 1793 mit der noch ein Jahr jüngeren badischen Prinzessin Louise vermählt worden, aber auch nach der Eheschließung hatten die Demütigungen des Vaters, der 1796 den Kaiserthron bestiegen hatte, nicht aufgehört – einer der typischen Vater-Sohn-Konflikte, an denen das 18. Jahrhundert reich war.

Nach einer Verschwörung gegen seinen Vater, von der Alexander mit Sicherheit nichts wusste, und dessen Ermordung hatte er, der Nachfolger, sein Augenmerk zunächst auf innere Reformen gerichtet. Aber die Zeitumstände hatten ihn früh auch auf die Außenpolitik verwiesen, wobei von besonderer Bedeutung für sein ganzes Leben der »Freundschaftsbund« wurde, den er 1802 in Memel mit dem preußischen König Friedrich Wilhelm III. abgeschlossen hatte. Dass die beiden Monarchen in Aachen und außerhalb oft als Duo auftraten, war deswegen kein Zufall. Alexanders

98

Beziehungen zu Franz I. blieben dagegen immer kühl; trotz gelegentlicher »Ausbrüche« von *good will* und Höflichkeit brachte er ihm nur wenig Sympathie entgegen.

Seine Außenpolitik gegenüber Napoleon in der ersten Dekade des Jahrhunderts war trotz aller Bewunderung für die Führungsqualitäten des Kaisers der Franzosen sprunghaft gewesen. Dann hatte sich die preußische Karte aber doch wieder in den Vordergrund gespielt, als Alexander nach der preußischen Katastrophe von 1806 den Frieden mit Napoleon vermittelte und sich 1812 endgültig aus dem »Weltherrschafts-Syndikat« mit dem Korsen löste. Nach dem für Napoleon in einem Desaster endenden Russlandfeldzug 1812/13 entschloss sich Alexander, beraten von deutschen Militärs und Politikern, aber nicht ohne Bedenken in seiner weiteren Entourage wachzurufen, den Krieg über Russlands Grenzen hinauszutragen und bis zum endgültigen Sturz Bonapartes fortzusetzen. Mit Mühe konnte ein Bündnis auch mit Österreich geschlossen werden, die Völkerschlacht hatte den Anfang vom Ende des Kaisers der Franzosen markiert. Alexander war schließlich an der Spitze der verbündeten Monarchen in Paris – zu Pferd und mit wechselnden Uniformen, seiner großen Leidenschaft – eingezogen und hatte mit dafür gesorgt, dass die bourbonische Dynastie umgehend restituiert wurde.

Auf dem Wiener Kongress hatte Alexander in jeder Hinsicht eine Hauptrolle gespielt, so etwa in Bezug auf Polen, die Ionischen Inseln und die Eidgenossenschaft. Er hatte aber schon damals ob seiner vermeintlich liberalen Programme die konservativen Kräfte eher verunsichert. Ob das Urteil, dass er ständig mit viel Pathos neue Ideen produzierte und auf den Applaus des bewundernden Europa wartete[14], wirklich den Kern der Sache trifft, mag auf sich gestellt bleiben; aber dass der Romanow das Rampenlicht suchte, steht außer Frage.

Schon in Wien waren dem Einfluss der verschrobenen »Prophetin« Juliane von Krüdener zugeschriebene mystisch-religiöse Anwandlungen des Zaren erkennbar geworden, die sich nach dem Ende des Kongresses im Herbst 1815 auch politisch manifestiert hatten, als Alexander jene auf der Religion und der besonderen Verpflichtung der Monarchen gegenüber Gott fußende Verbindung mit den preußischen und österreichischen Herrschern initiiert hatte, die unter dem Namen Heilige Allianz in die Geschichte einging.

Dass Alexander in Aachen dem Grafen Capodistria die Vertretung seiner Interessen (mit) überließ, dessen Nähe zum Liberalismus notorisch war, ließ die Gegenseite lange fürchten, er werde dort massiv dem Konstitutionalismus das Wort reden. Freilich erwiesen sich diese »Befürchtungen« dann aber doch als unbegründet, umso mehr, als Graf Nesselrode sich als ein probates »Gegengewicht« erwies.

Das zeitweilige *enfant terrible* vollzog eine neuerliche Häutung hin zu einer Mischung von Konservatismus und Mystizismus, dessen tiefe Religiosität sich, *pars pro toto*, daran ablesen lässt, mit welchem Nachdruck Alexander die Bibelgesellschaften in seinem Reich förderte, die freilich seit 1817, weil sie vermehrt Einfluss auf das Schulwesen zu gewinnen suchten, zu einem Problem für ihn wurden.

Aachen sollte zu einem der letzten Höhepunkte im politischen Leben des Zaren werden, danach nahmen sein Prestige in Europa und seine Popularität in der Heimat erkennbar ab, sodass nicht zufällig bald die ersten Gerüchte auftauchten, er wolle zugunsten seines Bruders abdanken.

Dieser Ausblick ändert aber nichts an dem Generalbefund, dass unter den drei Monarchen, die in Aachen zusammentrafen, der Zar auf die laufenden Geschäfte in den Ministerialkonferenzen den mit Abstand größten Einfluss nahm, sehr regelmäßig seine beiden Minister für die

[5] Kaiser Alexander I. von Russland. Gemälde von Sir Thomas Lawrence, 1814/1818

Sitzungen instruierte, oft mit den Repräsentanten der anderen Mächte zu Vieraugengesprächen zusammentraf und eindringlich versuchte, seine Sprache in die offiziellen Kongressdokumente einfließen zu lassen[15].

Der Dritte im »Bund« der Monarchen war der preußische König Friedrich Wilhelm III., in der noch relativ überschaubaren Reihe der Hohenzollernmonarchen seit 1701 nicht gerade eine herausragende Persönlichkeit[16]. Friedrich Wilhelm hatte in den zurückliegenden Jahren viele schlimme Erfahrungen machen müssen: den Niedergang seines Staates, der sich Reformen viel zu lange verschlossen hatte, dessen Zusammenbruch auf den Schlachtfeldern von Jena und Auerstedt, die gnadenlose Amputation wesentlicher Teile des Gesamtstaats, eine unglaubliche harte Besatzungsherrschaft der Franzosen, die das Land ausgesogen hatte, und der frühe Tod seiner Gemahlin Luise 1810, die dann zu einem Symbol preußischen Behauptungswillens stilisiert worden war.

Preußen, von Stein und dann von Hardenberg mühsam, aber doch nachhaltig auf den Weg der inneren Erneuerung geführt, war maßgeblich an der Leipziger Völkerschlacht beteiligt; sein König hatte gemeinsam mit dem Zaren dafür gesorgt, dass der Krieg bis nach Paris getragen wurde. Friedrich Wilhelm hatte aber danach auf dem Wiener Kongress erleben müssen, dass das seit Generationen von seiner Dynastie verfolgte territoriale Hauptziel, der Anfall ganz Sachsens, am Veto anderer Mächte – auch Talleyrands – scheiterte und Preußen stattdessen für seine territorialen und finanziellen Verluste in Westfalen und am Rhein entschädigt wurde, mit einem Territorienblock, der zunächst zu den »ungeliebten« Kindern der Monarchie zählte.

Gerade wegen der weiten Zerfaserung des neu geschnittenen preußischen Staates hatte es im weiteren Vorfeld des Aachener Kongresses in Berlin Überlegungen gegeben, das

[6] Friedrich Wilhelm III. Kopie von 1817, Antonio Schrader nach einem Gemälde von François Gérard

gesamte Königreich unter den Schutz des Deutschen Bundes zu stellen – die Traumata von Jena und Auerstedt wirkten lange nach. Diese Überlegungen waren von verschiedenen Seiten kritisch kommentiert worden, sodass Metternich eine Chance zu erkennen glaubte, durch das Konstrukt eines geheimen preußisch-österreichischen Defensivbündnisses eine solche Garantie herzustellen. Da die Gefahr gedroht hätte, dass beim Bekanntwerden eines derartigen Bündnisses Russland es als eine Art unfreundlichen Akt hätte verstehen können, hatte man in Berlin diese Option allerdings nicht weiterverfolgt. Der Vorgang lässt aber erkennen, als wie essenziell man an der Spree den Schulterschluss mit dem Zaren einschätzte.

Aus Wiener Sicht mag sich das anders dargestellt haben, aber es unterliegt keinem Zweifel, dass für Friedrich Wilhelm die enge Partnerschaft mit Russland allererste Priorität genoss – und auch behalten sollte. Der preußische und der russische Herrscher reisten in Aachen oft gemeinsam, nicht nur nach Sedan und Paris; sie waren unmittelbar vor dem Kongress in Berlin zusammengetroffen[17] und pflegten seit Jahren eine persönliche Freundschaft, die inzwischen auch dynastisch unterfüttert war: Im Frühsommer hatten sie sich in Russland getroffen, um das im April geborene gemeinsame neue Familienmitglied zu bewundern, das aus der 1817 geschlossenen Ehe der preußischen Prinzessin Charlotte mit dem Großfürsten Nikolaus hervorgegangen war, den späteren Alexander II.

Symbolisch genug, hatten sie bei ihrem Zusammentreffen unmittelbar vor Kongressbeginn in Tempelhof bei einer »imposanten Feier« gemeinsam den Grundstein gelegt für ein Denkmal zur Erinnerung an die Kriege von 1813 bis 1815 und für den Anteil Preußens daran[18]. Angesichts der engen familiären Verbindung, die zwischen dem Haus Hohenzollern und dem Haus Romanow bestand, kann das explizite

104

Nahverhältnis beider Fürsten auch gar nicht sonderlich überraschen[19].

Friedrich Wilhelm war 1770 als ältester Sohn des nachmaligen Königs Friedrich Wilhelm II. geboren worden – der im Haus Hohenzollern nicht unübliche Vater-Sohn-Konflikt sollte auch seine Kindheit und Jugend überschatten, ganz ähnlich wie bei dem einige Jahre jüngeren Alexander. Er galt als verschlossen und schüchtern und blieb sein ganzes Leben ein eher trockener und nüchterner, über weite Strecken auch alles andere als entschlussfreudiger Mensch (als »Melancholiker auf dem Thron« charakterisiert ihn Stamm-Kuhlmann), dessen lakonische Redeweise sprichwörtlich werden sollte. Von seiner 1783 geschlossenen Ehe mit der Mecklenburgerin Luise war schon die Rede – die mit Abstand glücklichste Zeit seines Lebens, die ihm auch die Augen für die Kunst, das Theater und die Wissenschaften öffnete, die er nach Luises Tod nach Kräften zu fördern suchte.

Zur Zeit des Aachener Kongresses stand Friedrich Wilhelm, an sich kein Gegner vorsichtiger Reformen, ganz unter dem Einfluss einer reaktionären Hofkamarilla, die von dem Polizeiminister Wittgenstein und dem ehemaligen Hofprediger Ancillon angeführt wurde. Sie hatte ihm auch zwei am Ende des Aachener Kongresses konzipierte Denkschriften Metternichs vermittelt[20], die ihn noch stärker als bisher für die »Gefahren« sensibilisierten, die von dem internationalen revolutionsträchtigen Liberalismus ausgingen und ihn später zu einem kompromisslosen Befürworter der Karlsbader Beschlüsse machten.

Auch in Aachen fehlte, wie schon in Wien, der (noch ungekrönte) englische Prinzregent Georg[21], obwohl es ihn diesmal – wohl auch angesichts der relativen Nähe Aachens zum Kanal – offenbar reizte, wieder in unmittelbaren Kontakt zu den »Voll-Monarchen« zu treten[22]. Man hatte sich

105

immerhin ja im Hochsommer 1814 in London persönlich kennengelernt, auch wenn die Sympathien nicht gerade überbordeten und die kontinentalen Gäste am Lebensstil des Prinzregenten durchaus Anstoß nahmen.

Ein ernsthaftes Drängen der drei »östlichen« Herrscher, sich dem Aachener Treffen anzuschließen, scheint es nicht gegeben zu haben. Der Prinz von Wales als »Statthalter« des schwer erkrankten Königs Georg III.[23] war ja schließlich auch kein »autokratischer« Herrscher wie die drei anderen, die von einer Stunde zur anderen entscheiden konnten – außenpolitisch waren dem Prinzregenten wie jedem anderen britischen Herrscher durch Regierung und Parlament die Hände weitgehend gebunden. Britische Monarchen entfernten sich zudem generell, selbst wenn sie kontinentale Wurzeln haben mochten, nur höchst selten von der Insel, in diesem Fall wohl auch deswegen umso weniger, als der Prinzregent wegen der innenpolitischen Gärung den Buckingham-Palast nur ungern für Wochen oder vielleicht sogar Monate verlassen konnte und wollte.

*

Als eine Art Gastgeber fungierte der preußische Staatskanzler Fürst Hardenberg[24], Wien-gestählt, Russland eher mit Distanz gegenüberstehend, ein Mann, wie es formuliert worden ist, der das »preußische Staatsschiff mit listig lavierender Diplomatie durch die Woge der höchsten napoleonischen Macht geleitet«[25] hatte.

Hardenberg war freilich zugleich ein Mann, an dem sich die Geister schieden: Ob seines lockeren Lebenswandels in der Vergangenheit konnte beispielsweise der prinzipientreue und von einem starken Ethos geprägte Freiherr vom Stein nie eine wirkliche Beziehung zu Hardenberg aufbauen. Bei alledem konnte Karl August von Hardenberg – eine imposante Erscheinung mit schlohweißem dichtem

Haar – witzig und unterhaltsam sein und liebte es, die Abende mit anregenden Künstlern und Wissenschaftlern zu verbringen. Er, der in Wien als der fleißigste Aktenleser galt, war damals schon extrem schwerhörig, was sich bis zum Aachener Kongress nicht zum Besseren gewendet hatte.

Im Kreis der »Prinzipalgesandten« der Älteste, galt der Staatskanzler als ein gewiefter Taktiker, sogar als »Meister zweideutigen Doppelspiels«[26], dem die Ehre Preußens über alles ging und der bei der Abwicklung der finanziellen Leistungen Frankreichs nur höchst ungern Kompromisse zum Nachteil seines ausgeplünderten Staates hinnahm. Zur alles beherrschenden Figur ist Hardenberg auf dem Kongress jedoch nicht geworden.

Hardenberg, der in bevorzugter Wohngegend am Markt residierte, war mit seiner dritten Frau Charlotte angereist, einer früheren Schauspielerin, die im gesellschaftlichen Leben des Kongresses aber keine Rolle spielte. Die Ehe galt manchen – so dem Freiherrn vom Stein – als grenzwertig und letztlich inakzeptabel und sollte 1821 geschieden werden. Seit 1817 hatte Hardenberg zudem eine weit jüngere Geliebte in seinem Haushalt, die ebenfalls mit nach Aachen gekommen war.

Hardenberg war als Angehöriger des Jahrgangs 1750 bei Beginn des Aachener Kongresses bereits 68 Jahre alt. Seine politische Karriere hatte im welfischen Hannover begonnen und sich seit 1798 in Preußen fortgesetzt, wobei ihm das Schicksal mehrmalige Entlassungen und Wiederberufungen nicht erspart hatte. 1810 hatte er die Funktion des leitenden Ministers mit verschiedenen Zuständigkeiten übernommen, hatte die Stein'schen Reformen weitergeführt und auf dem Wiener Kongress mit Verve – soweit dem kühlen Norddeutschen das möglich war – die preußischen Interessen vertreten, freilich, wie schon angedeutet, nicht mit vollem Erfolg.

Es war klar, dass der zweite preußische Bevollmächtigte in Aachen, Graf Christian Günther Bernstorff[27], in den Sitzungen noch nicht das große Wort führen würde; wie es scheint, ist er in all den Wochen nur zweimal als *Rapporteur* – in der Angelegenheit des Elsflether Weserzolls und dem Streit zwischen Oldenburg und dem Grafen Bentinck um Kniphausen – hervorgetreten[28]. Er war erst wenige Tage vor Kongressbeginn, am 12. September, zum Außenminister ernannt worden und hatte sich auf der Stelle auf den Weg nach Aachen gemacht.

Der aus einem alten mecklenburgischen Adelsgeschlecht stammende und 1759 als Sohn des nachmaligen dänischen Bauernbefreiers geborene Bernstorff hatte zunächst in dänischen Diensten als zeitweiliger Außenminister eine Diplomatenkarriere absolviert, in deren Verlauf er unter anderem auch Botschafter in Berlin gewesen war, hatte als dänischer Gesandter am Wiener Kongress teilgenommen, bevor ihn der preußische König 1816 abwarb und ihm dann das bisher vom Fürsten Hardenberg mitverwaltete Departement des Auswärtigen anvertraute.

Bernstorff, hochgebildet, literarisch dilettierend und den schönen Künsten zugetan, war allem Anschein nach nur sehr zögernd aus seinem bisherigen Dienstverhältnis ausgeschieden und dachte offenbar sogar in Aachen noch über seine Rückkehr in dänische Dienste nach[29]. Er zählte bis zu seinem Tod zu den engsten persönlichen Beratern Friedrich Wilhelms III. und sollte sich später besondere Verdienste um die preußische Zollpolitik erwerben. Da er auf Betreiben des ultrakonservativen Polizeiministers Wittgenstein in sein Amt gelangt war und seine Ernennung in Wien offenen Beifall gefunden hatte, konnte seine grundsätzliche politische Ausrichtung in etwa eingeschätzt werden. Bernstorff bezog in Aachen sein Quartier im Gasthof zum Löwen.

Die relative Passivität der beiden preußischen Minister

ließ einen – allerdings über Kreuz mit Hardenberg liegenden und insofern befangenen – Beobachter wie Wilhelm von Humboldt zu der Einschätzung kommen, dass nach aller Urteil die preußische Delegation »nicht da« sei und von ihr keine Impulse ausgingen[30]. Stein hat diesen Befund in einem Schreiben an Gneisenau in noch deutlichere Worte gefasst[31]. Dieser Tatbestand spielte Metternich in die Karten, dessen wienbewährtes »Team« mit Gentz und dem Kanzleivorstand Wacken, in dessen Büro die Protokolle und sonstigen Dokumente den Sekretären der anderen Mächte in die Feder diktiert wurden, ohnehin auch die organisatorischen Fäden in der Hand hielt.

Angesichts der Unerfahrenheit Bernstorffs und der gesundheitlichen Probleme Hardenbergs verstand es sich von selbst, dass dem »Dirigenten« des Wiener Kongresses, Fürst Clemens Lothar von Metternich, der an politischer Erfahrung, der Konsistenz seines Weltbildes und in der Weite des Blicks die meisten seiner Kollegen deutlich übertraf, auch auf diesem Kongress eine Schlüsselrolle zufallen würde. Der Mann, der, wie die einem Mainzer Umfeld entstammenden Stadion-Brüder, aus »dem Reich« nach Wien gelangt war und nach einer glänzenden diplomatischen Karriere – unter anderem auch bei Napoleon in Paris – 1809 in schwerer Stunde das Wiener Außenministerium übernommen hatte, hatte seitdem die österreichische Diplomatie zu einer wahren Meisterschaft darin entwickelt, die weit gestreckte »Habsburgermonarchie« vor weiteren territorialen Verlusten zu bewahren und das multiethnische Imperium zu einer gestaltenden Figur auf dem europäischen Schachbrett zu machen – ohne den Ehrgeiz, die Funktion der Dame oder des Königs ausüben zu wollen.

Mit dem alliierten Heer unter der Leitung des Fürsten Schwarzenberg 1814/15 und dem Kongress, der in die Kaiserstadt an der Donau einberufen worden war, hatte der

109

inzwischen gefürstete rheinische Niederadlige etwas bewerkstelligt, was man bei seinem Amtsantritt nicht für möglich gehalten hätte, nämlich Österreich öffentlichkeitswirksam in eine Schlüsselrolle zu bringen – wiewohl er sein lange verfolgtes Ziel, Napoleon im europäischen Spiel zu belassen, nicht hatte verwirklichen können.

Metternich war über Frankfurt, wo er sich über den Stand der Diskussionen am Bundestag informiert hatte, sein Rheingauer Schloss Johannisberg, das ihm mitsamt den umliegenden Weinbergen der Kaiser zwei Jahre zuvor geschenkt hatte, und Mainz angereist, wo er mit dem österreichischen Kaiser zusammengetroffen war. Dort, in der Stadt, die nostalgische Gefühle in ihm weckte und die er auf der Suche nach seiner eigenen Vergangenheit durchstreifte, hatte er seinen Aufenthalt um einen Tag verlängert, um nicht in Koblenz vorzeitig dem preußischen König zu begegnen, war dann auf dem Landweg über Bingen, Koblenz, Bonn und Köln, wo er die Kathedrale besichtigte und irrtümlicherweise vom Publikum für Kaiser Franz gehalten wurde, weitergereist und am 28. September in Aachen eingetroffen.

In einem Brief an seine Gemahlin gestand er frank und frei, dass er sich einen anderen Konferenzort gewünscht hätte: »das Ziel der Reise, aber niemals das Ziel meiner Wünsche«. Metternich traf in Aachen mit einer ganzen Garde österreichischer Spitzendiplomaten zusammen, etwa Ludwig von Lebzeltern und Karl von Zichy, und war bei den nachmittäglichen und abendlichen Hintergrundgesprächen schlicht allgegenwärtig.

Es unterliegt keinem Zweifel, dass Metternich in den Sitzungen – und auch gesellschaftlich – dem eigentlichen Gastgeber Hardenberg um Längen den Rang ablief. In seiner Wohnung traf sich die Ministerrunde ein übers andere Mal, und die Protokolle spiegeln wider, wer in ihr das Wort

METTERNICH. HARDENBERG.

CASTLEREAGH.

[7] Metternich, Castlereagh und Hardenberg. Zeitgenössischer Punktierstich von Friedrich Wilhelm Bollinger

führte. Ohne den Rang Castlereaghs in dieser Runde kleinreden zu wollen: Die entscheidenden Impulse gingen von Metternich aus, die zentralen Beschlüsse der Konferenz wurden von ihm und seinem »Team« initiiert und formuliert. Und da anders als in Wien auch die Rivalitäten mit dem Zaren um die Gunst von Frauen ausblieben, sollte

III

Metternich am Ende auf einen ebenso erfolgreichen wie harmonischen Kongress zurückblicken.

Im Unterschied zu Österreich, dessen Repräsentanz sich auf die Person des Fürsten Metternich begrenzte (freilich abgestützt durch die aktive Mitwirkung des »Protokollführers« Gentz), entsandten die anderen drei Mächte jeweils zwei Vertreter in die Ministerkonferenzen. Die beiden prominentesten und zugleich rührigsten waren sicher die Repräsentanten des Vereinigten Königreichs.

Der 1769 geborene und 1814 in den Herzogsstand erhobene Arthur Wellesley Wellington[32] hatte seine militärische Karriere von Anfang an mit einer politischen verknüpft. 1790 war er als *captain* ins englische Parlament eingezogen, in dem er bis 1795 blieb, war als *colonel* 1807 Staatssekretär für Irland geworden, war 1809 zum Oberkommandierenden der britischen und portugiesischen Truppen auf der Iberischen Halbinsel befördert worden, war als Feldmarschall 1814 Botschafter in Paris geworden und hatte in der zweiten Hälfte am Wiener Kongress teilgenommen. Der Sieger von Waterloo war schließlich zum Oberkommandierenden der alliierten Beobachtungsarmee in Frankreich ernannt worden, womit ihm zugleich die Schlüsselrolle zugefallen war, eine politische Einschätzung der Entwicklung in Frankreich vorzunehmen.

Ihm, dem schon auf dem Schlachtfeld in Spanien erfolgreichen General, wo er, kaum zufällig, vom (bourbonischen) König zum *Duque de Ciudad Rodrigo* erhoben worden war; ihm, dem gefeierten Bezwinger Napoleons, dem überall in Europa die Herzen zuflogen, war seiner aktuellen Funktion wegen noch einmal neues Profil und Prestige zugewachsen. Zudem hatte er in der Pariser Botschafterkonferenz, zu der er regelmäßig hinzugezogen wurde, weiter so an Statur gewonnen und beispielsweise den oben erwähnten spanisch-portugiesischen Ausgleich über die *Banda Orien-*

tal entscheidend mitgestaltet, dass sogar die russische Regierung den Gedanken zu verfolgen begann, ihn förmlich zum europäischen Chefvermittler zu küren, zum *L'Homme de l'Europe.* Dass er auch als Oberkommandierender einer zukünftigen europäischen Armee ins Auge gefasst wurde – vielleicht von ihm selbst ins Spiel gebracht – (und zu diesem Behuf mit den Würden eines russischen, preußischen und österreichischen Feldmarschalls ausgestattet wurde), vermag bei seinem Ruhm als *der* Feldherr seiner Zeit kaum zu erstaunen. Diese europäische Armee zur Sicherung des Status quo wäre, wenn sie denn zustande gekommen wäre, ein wesentliches Puzzleteil eines kollektiven Sicherheitssystems gewesen. Das europäische Renommee Wellingtons spiegelte sich auch darin, dass Premierminister Liverpool ihn noch während des Aachener Kongresses in sein Kabinett holen wollte – der Herzog lehnte dankend ab.

Wellington bezog in Aachen – was als eine besondere Auszeichnung zu verstehen war – eine Wohnung im Haus des Oberbürgermeisters Guaita am Markt, das über genügend Räumlichkeiten verfügte, um auch größere Soireen durchzuführen.

Wie schon in Wien bildeten Wellington und der britische Außenminister Castlereagh in Aachen eine Art Tandem – mit dem Unterschied, dass seinerzeit der Außenminister förmlich abberufen worden und Wellington ihm als Chefunterhändler gefolgt war, während jetzt die beiden Männer gemeinsam agierten. Beide fühlten sich für unterschiedliche Schwerpunkte zuständig – Wellington für die militärischen Belange und die Schuldenregelung Frankreichs, Castlereagh für konzeptionelle und humanitäre Fragen. Sie arbeiteten, wie es scheint, in größter Harmonie zusammen, ohne dass jemals von Eifersucht, Rivalität oder Meinungsverschiedenheiten etwas nach außen gedrungen wäre[33].

Während Wellington seiner militärischen Verdienste und seines politischen Geschicks wegen gewissermaßen »unangreifbar« war, stand Castlereagh, der Führer der Torys, auch in Aachen unter ständiger kritischer Beobachtung seitens der politischen Klasse und der – in Aachen zahlreich und prominent vertretenen – britischen Presse. Die Journalisten hatten rasch ihr Thema gefunden, nämlich ihm vorzuwerfen, Großbritannien viel zu stark in die kontinentalen Angelegenheiten zu verstricken. Castlereagh war überzeugt davon, dass Großbritannien in der moralischen Pflicht stehe, die Friedensordnung, die in Wien verabredet und in Paris ergänzt worden war, durch seine Präsenz mit aufrechterhalten zu müssen – ein Ansatz, der längst nicht jedermann auf der Insel genehm war und letztlich auch dem britischen Selbstverständnis widersprach[34].

Das Misstrauen ihm gegenüber und die Kontrolle, derer man ihn unterwarf, ging so weit, dass Premier Liverpool sich zeitweise in Dover aufhielt, um schneller in den Besitz von Castlereaghs Depeschen zu kommen und entsprechend rasch darauf reagieren zu können. Dabei ist es erstaunlich, dass Castlereagh während der gut sieben Wochen in Aachen lediglich neun Instruktionen des Londoner Kabinetts erhielt (allerdings auch eine Reihe von Privatbriefen Liverpools), sodass man doch vermuten kann, dass sein Spielraum nicht ganz bescheiden war. Es war für Castlereagh, der durch die heimische Öffentlichkeit einem ständigen Legitimationsdruck unterworfen war, oft genug eine Art Tanz auf der Rasierklinge, zwischen den russischen Maximalforderungen und den Zwängen eines parlamentarischen Systems einen Mittelweg zu finden.

Castlereagh[35] zählte im Übrigen schon im Frühjahr 1818 zu denjenigen, die einem bescheidenen, kleinen, auf die Vier Mächte begrenzten Kongress das Wort redeten, keiner neuen endlosen Mammutveranstaltung à la Viennoise. Es mag mit der Quellen- und der Literaturlage zusammenhängen, aber es spricht sehr viel dafür, in Castlereagh eine der – neben Metternich – prägenden Gestalten des Kongresses zu sehen: seiner diplomatischen Erfahrung und Geschmeidigkeit, aber auch seiner besonnenen Art wegen, den Verbündeten plausibel zu machen, was für Whitehall akzeptabel war und was nicht. Das Projekt des Zaren, über eine »Politisierung« der Heiligen Allianz ein Instrument zu schaffen, um gegebenenfalls auch in die inneren Angelegenheiten dritter Staaten einzugreifen, hat er mit dieser Argumentation grandios zum Scheitern gebracht. Die Schlussdokumente des Aachener Kongresses tragen zu einem erheblichen Teil Castlereaghs Handschrift, mögen sie am Ende auch von jemand anderem konzipiert worden sein.

Castlereagh, mit seiner hageren Gestalt ganz den Typ des adligen britischen Diplomaten verkörpernd, wohnte in Aachen im Hotel Schlösser in der Kleinen Marschierstraße. Er war wie in Wien mit seiner Gemahlin vor Ort; über sie an anderer Stelle etwas mehr.

Den russischen Außenminister Ioannis Capodistria, der im Vorfeld des Kongresses eine Schlüsselrolle gespielt und in Berlin und in Karlsbad, wo er sich von einer Erkrankung erholte, mit den Repräsentanten der beiden Partner die »Dramaturgie« und die Zielperspektive des Gipfeltreffens besprochen hatte[36], hat Gentz einmal bezeichnet als »das seltsamste Gemisch von Schlauheit, Freimütigkeit und Originalität, das sich denken lässt«[37]. Der griechischstämmige Mann, der sich schon auf dem Wiener Kongress hinter den Kulissen engagiert für die Emanzipation seiner Heimat vom Osmanischen Reich eingesetzt hatte, verband in der Tat eine Art orientalischer Schläue mit einem ausgesprochen liberalen Weltbild, mit dem er selbstredend bei den österreichischen Konservativen nicht auf viel Gegenliebe stieß. Er war es auch, der den Zaren immer wieder auf den Pfad des

Konstitutionalismus zurückbrachte und ihn an seine vermeintliche Mission, zum Protagonisten der liberalen Bewegung in Europa zu werden, erinnerte. Bei dem starken Gefühlsschwankungen unterworfenen Alexander war das freilich längst nicht immer von Erfolg gekrönt.

Aber Capodistria stand, seine Memoiren bestätigen diesen Eindruck, Alexander durchgehend nahe – »close to the Emperor in friendship and intellectual outlook«[38], wie es formuliert worden ist. Der Zar bewunderte in dem Gleichaltrigen sowohl die Weltläufigkeit und Ausstrahlung als auch eine religiöse Empfänglichkeit, die nicht alltäglich war. Vor und auch noch in Aachen war es Capodistria, dem Alexander vorrangig Gehör schenkte; das sollte sich erst in der Phase ab 1820 ändern, als sich Capodistrias Lebensentwurf endgültig zu verändern begann. Der unverheiratete Grieche war ein »Vollblutpolitiker«, der in der hier zur Diskussion stehenden Zeitspanne freilich klug genug war, nicht mit dem Kopf durch die Wand gehen zu wollen.

Capodistria stand seines Wesens, seiner Kompetenz und seiner Ausstrahlung wegen bei fremden Diplomaten und der politischen Elite des »Westens« – sieht man von den österreichischen *hardlinern* ab – in hohem Ansehen; seine Klarheit und seine Ernsthaftigkeit im politischen Tagesgeschäft beeindruckten viele seiner Zeitgenossen, etwa auch den Freiherrn vom Stein. Er war 1776 auf der ionischen Insel Korfu in eine alte Adelsfamilie geboren worden und hatte die Liebe zu seiner griechischen Heimat früh verinnerlicht. Seine ersten politischen Sporen hatte er sich in der kurzlebigen, unter russischer Protektion stehenden Siebeninsel-Republik (1800–1807) verdient, war nach deren Untergang 1809 in den russischen diplomatischen Dienst eingetreten und hatte sich Alexanders Aufmerksamkeit aufgrund und nach einer sensiblen diplomatischen Mission in die Eidgenossenschaft gesichert.

Aus Wien, wo Capodistria zu einem der herausgehobenen Berater Alexanders aufgestiegen war[39], kehrte er mit dem Titel eines Staatssekretärs des Auswärtigen nach Russland zurück – ein Amt, das er formal bis zum Sommer 1822 ausüben sollte. Capodistria blieb der griechischen Sache während seiner ganzen Amtszeit verbunden, auch als zu seiner Enttäuschung der Zar sich in Wien nicht massiv für sein Anliegen ins Zeug legte und sich mit dem Konstrukt eines britischen Protektorats für die Ionischen Inseln einverstanden erklärte[40].

Von daher versteht es sich, dass Capodistria mit Metternich nie in ein Nahverhältnis trat. Ein am nationalen Gedanken ausgerichtetes Europa, wie es Capodistria vorschwebte (und das ja auf eine Auflösung der großen Imperien der Zeit hinausgelaufen wäre), war mit dem legendären System Metternich schlicht nicht kompatibel. Der nachmalige erste griechische Präsident nach dem Befreiungskampf, dessen Führerschaft schon seit 1819 mehr oder weniger offen diskutiert wurde, passte sich in Metternichs Weltbild nie ein. Alles, was von Capodistria in Wort und Schrift artikuliert wurde, konnte sicher sein, von Wien zunächst einmal verworfen zu werden.

Man geht wohl nicht ganz fehl in der Beurteilung, dass Capodistria in Aachen trotz seiner Ausstrahlung und seiner unbestreitbaren Kompetenz relativ isoliert war und von etlichen seiner Ministerkollegen eher geschnitten denn einbezogen wurde. Das galt zwar nicht für alle, denn Gentz beispielsweise fand den Gedankenaustausch mit ihm durchaus erhellend, aber dieser Befund trifft für die meisten in Aachen versammelten Minister zu. Es hatte daher wenig zu bedeuten, dass nicht nur der Zar Capodistria nach Ende des Kongresses hoch dekorierte, sondern auch die anderen Monarchen sich dem anschlossen[41].

Dass Capodistria in Aachen der Graf Karl Robert Nessel-

117

rode[42] – schon in Wiener Tagen einer der Berater des Zaren, aber erst 1816 zum Außenminister befördert – zur Seite stand, hätte bei der Vertretung russischer Positionen Probleme aufwerfen können. Die Grundbefindlichkeiten beider Männer waren nämlich längst nicht kongruent: hier der reformorientierte »Liberale«, der den Monarchen aktiv zu beeinflussen suchte, dort ein konservativer Repräsentant des unbedingten Status quo, dessen Passivität gegenüber seinem Fürsten immer wieder ausgestellt wurde. Es war, wie schon in Wien, eine Art institutionalisiertes »haphazard arrangement«[43], zwei Männer »zusammenzuspannen«, die für ganz unterschiedliche politische Optionen standen. Zudem waren noch nicht einmal ihre Zuständigkeiten aufgeteilt worden, wiewohl es jedermann klar war, dass Capodistria eine regionale Expertise besaß, die von der Nesselrodes deutlich abwich. Sie waren in ihrem Charakter, ihrem Auftreten und in ihren politischen Perspektiven so grundverschieden, wie sie nur sein konnten. Aber die Reibungsverluste hielten sich allem Anschein nach in engen Grenzen.

Nesselrode, dem seit 1740 in Russland ansässigen Zweig eines niederrheinischen Adelsgeschlechts entstammend und trotz seines noch jugendlichen Alters von gerade einmal 38 Jahren mit reicher diplomatischer Erfahrung (Berlin, Stuttgart, den Haag und Paris) ausgestattet, hatte schon in Wien als eine Art Sprachrohr Metternichs und der österreichischen Politik gegolten. Seine engen Beziehungen zu Gentz und dem österreichischen Botschafter in St. Petersburg, Baron Lebzeltern, waren notorisch, und dieser Rolle sollte Nesselrode auch während seiner gesamten Amtszeit als Außenminister (1816–1822) treu bleiben. Nesselrode stand für die Bekämpfung jeglichen reformerischen oder liberalen »Ungeistes«, stand für die Wahrung der legitimen monarchischen Souveränität, für dynastische und territoriale Integrität der Großmächte und selbstredend – und im diametralen Gegensatz zu Capodistria – dann dem griechischen Aufstand absolut ablehnend gegenüber.

Trotzdem war das Arbeitsklima zwischen den beiden Protagonisten keineswegs zerrüttet. Es ginge zwar zu weit, von »Freundschaft« zu sprechen, aber Nesselrode wusste, was er an Capodistrias Intellekt hatte – und daran, dass Capodistria der Mann war, der sich im Unterschied zu ihm nicht scheute, die Letztverantwortung zu übernehmen. Gegenüber Metternichs Versuchen, Capodistria zu Fall zu bringen, blieb Nesselrode immer resistent. Insofern überrascht es nicht, dass ihr Zusammenwirken weitgehend geräuschlos verlief. In den Aachener Ministerkonferenzen blieb Nesselrode eher im Hintergrund und trat nach Ausweis der Protokolle nur sehr selten – in der schwedischdänischen Schuldensache und in einer deutschen Territorialangelegenheit – als *Rapporteur* auf[44].

Seit der allerersten Ministerkonferenz Ende September 1818 nahm von französischer Seite der Herzog Armand de Richelieu an den Beratungen teil, freilich zunächst nicht regelmäßig und nur auf besondere Einladung. Der 1766 geborene Sohn eines Generals (und Urgroßneffe des legendären Kardinals), ins Exil gegangen und in der napoleonischen Zeit als Protegé des Zaren Chef von vier Gouvernements in »Neu-Russland« sowie eigentlicher Gründer von Odessa, 1814 nach Frankreich zurückgekehrt (und am Wiener Kongress präsent, wenn auch ohne Amt[45]), war von Ludwig XVIII. nicht nur als Nachfolger Talleyrands mit der Leitung des Außenministeriums, sondern auch mit dem Amt des *premier ministre* betraut worden.

Innenpolitisch war das ein kluger Schachzug, wiewohl Richelieu zur Annahme des Amtes erst gedrängt werden musste. Diese Personalie war nämlich eine klare Richtungsentscheidung des Monarchen, auf welche Karte er in Zukunft setzte: Von seiner Biografie her konnte mit Gewissheit angenommen werden, dass Richelieu die ohnehin schon guten (politischen, nicht zwischenmenschlichen!) Beziehungen des Bourbonenkönigs zu Alexander I. weiter ausbauen würde.

Richelieu hatte in Aachen Ende September die ersten Unterredungen mit den drei Monarchen, in denen ihm so wie in der ersten Ministerrunde sofort die geballte Sorge vor einem erneuten revolutionären Umsturz in Frankreich entgegenschlug. Der Herzog hatte für sich und seinen kleinen Stab das Haus des Tuchfabrikanten Wilhelm Kaspar Pohlen in der St.-Peter-Gasse angemietet.

Schließlich soll noch ein kurzer Blick auf Friedrich Gentz[46] geworfen werden, wie in Wien der Protokollführer und auch an der Formulierung zentraler Texte maßgeblich beteiligt. Der 1764 in Breslau ins gut situierte Bürgertum hineingeborene Mann hatte nach dem (kurzen) Studium in Königsberg seine politische Karriere in preußischen Diensten begonnen und sich als Publizist sowie als Übersetzer von Edmund Burkes *Reflections on the Revolution in France* (1790) einen Namen gemacht. Wegen Schulden, enttäuschter Karrierehoffnungen und Eheproblemen war er nach einem kurzen Aufenthalt in England in österreichische Dienste eingetreten. Dort hatte er sich als Protegé Metternichs peu à peu im »Propagandabereich« hochgedient, bis ihn Metternich zu seinem engsten Mitarbeiter auf dem Wiener Kongress gemacht hatte. Gentz' Leistungen dort wurden von allen Seiten gerühmt – und schlugen sich auch in etlichen Ordensverleihungen von Drittstaaten nieder[47], wohingegen die Nobilitierung in Österreich oder auch »nur« die Ernennung zum Staatsrat ausblieb.

Schon in Wien und auch in den folgenden Jahren hatte sich Gentz, der mehr und mehr zum schreibgewandten Interpreten der Metternich'schen Politik aufgestiegen war, als entschiedener Gegner aller liberalen und nationalen Bewegungen in Europa profiliert, die von ihm meist nur in höchster Abschätzigkeit als »die Rotte« bezeichnet wurden[48]. Während Metternich das diplomatische Florett bevorzugte, wurde Gentz zum Mann des Säbels, zum Mann fürs Grobe, der unzweideutigen Worte, die er, der »Medienprofi«, mit Geschick zu lancieren wusste. Dabei ist an seinem überragenden Intellekt nicht zu zweifeln, auch nicht an seinem Gefühl für das Politische und seinem Gespür für den Umgang mit den hochadligen Repräsentanten. Freilich war seine Welt scharf in zwei Lager geteilt: die Mächte der Bewahrung des Wiener Systems und die Mächte »des Bösen«, die sich nationalen und liberalen Ideen öffneten und deswegen stets in Gefahr standen, wieder einer Revolution zu verfallen.

Auch in Aachen sollte Gentz, dessen persönlicher, Bisexualität und Bestechlichkeit einschließender Lebensstil im Übrigen immer wieder zu heftiger Kritik und Unverständnis Anlass gab, am Ende mit etlichen Gunstbezeigungen von Teilnehmerstaaten bedacht werden – Orden und geldwerten Geschenken im Wert von sechstausend Dukaten. Er verließ den Kongress, der für ihn seinem Tagebuch zufolge »unstreitig« der »interessanteste, befriedigendste und ruhmvollste meines Lebens«[49] war, ein »glänzender Feldzug«[50], mit einem wahren Hochgefühl.

In der Tat war er die Schaltzentrale des Kongresses. Wer auch immer nach Aachen kam und etwas erreichen wollte, sprach zunächst bei Gentz vor, und seine abendlichen Gespräche jenseits der Konferenzen mit den Ministern und »Lobbyisten« sind kaum zu zählen. Stoßseufzend beklagte er nicht ohne Grund in einem Brief an den Journalisten Pilat einmal, nicht »eine Art stenographischen Apparat« zur Hand zu haben, um die vielen Gespräche »mitzuschneiden« und damit für die Nachwelt zu erhalten[51]. Bei all diesem Engagement und dieser Anerkennung von dritter Seite traf es ihn besonders hart, dass der österreichische Kaiser seine Ernennung zum Staatsrat ein weiteres Mal abschlägig beschied[52].

*

In den Rückblicken beteiligter Personen auf die Aachener Konferenzen wurden – fast ist man geneigt, von einer allgemeinen Sprachregelung zu sprechen – *unisono* das ausgezeichnete Klima und die von Vertrauen geprägte Atmosphäre hervorgehoben. Natürlich hat es in den Ministerrunden und zwischen den Monarchen Meinungsverschiedenheiten gegeben, aber der Eindruck größtmöglicher Eintracht sollte davon unberührt bleiben.

Jenseits stillschweigender Sprachregelungen war freilich, dass etliche Akteure, die über die Wahl Aachens nicht gerade in Jubel ausgebrochen waren – Metternichs Bemerkung wurde oben zitiert –, sich mit der Stadt ihrer reizvollen Umgebung, ihrer historischen Dignität und ihrer »Aufbruch« signalisierenden »protoindustriellen« Unternehmen wegen relativ rasch versöhnten und ob des milden Herbstklimas in der Aachener Bucht die Annehmlichkeit des Kongressortes fast einhellig lobten. Dass viele mit einem guten Gefühl aus Aachen abreisten, war nicht zuletzt dem witterungsbedingten und naturräumlichen Ambiente geschuldet.

*

Im Lauf der Wochen stießen zu den gekrönten Häuptern[53], ihren bevollmächtigten Ministern und ihrer (adligen und bürgerlichen) Entourage Hunderte Besucher des Kongresses hinzu, die aber keine eigentliche Funktion hatten, sondern »nur« an den *social events* und dem »Rahmenprogramm« beteiligt waren oder sich als Berater einbrachten. Zu diesen Besuchern zählten regierende Fürsten kleinerer und mittlerer deutscher Bundesstaaten, Minister und andere hochrangige Beamte deutscher Fürsten, ranghohe Militärs, Grafen und Freiherren, zählten verschiedene geistliche Würdenträger und natürlich nichtadlige Interessenvertreter, die auf die eine oder andere Weise versuchten, ihre Anliegen ins Gespräch zu bringen. In der schieren Zahl reichte das an »Wien« nicht heran, aber es war trotzdem in den wenigen Wochen ein beeindruckender Querschnitt der politischen, militärischen und kulturellen Elite, der sich in Aachen ein Stelldichein gab (und im »General-Rapport« der *Stadt Aachener Zeitung* minutiös Tag für Tag aufgelistet wurde). Zu den Verhandlungen im engeren Sinn ist keine dieser Personen hinzugezogen worden, was Hintergrundgespräche nicht ausschloss.

Zu den wenigen externen Experten, die durch ihre Gespräche mit Wellington und Richelieu ganz nah an den inneren Kern der Konferenz heranrückten, gehörten der Londoner Bankier Alexander Baring und der Teilhaber am Bankhaus Hope, Labouchère, deren Meinung benötigt wurde, weil nach Selbsteinschätzung keiner in der Ministerrunde von finanziellen Dingen eine Ahnung hatte[54]. Auch Angehörige des Hauses Rothschild hielten sich in Aachen auf und wurden zur Beratung herangezogen, insbesondere von Gentz, den die Rothschild-Brüder für sich zu gewinnen verstanden. Die entscheidenden Impulse kamen freilich von dem Finanzjongleur Gabriel-Julien Ouvrard, dem es gelang, die Alliierten davon zu überzeugen, sich für die französischen Zahlungen mit französischen Anleihepapieren einverstanden zu erklären und nicht auf Bargeld zu bestehen.

Fürstlicher Tourismus und höfischer Glanz in einer alten Reichsstadt

Wie bereits erwähnt, nahmen die gekrönten Häupter an den eigentlichen Arbeitssitzungen in den Domizilen Hardenbergs und Metternichs nicht teil. Es war nach allgemeinem Verständnis nicht Aufgabe von Monarchen, sich in die »Niederungen« des Feilschens um Kompromisse und des Entwerfens von Texten zu begeben. Sie diskutierten aber außerhalb dieses formalen Rahmens in ihrer jeweiligen Residenz regelmäßig mit ihren Ministern die Agenda, sodass Letztere in aller Regel mit einem präzisen Mandat in die Konferenzen gingen; am wenigsten »rückgebunden« wurde wohl der preußische Staatskanzler.

Die Fürsten haben den zeitlichen Freiraum in »royalerer« Manier genutzt. Wie in Wien zählten Ausflüge und Besichtigungen in maßgebender Weise zu ihren Betätigungen, einzeln oder gemeinsam. Sie müssen nicht nur als Befriedigung von Neugier verstanden werden und als ernsthafte Versuche, sich eine überschaubare Region zu erschließen, sondern auch als ein Ansatz, mit breiteren Bevölkerungsschichten in unmittelbaren Kontakt zu kommen. Für die Eigentümer der besuchten Objekte wurde ein fürstlicher Besuch als eine exzeptionelle Auszeichnung verstanden und in dieser oder jener Form auch für die Nachwelt festgehalten.

Geht man die Liste der besuchten Örtlichkeiten durch, so fällt zunächst – auch im Vergleich mit dem Wiener »Rahmenprogramm« – ins Auge, welchen Stellenwert Industrie und Technik inzwischen gewonnen hatten. Das Interesse an technischen Innovationen war – die Spalten der Gazetten spiegeln das wider – weitverbreitet, die Öffentlichkeit war fasziniert vom technischen Fortschritt, selbst die Entwicklung eines neuen Typs von Mühlrad durch einen Münchener Professor war geeignet, in den Zeitungen breite Resonanz zu finden[1]. Und Aachen mit seinen Tuch- und Metallwarenmanufakturen galt als eine Art Einfallstor der Industrialisierung nach Deutschland[2]. Das war den Herrschern wohl auch voll bewusst. Der preußische König beispielsweise, der fast drei Wochen wegen seiner Reise nach Sedan und Paris nicht in Aachen weilte, besuchte unter anderem – ein besonderes *highlight* – die weit erstreckte Tuchfabrik Kelleter, die als erste eine Dampfmaschine für ihre Produktion eingesetzt hatte[3].

Es war vor allem aber der österreichische Kaiser, der an repräsentativen Beispielen der regionalen Industriekultur Interesse zeigte. So besuchte er die Tuchfabrik Wilhelm Kuetgens in der Wolfsfuhrter Mühle[4] und nahm nicht nur die Maschinen, sondern auch die textilen Endprodukte in Augenschein. Einige Tage später suchte er noch eine zweite Tuchfabrik auf, die (eben bereits erwähnte) von Edmund Joseph Kelleter, in der ihn neben den textilen Erzeugnissen und der Dampfmaschine auch die Gasbeleuchtung beeindruckte. Er nahm die Maschinen zum Kohleabbau jenseits des Duisburger Pflasterwegs in Augenschein und besichtigte die Stecknadelfabrik Mignon & Schervier[5]. Wenige Tage später stattete er der Salmiak- und Berliner Blaufabrik Rethel einen Besuch ab, weitere zwei Tage danach besichtigte er die Nähnadelfabrik Leonard Starz[6]. Am 20. Oktober besuchte Franz I. das nahe der Stadt Aachen gelegene

Gut Trimborn und ließ sich von dessen Besitzer seine Naturaliensammlung und vor allem die dort eingerichtete »Blau- und Schönfärberei« zeigen. Ob der Kaiser bei seinen Besichtigungen von Manufaktur- und Industrieanlagen auch schon der wachsenden Umweltprobleme, insbesondere der Luftverschmutzung, gewahr wurde, erschließt sich nicht. Die Sensibilität für diese Kehrseite der Industrialisierung war im frühen 19. Jahrhundert aber sicher noch begrenzt.

Dass gerade der österreichische Kaiser ein offenkundiges Interesse an Einrichtungen der Wirtschaft und an technischen Neuerungen an den Tag legte, war wohl genetisch bedingt, sozusagen ein lothringisches Erbgut. Schon sein Großvater Franz Stephan hatte in seiner Zeit als Großherzog der Toskana die Wirtschaftsförderung mit besonderem Nachdruck betrieben und auch als Kaiser (Franz I.) sich immer wieder mit ökonomischen Fragen befasst; in Wirtschaftsfragen wurde ihm von vielen Seiten eine überdurchschnittliche Expertise attestiert. Gleiches lässt sich bei Kaiser Franz' Vater, Leopold II., beobachten, dessen Reformprogramm für sein mittelitalienisches Großherzogtum ganz generell darauf zielte, Anschluss an die moderne Wirtschaftsentwicklung und den technologischen Fortschritt zu finden. Der Sohn zeigte zeitlebens – seine Bibliothek spiegelt das wider – ein ausgeprägtes Interesse an den Naturwissenschaften und der Botanik und ihrer gewerblichen Umsetzung. Auf dieser Linie bewegte sich auch sein Aachener Besichtigungsprogramm.

Mit diesem expliziten Interesse an technischen Innovationen – es war die Zeit, als sich in öffentlichen und privaten Gebäuden Schritt um Schritt die Gasbeleuchtung durchsetzte – korrespondierte die Neugier, die die gesamte höfische Gesellschaft und die bürgerliche nicht weniger den Ballonfahrtexperimenten der Damen Reichard[7] und Garnier entgegenbrachte. Zwar scheiterte der Ballonfahrtversuch[8] der Demoiselle Elise Garnier, sicher auch witterungsbedingt, kläglich[9], was der »Luftschifferin« freilich nicht nur Hohn und Spott, sondern auch Anteilnahme und Sympathie einbrachte[10]. Die – auch von den Monarchen besuchten – Demonstrationen von Wilhelmine Reichard, die auf dem besten Weg war, zu einer europäischen Berühmtheit zu werden[11], wurden dagegen ein voller Erfolg[12].

Heißluftballons waren diesseits und jenseits des Atlantik die große Attraktion der Zeit, ihre Nutzung konnte allerdings immer auch in Katastrophen enden[13]. Ein gewisser Nervenkitzel kann beim Publikum deswegen in aller Regel angenommen werden. Überhaupt war die Überwindung der Naturgesetze ein Faszinosum der Zeit; so fand beispielsweise auch ein Experiment von vier jungen Französinnen und Franzosen, die sich in einer Tauchglocke bis zu einer Tiefe von 120 Fuß hinunterließen und dort 25 Minuten verharrten, in der Presse breites Echo[14].

Schließlich manifestierte sich das nachhaltige technisch-naturwissenschaftliche Interesse wenigstens der beiden deutschen Monarchen auch darin, dass sie sich die lokalen mineralogischen Sammlungen zeigen ließen. Und es spiegelt sich in einer Personalie: Der preußische König stattete während seines Aachenaufenthalts den Naturforscher Alexander von Humboldt, der, aus London kommend, Mitte Oktober eingetroffen war[15] und den Monarchen seitdem nicht nur fast tagtäglich sah, sondern auch nach Paris begleitete, mit einem ansehnlichen Jahressalär aus und stellte ihm für seine geplante Expedition nach Indien, Tibet und in den indonesischen Archipel alle erforderlichen physikalischen und astronomischen Instrumente zur Verfügung[16]. Zu der Reise sollte es am Ende allerdings nicht kommen, weil die britische Regierung sich mit der Erteilung der Reisegenehmigung (zu) viel Zeit ließ. Die mitteleuropäischen Monarchien »entdeckten« für sich ein neues, zukunftsweisendes Betätigungsfeld: die Förderung von Industrie und technischem Fortschritt, dem sie, soweit die Mittel das zuließen, alle Unterstützung in Aussicht stellten.

Das war wohl auch als probates Mittel gedacht, um der Öffentlichkeit, die nach wie vor auf Indizien für eine innenpolitische Weiterentwicklung der mitteleuropäischen Monarchien wartete, eine gewisse Öffnung für einen neuen Zeitgeist und wachsende Aufgeschlossenheit zu bekunden. Man darf nicht aus den Augen verlieren, dass sowohl Österreich als auch Preußen entgegen dem Trend der Zeit und entgegen dem »Verfassungsauftrag« der Wiener Kongressakte noch über keine Verfassungen mit einem Kodex von Menschen- und Bürgerrechten verfügten und über keine Gesamtrepräsentation, um nur diese beiden Elemente von »Modernität« zu benennen. Da waren ihnen manche Staaten im Dritten Deutschland um Etliches voraus, von Verfassungsstaaten wie Großbritannien oder Frankreich ganz zu schweigen.

*

Aber selbstredend kamen im royalen »Rahmenprogramm« auch die naturräumlichen *highlights* zu ihrem Recht. Das nahe gelegene Spa, *das* Modebad der Epoche, fehlte im Itinerar keines der Fürsten, der eine oder andere besuchte es gleich mehrmals. Auch Metternich ließ sich mit etlichen Begleitern die Chance nicht entgehen, Spa kennenzulernen, das er in dieser Jahreszeit fast menschenleer vorfand.

Den von einer Pyramide bekrönten Ludwigsberg, eine als besonders romantisch gerühmte Gegend in unmittelbarer Nähe der Kongressstadt, besuchten die beiden Kaiser – wie es bei Meyer heißt – »incognito in bürgerlicher Kleidung« gemeinsam. Das *Incognito*-Konstrukt war seit Langem eine übliche Praxis des Hoch- und Höchstadels, die

Formen und Erfordernisse des Zeremoniells hinter sich zu lassen, indem man für eine begrenzte Zeit eine andere, niedrigrangigere Identität annahm. Auch Friedrich Wilhelm stattete wenige Tage nach den beiden Kaisern dem Ludwigsberg einen Besuch ab, im Unterschied zu seinen beiden Kollegen ließ er es sich sogar nicht nehmen, ihn zu besteigen (und dabei der wiedererrichteten Napoleonpyramide unmittelbar ansichtig zu werden).

Kaiser Franz besuchte – abermals *incognito* – die Burtscheider Mineralquellen und unternahm anschließend im nahen Paulinen-Wäldchen einen Spaziergang. Sein Interesse an der Botanik manifestierte sich kurz vor seiner Abreise in einer ausgedehnten Besichtigung eines privaten Botanischen Gartens, in deren Verlauf er seine profunden botanischen Kenntnisse unter Beweis stellte[17].

Neben der Natur fanden auch bemerkenswerte Bauten das Interesse der Fürsten. Der österreichische Kaiser beispielsweise stattete dem Benediktinerstift Kornelimünster einen Besuch ab und ließ sich die dort aufbewahrten Reliquien zeigen[18]. Der Zar ließ zwar am Kohleabbau ein gewisses Interesse erkennen, war ansonsten aber vor allem an den landschaftlichen Schönheiten und an Gesprächen mit Geistlichen interessiert. Er suchte wiederholt Pfarrhäuser auf oder auch Landgüter, um mit den Besitzern in deren Parks zu flanieren und über landwirtschaftliche Fragen zu diskutieren.

Es war freilich nicht nur touristische Neugier, die die kleinen Ausflüge in die Region veranlasste, sondern in einem Fall auch die große Politik. Am 20. Oktober, unmittelbar nach den Festlichkeiten zum Jahrestag der Völkerschlacht, brachen Zar Alexander und der preußische König in Begleitung der Großfürsten und des Prinzen Karl zu einer »Revue« der alliierten Streitkräfte, einem großen Manöver in der Gegend von Valenciennes, auf. Die Reise setzten sie dann über Soissons nach Paris fort; sie hielt sie rund zweieinhalb Wochen von Aachen fern.

Der Zar begnügte sich in Paris damit, König Ludwig XVIII., ihm persönlich eher unsympathisch, aufzusuchen, um ihn zum Ergebnis der Aachener Beratungen zu beglückwünschen, was in der Öffentlichkeit sehr wohlgefällig aufgenommen wurde. Der preußische König stürzte sich nach seinem Höflichkeitsbesuch bei Ludwig als »Theaterfreak« hingegen ins Pariser Theaterleben und besuchte reihenweise Opern und Schauspiele (was von der Öffentlichkeit mit einem eher kritischen Unterton registriert wurde). Da der vorzeitige Abzug der alliierten Besatzungsarmee zu diesem Zeitpunkt schon beschlossene Sache war, war die »Revue« von Sedan eine Art finaler Akt, sich bei den Truppen zu bedanken und die gemeinsame Militäroperation für beendet zu erklären. Die Reise der beiden Monarchen hatte also den Charakter einer mit einigen Annehmlichkeiten garnierten »Dienstreise«.

Als letzter Typus der Reisen der Monarchen vom Kongressort aus seien die Familienreisen genannt, auch sie oft mit einem hohen Maß an Symbolik ausgestattet. Am spektakulärsten war dabei das Treffen des Zaren und seiner Brüder mit der (aus Württemberg stammenden) Kaiserinmutter in Aldenhoven beziehungsweise auf Schloss Rode, zu dem dann nicht nur der österreichische Kaiser samt Gefolge[19], sondern auch die preußischen Prinzen, die Prinzessin von Thurn und Taxis und einige hessische Fürsten hinzustießen: ein Treffen, das die ganze Verflechtung des europäischen Hoch- und Höchstadels widerspiegelt, der sich als Familie verstand und sich familiärer Epitheta bediente.

*

Es war zu erwarten, dass der lokale Magistrat den Ehrgeiz entwickeln würde, seiner Kommune, die von Fabrikbesitzern und Kaufleuten geprägt war, wenigstens befristet ein wenig höfischen Glanz zu verleihen. Ein Ball, zu dem die Stadt Aachen für den 4. Oktober 1818 in den neu gestalteten Redoutensaal einlud, war Ausdruck dieses Bemühens. Das von tausend Gästen – von denen etliche mit Freikarten ausgestattet worden waren – besuchte Ereignis wurde vom russischen und vom preußischen Monarchen eröffnet. Kaiser Franz war wegen einer Erkältung verhindert, ebenso Metternich, der seiner Frau gestand, dass er zum ersten Mal in seinem Leben eine Erkrankung als ein Glück (»bonheur«) empfunden habe. Auch Fürst Hardenberg, ohnehin kein »Gesellschaftslöwe«, gab eher den Staatsgeschäften Vorrang.

Bei den Polonaisen und Quadrillen blieben die beiden Sphären – hie höfische Welt, da Bürgertum – aber letztlich doch fein säuberlich getrennt. Eine »Durchmischung« der beiden gesellschaftlichen Kreise fand allenfalls in sehr begrenztem Umfang statt. Das Vergnügen nahm an Fahrt erst auf, nachdem die Monarchen und ihr Gefolge nach zwei Stunden die Veranstaltung verlassen hatten. Die Zeiten, als Alexander wie in Wien – so eine der Wahrheit zumindest nahe kommende Anekdote – eine ganze Woche lang jede Nacht durchgetanzt hatte, waren vorbei. Auch an dem Ball, den die Kaufmannschaft – der »Handelsstand« – am 16. November gab und der unter den erneut fast tausend Menschen viel Prominenz in der Redoute versammelte[20], nahmen die Monarchen, schon ganz in Aufbruchstimmung, nur sehr begrenzte Zeit teil, tanzten immerhin aber, wie die lokale Presse vermeldete, bei der Polonaise auch mit Ehefrauen und Töchtern der Kaufleute[21].

*

Das weibliche Element spielte – im Unterschied zum Wiener Kongress – in Aachen allenfalls eine bescheidene Nebenrolle. Während in Wien die zahllosen Gesellschaften der Fürstin Bagration, der Herzogin von Sagan, der Gräfin Zichy und vieler anderer legendär geworden waren, fehlten in Aachen schlicht die Gastgeberinnen. Die Ehefrauen der Monarchen waren nicht mit angereist. Der Preußenkönig war ohnehin verwitwet, und die (badische) Ehefrau des Zaren machte während des Kongresses eine Art Deutschlandtournee. Die Damen, die in Wien den Ton angegeben hatten, hatten darauf verzichtet, in eine relativ glanzlose Stadt zu reisen, sodass das gesellschaftliche Leben zwar kontinuierlich, aber auf einem relativ bescheidenen Niveau nur von Tee-Einladungen der Prinzessin Therese von Thurn und Taxis in ihrem Hotel bereichert wurde. Sie, die Schwägerin des preußischen Königs, verfolgte mit ihrer Anwesenheit in Aachen im Übrigen einen politischen Hauptzweck, nämlich die Souveränität für ihre Besitzungen wiederzuerlangen[22].

Zwar lud Lady Castlereagh, die mit ihrem Gatten angereist war, regelmäßig zu sich ein, aber Metternich fand die Atmosphäre dort extrem langweilig und vergnügte sich deswegen abends eher in seinem eigenen Domizil mit einigen Freunden und Bekannten aus dem Bankenmilieu beim Whistspiel (bei dem natürlich auch politisiert wurde). Ansonsten scheint Lady Castlereagh, die in Wien ihrer unkonventionellen Garderobe und ihrer stark übertriebenen Neigung wegen, sich über und über mit Schmuck, allem voran Diamanten, zu behängen, gelegentlich für Aufsehen gesorgt hatte, eher im Hintergrund geblieben zu sein. Auch einige ältere englische und russische Damen und die russische Gattin Nesselrodes, die als kluge Gesprächspartnerin und als politisch versiert gerühmt wurde, haben dem gesellschaftlichen Leben nicht auf die Beine helfen können,

132

wobei der Salon Nesselrode noch zu den attraktiveren zählte.

Die große Zeit der Amouren am Rande des Kongresses kam ebenfalls nicht wieder. Immerhin wurde kolportiert, dass Metternich, der von seiner Tochter Marie von Esterhazy in Aachen besucht wurde[23], mit der Ehefrau des russischen Diplomaten Lieven sehr vertrauten Umgang gepflogen habe[24]. Thomas Lawrence hatte Dorothea von Lieven in London schon auf Leinwand verewigt: keine atemberaubende Schönheit, aber geistvoll und charmant sowie politisch interessiert. Sie, deren Affäre mit Großfürst Konstantin einige Jahre zuvor für Aufsehen gesorgt hatte und die viel später in der europäischen Diplomatie eine beachtliche Rolle spielen sollte, wurde, daran besteht angesichts der erhaltenen Briefe kein Zweifel, zu einer sehr engen Vertrauten des »Frauenverstehers« Metternich[25]. Kurz vor Ende des Kongresses hatte eine Reise Metternichs nach Brüssel vornehmlich einen Zweck: mit ihr zusammen zu sein.

Ganz ohne die »Pikanterie einer bedeutsamen Liaison«[26], ohne eine der *amours foux,* die zum »Markenzeichen« Metternichs – ob der Zahl seiner Seitensprünge seit Langem legendär – geworden waren, kam der Aachener Kongress dann doch nicht aus. Die Beziehung zu Dorothea von Lieven war freilich keine der üblichen Affären Metternichs[27]. Die briefliche, nur ganz selten von persönlichen Begegnungen unterbrochene Verbindung, die in ihren Dokumenten zugleich die »Brieflust« (Siemann) Metternichs und eine starke emotionale Nähe spiegelt als auch eine politische Dimension hatte, sollte noch über viele Jahre, bis zum Juli 1826, weiterbestehen[28]. Metternichs Briefe an Dorothea[29] sind ein herausragendes Beispiel für die Hohe Schule des Verfassens von Liebesbriefen, die in seiner Zeit wohl niemand so beherrschte wie der Fürst.

Weniger ins Auge sprang der Besuch von Julie Récamier

in Aachen, einer der (von manchen bedeutenden Künstlern auf Leinwand gebannten) Schönheiten der damaligen Epoche und Napoleongegnerin, die nur eines Mannes, des preußischen Prinzen August, wegen gekommen war und die beiderseits sehr emotionale Beziehung aus früheren Jahren wieder aufleben lassen wollte[30].

Symbolisches Handeln:
Der Aachener Kongress und
die Geschichte

Es darf als gesichert vorausgesetzt werden, dass den Teilnehmern des Kongresses bewusst war, in welch geschichtsbela-
dener Stadt sie einige Wochen leben und arbeiten würden:
an einem *der* symbolischen Orte Alteuropas schlechthin.
Der Krönungsort Karls des Großen, des »Urvaters« des europäischen Monarchismus, einer der Gestalten, die gleich
von zwei Gesellschaftsordnungen als Referenzpunkt verstanden (und vereinnahmt) wurden, gehörte weit über die
Grenzen Deutschlands und Frankreichs hinaus zum Basis-
wissen gebildeter Menschen.

Es zählte deshalb zu den Selbstverständlichkeiten, dass alle
»offiziellen« Teilnehmer des Kongresses dem Aachener Münster und seinen unglaublichen Schätzen ihre Reverenz erwiesen: der Pfalzkapelle mit dem Thron des großen Karl, dem
Karlsschrein, seinem Grabmal, der Karlsbüste mit seiner
Schädeldecke, den Reichsinsignien und den sonstigen Aachener Heiltümern, den (üblicherweise nur alle sieben Jahre
gezeigten) Reliquien wie den Windeln und dem Lendentuch
Christi und den Preziosen der Domschatzkammer, dem
bedeutendsten Kirchenschatz nördlich der Alpen. Dieser
Schatz war in der Revolutionszeit zunächst nach Paderborn
ausgelagert (und dort zentraler Kleinodien beraubt), dann
aber von Napoleon wieder nach Aachen rückgeführt worden.

135

Bei den Fürsten stand dieser Besuch als eine Art »Standardverpflichtung« in aller Regel ziemlich am Anfang ihres Besuchsprogramms: Der österreichische Kaiser, der ja von 1792 bis 1806 Kaiser des Heiligen Römischen Reiches deutscher Nation gewesen war, erwies der *Memoria* Karls des Großen schon am 30. September seine Reverenz, also am Tag des offiziellen Beginns des Kongresses und einen Tag nach seiner Ankunft in Aachen[1]. Er wurde vor Ort empfangen vom preußischen König, der die Örtlichkeiten schon anlässlich eines Besuchs im Vorjahr kennengelernt hatte, sie aber später, am 10. November, dann doch noch einmal aufsuchen sollte. Der Kaiser kniete vor dem Hochaltar zu einem Gebet, besichtigte die Heiltümer und stieg schließlich zusammen mit dem Hohenzollernfürsten zur Empore hinauf, um den legendären Thronstuhl zu bewundern.

In dieser Szene kam es zu einem – geplanten oder spontanen? – Zwischenfall, als der uralte Dekan des Domstifts, Konrad Hermann Cardoll, vor dem Kaiser auf die Knie fiel und ihn unter Tränen fragte, ob er sich an eine frühere Begegnung erinnere, als er 1792 anlässlich der Frankfurter Kaiserkrönung Franz' die Reichsinsignien aus Aachen überbracht und ihm als neuem (*Ex-officio-*)Mitglied des Aachener Stifts den Eid abgenommen habe. Ob sich der Kaiser tatsächlich an diese Szene erinnerte, sei auf sich gestellt, jedenfalls versicherte der Monarch dem Greis, sehr wohl diesen Vorgang vor über einem Vierteljahrhundert noch präsent zu haben. Eine gewisse Rührung ergriff die Anwesenden, als der Dekan stammelte, nun könne er getrost ins Grab steigen, denn er habe den »Gesalbten des Herrn« noch einmal gesehen[2].

Die Pfalzkapelle war für die Fürsten ein »Muss«, ein europäischer Erinnerungsort, dem sich die besondere Dignität der Kongressstadt verdankte – es sprach für dieses Bewusstsein, dass die russische Kaiserinmutter unmittelbar

136

nach dem Kongress nach Aachen reiste und die »Gedenkstätten« Karls des Großen in Augenschein nahm.

Ein zweiter Erinnerungsort kam hinzu, dessen Besuch sozusagen obligatorisch war. Mitten in den Wochen des Aachener Kongresses jährte sich zum siebzigsten Mal der Abschluss des Aachener Friedens von 1748. Dessen Bedeutung in der Geschichte der europäischen Friedenskongresse darf zwar nicht überschätzt werden, da ihm – schon von den Zeitgenossen so eingeräumt und in der bilanzierenden Rückschau erst recht – letztlich nicht mehr als die Funktion eines verlängerten Waffenstillstands zukam; es war aber trotzdem ein Ereignis, das in der *Memoria* der Kommune, dem kollektiven Gedächtnis ihrer Menschen, tiefe Spuren hinterlassen hatte. Die Stadt hatte seinerzeit Porträts der Gesandten der beteiligten Staaten erworben, die in einem eigenen Raum des Rathauses aufgehängt und allgemein

[8] Kaiser Alexander und die Fürstin von Thurn und Taxis besuchen die Pfalzkapelle. Gemälde von Frans Vervloet, 1818

zugänglich waren. Da es ein ähnliches Gemäldecorpus vom 1668 in Aachen verhandelten und durch die sogenannte Tripelallianz betriebenen spanisch-französischen Frieden nicht gab, war dieser Friedenssaal die einzige Erinnerung an Aachens bemerkenswerte Vergangenheit als Kongressort.

Den Saal zeichnete zwar nicht die Wucht der Münsterschen und Osnabrücker Friedenssäle mit den vielen Dutzend Porträts der Friedensgesandten aus, aber er war nichtsdestoweniger eindrucksvoll. Es verstand sich von selbst, dass alle gekrönten Häupter, die sich 1818 in Aachen versammelten, und natürlich auch ihre Minister dem Saal einen Besuch abstatteten, eingedenk der hohen Verantwortung, die nun auch auf ihnen lastete. Die einst im Rathaus platzierte Büste Napoleons aus Carrara-Marmor, die sich nicht erhalten hat, mussten sie bei Gelegenheit dieser Besuche nicht mehr anschauen, auch nicht die Porträts Napoleons und Joséphines, die 1816 nach Berlin abtransportiert worden waren, aber 1840 in den Sitzungssaal des Rathauses rückgeführt werden sollten.

Bewusst war den handelnden Personen auch – die »Macht« der Geschichte! –, dass sich »ihr« Kongress in ein Kontinuum der Kongressgeschichte einordnete, eine Assoziation, die sich im Blick auf die Aachener Vorgängerkongresse von 1668 und 1748 zudem besonders aufdrängte. Auch wenn sich das Aachener Gipfeltreffen von seinem Ansatz her von früheren Diplomatenkongressen fundamental unterschied, war ein Gefühl für die Tradition dieses politisch-völkerrechtlichen Instruments unübersehbar. Symbolhaft kam das dadurch zum Ausdruck, dass der Zar den preußischen Legationsrat Friedrich Schoell, der 1817 eine Geschichte der Friedenstraktate seit dem Westfälischen Frieden vorgelegt hatte[3], mit einem Brillantring auszeichnete[4] und anordnete, dass Schoells Werk von allen öffentlichen Bibliotheken in seinem Reich und von den diplomati-

138

schen Außenposten Russlands zu erwerben sei[5]. Allerhöchste *promotion* – den Kompilator wird's gefreut haben!

Der österreichische Kaiser vertiefte die Besichtigung der beiden lokalen *lieux de mémoire* – des Münsters und des Friedenssaals – durch einen Besuch des Stadtarchivs, wo er sich unter anderem die Privilegienbriefe früherer Kaiser für die Stadt Aachen vorlegen ließ.

Die dritte historisch unterlegte »Pflichtübung« für die Teilnehmer des Kongresses – nicht nur die gekrönten Häupter – schuldete sich nicht einem Ort, sondern einem Datum, das überhaupt nichts mit Aachen zu tun hatte. Der 18. Oktober 1813, der zentrale Tag der Leipziger Völkerschlacht, war in weiten Teilen des damals beteiligten Europa – selbstredend nicht in Frankreich! – zu einem kollektiven *lieu de mémoire* geworden, einem Gedenktag zur Befreiung des Kontinents von einem verhasst gewordenen politischen System. Der Tag mag für Preußen eine ganz besondere Bedeutung gewonnen haben, aber er war als Tag des Anfangs vom Ende eines Diktators und Usurpators zu einer Art frühem »Europatag« aufgestiegen – unbeschadet der Tatsache, dass diese Ideologisierung (»Befreiungskrieg« versus »Freiheitskrieg«) die Gefahr der Polarisierung in sich barg und seit den 1820er Jahren zudem kritisch hinterfragt zu werden begann[6].

Schon auf dem Wiener Kongress war der Tag von den unmittelbar Beteiligten – den Monarchen Russlands, Österreichs und Preußens und den Repräsentanten des Vereinigten Königreichs – in großem Stil publikumswirksam begangen worden[7]: durch einen Gedenk- und Dankgottesdienst, durch eine aufwendige Truppenparade, durch ein Volksfest. An dem Truppendefilee nahmen wenigstens 14 000 Soldaten teil, die anschließend im Prater mit einem reichen Mittagsmahl bedacht wurden, während parallel dazu die Monarchen und die anderen Honoratioren im Lusthaus tafelten und das städtische Publikum die kunstvoll aufgebauten Beutewaffen von Leipzig bewundern durfte, freilich offenbar ohne allzu große Begeisterung.

Die Wiener Gedenkfeier der Völkerschlacht war von verschiedenen kaiserlichen Behörden über Wochen und Monate hinweg minutiös vorbereitet worden. Derartige mit dem Zeremoniell und der Organisation von Großereignissen vertraute Ämter fehlten in einer vergleichsweise kleinen Kommune selbstredend. Deswegen gestalteten sich die Dinge dort auch um etliches »spartanischer«: Dem nahe am Ereignis stehenden Bericht von Meyer zufolge waren an dem Truppendefilee drei preußische Bataillone Infanterie, eine Eskadron Husaren und eine Batterie zu Pferd beteiligt, die morgens jenseits der Stadtmauern nahe der Ketschenburg in einer Front Aufstellung nahmen. Dieser militärischen Formation gegenüber war ein Altar mit einem silbernen Kruzifix errichtet worden.

Der österreichische und der preußische Monarch samt dem Prinzen Karl, dem Herzog von Wellington und sämtlichen anwesenden Generälen holten zu Pferd den Zaren von seiner Residenz ab und ritten gemeinsam zum Truppendefilee – die beiden nichtpreußischen Monarchen in preußischen Uniformen mit Orden des jeweils anderen Partners, der preußische König, der den Zug anführte, mit österreichischen und russischen Orden. Den Zuschauern sollte durch diese Demonstration der Einheit jeder Zweifel genommen werden, dass das Bündnis vielleicht nur auf schwachen Füßen ruhte und fragil wäre: Kleidung und Ehrenzeichen als politisches Programm und Demonstration!

Dem Defilee der Truppen – mehr als dreitausend Mann, aber natürlich deutlich weniger als in Wien – vor den Monarchen und ihrem Gefolge schloss sich der religiöse Akt an, der Gebete und Gesänge mit einem Bezug zum Tag umfasste sowie eine Ansprache des (wohl protestantischen) Koblenzer Brigadepredigers Obenaus »voll Kraft und Würde«, wie Meyer befand. Sie wurde mit einer Fürbitte unter dem Donner der Kanonen auf den Wällen beschlossen. Politisch am eindrücklichsten war wohl die Erneuerung des Gelöbnisses vom Leipziger Schlachtfeld und des »heiligen Fürstenbundes« der Drei durch öffentlichen Händedruck und Umarmung.

Der Zug der Monarchen und Militärs bewegte sich dann zum Quartier des russischen Kaisers zurück, wo ein (spätes) Frühstück für einen ausgewählten Personenkreis vorbereitet worden war. Man traf sich geraume Zeit später auf dem (überaus repräsentativen) Rathaus wieder, wo der preußische König im sogenannten Kaisersaal den beiden Kaisern und weiteren rund hundert Personen ein Mittagessen gab; zu den Gästen zählten neben den russischen Großfürsten Konstantin und Michael und der Prinzessin von Thurn und Taxis auch die niederländische Kronprinzessin, die jüngere Schwester des Zaren, und ihr oranischer Gemahl. Umrahmt wurde das Essen von sechzig Musikern der königlichen Garde und des Rheinischen Schützenbataillons. Parallel dazu fand in einem Neubau am Ludwigsberg auf Einladung des Fürsten Hardenberg ein Essen für das diplomatische Korps statt, an dem rund achtzig Persönlichkeiten teilnahmen.

Wie in Wien war das städtische Publikum, das am Vor- und am Nachmittag das Geschehen verfolgte, nur Staffage und »Zaungast«. Es hatte immerhin die Freude, am Abend eines schönen Herbsttages die Stadt glanzvoll illuminiert zu erleben, und es wurde natürlich auch registriert, dass der preußische König für die Armen der Stadt einen Betrag von hundert Dukaten zur Verfügung stellte. Aber letztlich blieb die bürgerliche Gesellschaft von der höfischen dann doch ähnlich geschieden wie bei den Bällen in der Redoute.

Die Kombination aus militärischer Parade, Gottesdienst und (exklusivem) Mahl war im Grunde das »Wiener Modell«, nur dass im Unterschied zu 1814 die beteiligten Soldaten – ausgenommen waren die Offiziere – von der Verköstigung ausgeschlossen blieben, möglicherweise mangelnder Räumlichkeiten oder Freiflächen wegen. Dieses »Modell« hatte in der Tat manches für sich: die militärische Komponente, der Dank an eine göttliche Autorität, die den militärischen Erfolg bewirkt habe, die Wiederholung eines »heiligen« Gelöbnisses, die Demonstration der Einheit der »Leipziger Koalition« durch das gemeinschaftsstiftende gemeinsame Mahl. Auch in der Zeit nach dem Ancien Régime verstand man sich auf symbolisches Handeln. Der Aachener Kongress ging angesichts der demonstrierten Stabilität des Fürstenbundes ohne größere zeremonielle Probleme über die Bühne, die sich im weiteren Verlauf des 19. Jahrhunderts bei Mehrmonarchentreffen allerdings wieder in den Vordergrund schieben sollten.

Die Aachener Truppenparade, an der analog zu Wien militärische Verbände nur einer Siegermacht von 1813 beteiligt waren, war typologisch gesehen ein Mixtum von Sieges- und Verbrüderungsparade; die Abwesenheit österreichischer und russischer Verbände hatte man dadurch zu »heilen« gesucht, dass man die preußischen Regimenter »Kaiser Franz« und »Kaiser Alexander«, deren Ehrenkommandeure die beiden genannten Monarchen waren, in die Parade einbezog. Dieser Typus war mit der großen »Bündnisparade« im nordostfranzösischen Vertus Anfang September 1815 ins Leben getreten, als die drei Monarchen inmitten des russischen Heeres ihre unverbrüchliche Solidarität zeremoniell zum Ausdruck gebracht hatten.

Vertus ermangelte des höfischen Umfelds, in Aachen war das genauso. Das nichthöfische Ambiente machte es den Monarchen leichter: Es war schlichter und bot doch genug

142

Raum für gegenseitige Ehrbezeigungen. Denn das war schließlich der Hauptzweck der ganzen Veranstaltung: durch die historische Reminiszenz die stabile und »ewige« Freundschaft und Solidarität der drei Fürsten – der englische stillschweigend immer mit eingeschlossen – zu beschwören und publikumswirksam zu inszenieren. Die lokale Presse wurde deswegen folgerichtig auch nicht müde, genau das immer wieder zu unterstreichen: das unauflösliche Einvernehmen und die durch nichts zu gefährdende Freundschaft der Fürsten[8]. Es versteht sich vor diesem Hintergrund auch, dass der französische Kongressdelegierte, der Herzog von Richelieu, an den Feierlichkeiten nicht teilnahm, sondern es vorzog, an diesem Tag eine nahe gelegene Abteikirche zu besuchen.

Die Darstellung der Feierlichkeiten zum Jahrestag der Leipziger Völkerschlacht soll noch einmal bewusst gemacht haben, wie sehr ein Ereignis wie ein Monarchentreffen auch noch im »rationalen« 19. Jahrhundert der Inszenierung bedurfte. Die Anwesenheit der Fürsten bei diesem Arbeitstreffen wäre, auch wenn sie der Kommunikation mit den »arbeitenden« Ministern förderlich war, nicht zwingend notwendig gewesen; insofern lag Graf Capodistria mit seinen Einwänden nicht falsch. Aber die »Öffentlichkeit« – das Aachener Publikum, die anwesenden Journalisten, die von auswärts angereisten »Zaungäste« – erwartete die Demonstration der Eintracht zwischen jenen Fürsten, jenem, wie Theodor von Haupt sich auszudrücken beliebte, »Herrscherkleeblatt«[9], das sich fünf Jahre zuvor ewige Freundschaft und Solidarität geschworen hatte. Die Fürsten »dienten« dazu, bei solchen öffentlichen Akten ihren engen und unverbrüchlichen Schulterschluss immer wieder unter Beweis zu stellen.

Das Monarchentreffen von Aachen stand für das System, mochten die Fürsten hinter den Kulissen auch durchaus unterschiedliche Perspektiven haben und in unterschiedlicher Weise einander zugetan sein – familiäre Anreden hin oder her. Es waren das kollektive Auftreten der Monarchen in der Öffentlichkeit, die gemeinsame Fahrt am Ankunftstag im offenen Wagen durch die Stadt, die Umarmungen, die Uniformen, die Anwesenheit jener preußischen Garderegimenter, die die Namen Franz' und Alexanders trugen, die ostentativ angelegten Orden, das gemeinsame Anhören einer Predigt, das gemeinsame Mahl, nicht zu vergessen auch der gemeinsame Besuch eines Balls oder einer Musikveranstaltung – kurz gesagt, es war die Gemeinschaft als Gruppe, die das Publikum ein Höchstmaß an Einheit und Solidarität assoziieren ließ. Pomp und Politik, mit dieser Alliteration hat Johannes Paulmann den Zusammenhang von Inszenierung und internationaler Politik auf den Punkt gebracht. Das, was in Aachen vor sich ging, war der Ansatz, »um mittels Repräsentation vor der Öffentlichkeit das politische System zu rechtfertigen und zu festigen«[10].

*

Zu dem Gesamtkomplex der gemeinsamen Erinnerung und Beschwörung des militärischen Erfolgs zählte selbstredend auch und sehr prominent die Schlacht bei Waterloo/ Belle-Alliance. In Aachen hatte ein auswärtiger Maler ein Panorama der Schlacht vom Juni 1815 aufgebaut, das offenbar lebhaftes Interesse nicht nur des bürgerlichen Publikums fand, sondern auch des preußischen Königs[11] und weiterer »öffentlicher Personen«. Der Eintrittspreis schreckte nicht ab und machte den Hamburger Maler vermutlich zu einem begüterten Mann.

144

Der Aachener Kongress als Etappe der Kunstgeschichte

Es war ein »Kulturfestival«, wie es einer mittleren Provinzstadt nicht alle Tage zuteilwird, das die Aachener Bürger in den wenigen Herbstwochen des Jahres 1818 erleben durften: Vokal- und Instrumentalkonzerte bedeutender Interpreten in Hülle und Fülle, Glanz und guter Wille auf der Opern- und Sprechbühne, Dichterlesungen, Kunstausstellungen – und das Erlebnis, an der Arbeit renommierter Maler mehr oder weniger unmittelbar teilhaben zu können.

Aus der Sicht der Kunstwissenschaft wurde das Aachener Gipfeltreffen zu einem bemerkenswerten Einschnitt. Nicht, weil eine ganze Reihe von Kunsthändlern mit Kollektionen ihrer Bilder nach Aachen geeilt war und auf einen großen Verkaufserfolg bei einem zahlungskräftigen Publikum hoffte. Karl Franz Meyer, den gerade diese »nichtpolitischen« Begebenheiten besonders interessierten, hat die (unglaublich zahlreichen) oft von den hohen Herrschaften besuchten fremden absatzorientierten Galeristen, deren Verkaufsausstellungen mit den in Aachen ansässigen Kunstsammlungen um die Gunst des Publikums wetteiferten, minutiös festgehalten.

Aus den lokalen Sammlungen ragte die Bettendorfsche heraus, die unter anderem schon vor Kongressbeginn der preußische Staatskanzler Hardenberg besichtigt hatte (»Schöne Tableaux«), die König Friedrich Wilhelm III. und der österreichische Kaiser mit ihrem Besuch beehrten und

145

die später in süddeutschen Museen eine neue Heimat fand. Ob die angereisten auswärtigen Kunsthändler – so der Brüsseler Galerist Niebenhuys, dessen Sammlung der preußische König besuchte – wirklich auf ihre Kosten gekommen sind, entzieht sich allerdings einer Einschätzung. Einige dieser ortsfremden Galeristen haben – die lokale Presse hat wiederholt darauf hingewiesen[1] – nach Kongressende ihre mitgebrachten, klangvollen Namen zugeschriebenen Kunstwerke auf Auktionen an Käufer zu bringen versucht; auch hier bleiben der Verkaufserfolg und die wirtschaftliche Seite des Unternehmens im Dunkeln.

Es waren indes nicht die hier zusammengeführten Sammlungen der Kunsthändler, die von einer Art »Sternstunde« der europäischen Malerei sprechen lassen, es war die mehrwöchige Tätigkeit des englischen Hofmalers Thomas Lawrence am Ort des Geschehens, die als kleine Sensation eingestuft werden muss. Der damals 49 jährige Maler, Mitglied der Royal Academy of Arts, der seit den ausgehenden 1780er Jahren mit bedeutenden Porträts der »herrschenden Klasse« hervorgetreten war, war vom Prinzregenten beauftragt worden, die Protagonisten des Umbruchs von 1814/15 mitsamt dem Aachener Kongress zu porträtieren.

Während den Wiener Kongress der französische Maler Jean-Baptiste Isabey geprägt hatte, der – ohne förmlichen Auftrag, aber mit moralischer Unterstützung des französischen Außenministers Talleyrand – die männlichen und weiblichen Hauptakteure des Kongresses auf Leinwand oder anderen Materialien verewigt hatte (und im Übrigen auch für *das* Kongressgemälde verantwortlich zeichnete, das, als sogenannter Punktierstich ausgeführt, bis heute das »Bild« des Wiener Kongresses ausmacht), überstrahlte in Aachen die Gestalt Thomas Lawrence alles. Für Isabey, der in Wien Geld gescheffelt hatte, war es relativ reizlos geworden, erneut einen Fürstenkongress aufzusuchen, weil die

146

Teilnehmer sich nicht wesentlich und grundsätzlich von denen in Wien unterschieden, die ihm bereits Modell gesessen hatten. Es gibt jedenfalls keine Nachricht, dass er sich »berufsmäßig« 1818 in Aachen aufgehalten hat.

Der Engländer Lawrence, wenige Jahre zuvor bereits zum Ritter geschlagen, trat nun an die Stelle Isabeys; ob die beiden sich – etwa in Paris 1814 – jemals persönlich begegnet sind, bleibt im Dunkel. Dass Lawrence Isabeys Arbeiten kannte, die ja oft genug auch in andere Techniken überführt und damit einem breiteren Publikum zugänglich gemacht wurden, unterliegt dagegen keinem Zweifel.

Lawrence traf kurz nach dem 20. Oktober in Aachen ein. Die zu porträtierenden »Monarchen, Helden und Staatsminister, welche zur Befreiung Europas das Ihrige durch Rath und That rühmlichst beigetragen«², waren von der britischen Delegation selbstredend schon über die Pläne unterrichtet worden, auch über die Absicht des Prinzregenten, die Porträts in seine Privatsammlung einzugliedern. Sie sollten später (1823) der zentrale Bestandteil der Waterloo Chamber von Schloss Windsor werden.

Die Prozedur, die nun folgte, hatte von Anfang an einen semioffiziellen Charakter, ganz anders als seinerzeit in Wien bei Isabeys Modellsitzungen, die in dessen Privatquartier stattfanden. Man räumte dem gefeierten englischen Künstler den ehemaligen Ratssaal ein, der, um optimale Voraussetzungen für den Maler und seine »Objekte« zu schaffen, nicht nur angemessen möbliert, sondern des Lichts wegen sogar ein wenig umgebaut wurde – Lawrence war begeistert von diesem riesengroßen Atelier. Hier stellte man zudem einige Porträts auf und aus, die Lawrence aus London mitgebracht hatte, unter anderem das des Prinzregenten und das des preußischen Generals und Mitsiegers von Waterloo, Marschall Blücher – zweier Protagonisten, die in Aachen fehlten, so aber wenigstens *in effigie* präsent waren. Das

[9] Selbstporträt von Thomas Lawrence, um 1787

Aachener Publikum, das in Massen das Lawrence-Atelier aufsuchte, war begeistert, einige der Meisterwerke der zeitgenössischen Porträtmalerei bewundern zu können. Von den Sitzungen mit den »Modellen« blieb es natürlich ausgeschlossen.

Schon die zur Schau gestellte Kunstproduktion lässt erahnen, dass das Vorhaben, die Protagonisten der großen

148

Zäsuren der letzten Jahre auf Leinwand zu bannen, keineswegs erst mit dem Aachenaufenthalt begann. Im Vorfeld des Wiener Kongresses, an dem teilzunehmen ihn ein prominentes Delegationsmitglied – Lord Stewart – ausdrücklich eingeladen hatte, hatte Lawrence begonnen, den umfassenden Auftrag des Prinzregenten umzusetzen, indem er während des sommerlichen Englandaufenthalts der alliierten Spitzen den Feldmarschall Blücher und den russischen General Platow porträtiert hatte. Während des Wiener Kongresses, den er, wie erwähnt, nicht aufsuchte, malte Lawrence statt der kontinentalen Führer bedeutende Mitglieder der englischen Hofgesellschaft bis in die königliche Familie hinein. Aachen wurde nun zu der Gelegenheit, den »Zyklus« der »Helden« von 1813 bis 1815 fortzusetzen, wenn auch noch nicht zu beenden.

Zu diesen Kunst-Staatsakten nahmen seit der letzten Oktoberdekade die illustren Kongressteilnehmer ihre jeweiligen »Termine« wahr. Der Marathon begann am 26. Oktober mit dem österreichischen Kaiser Franz, der neun Tage lang jeweils vormittags von elf bis dreizehn Uhr Modell saß, unterhalten meist von dem Grafen Wrbna aus seinem Gefolge. Ihm schloss sich ab dem 5. November Zar Alexander an. Lawrence benötigte »nur« fünf zweistündige Sitzungen, um jenes Gemälde zu entwerfen, das zwar nicht das bekannteste, aber ein wichtiges Porträt Alexanders I. geworden ist – der Monarch als stehende Ganzfigur. Auch Metternich wurde in Aachen – nicht zum ersten Mal – auf Leinwand verewigt; für ihn war Lawrence schlicht »le premier du Monde«[3].

Es kann davon ausgegangen werden, dass Lawrence nicht alle Arbeiten in Aachen zu Ende brachte. Es scheint, wenn man einen Brief des Künstlers an seine Nichte richtig liest, dass Lawrence die Porträts des preußischen Königs Friedrich Wilhelm, des russischen Außenministers Nesselrode

149

und des Duc de Richelieu in Aachen zu Ende malte und nicht mit auf seine Anschlussreise nach Wien nahm. Ob das auch für die Porträts von Castlereagh, Hardenberg und Graf Bernstorff galt, die in Aachen wenigstens begonnen wurden, muss auf sich gestellt bleiben. Hardenberg berichtet jedenfalls in seinem Tagebuch unter dem 24. November, dass er die letzte Sitzung bei Lawrence absolviert und auch gleich Kopien in Auftrag gegeben habe. Die Gemälde – ob vollendet oder nicht – blieben jedenfalls bis nach Kongressende im Ratssaal, wo sie die russische Kaiserinmutter am 22. November besichtigte.

Ab dem Januar 1819 hielt sich Lawrence in Wien auf[4], und es spricht vieles dafür, dass dort etliche in Aachen skizzierte Porträts ihre endgültige künstlerische Ausformung fanden – dort hatte Lawrence schließlich auch »Vergleichsmaterial« in Hülle und Fülle zur Verfügung, übrigens auch eigenes, denn immerhin hatte er beispielsweise Metternich zu diesem Zeitpunkt schon mehrmals porträtiert. Auf jeden Fall hat Lawrence das Capodistria-Porträt erst in Wien abgeschlossen, wofür ihm der russische Außenminister sogar noch einmal Modell saß[5], und, im März 1819, mit dem Porträt von Gentz begonnen[6]. Fürst Schwarzenberg und Lady Selina Meade, eine der unbestrittenen Schönheiten jener Jahre, waren weitere Persönlichkeiten, die ihm dort Modell saßen. Die österreichische Forschung ist sich einig darin, dass Lawrence während dieser Wiener Monate auf die lokalen Künstler einen viel nachhaltigeren Eindruck machte und Einfluss ausübte, als es Isabey jemals vermocht hatte. Lawrence war für sie der neue Stern am Firmament, nicht mehr der »klassizistische« Isabey.

Eine besondere Herausforderung stellte wohl das Porträt des Hohenzollernkönigs dar. Es war allgemein bekannt, dass sich Friedrich Wilhelm nur höchst ungern malen ließ, entsprechend wenig »dankbar« wird er als Modell gewesen sein. Er hatte sich, mehr dem Zwang der Konvention gehorchend, 1814 in Paris von Gérard, *dem* Maler der napoleonischen Ära schlechthin, porträtieren lassen, und danach war, um weiteren ungeliebten Verpflichtungen zu entgehen, die Berliner Akademie angewiesen worden, von diesem Gemälde nicht weniger als 28 Kopien anzufertigen, die für alle möglichen Anlässe und Orte Verwendung finden sollten: Es sollte, wenn sich das schon nicht umgehen ließ, *das* Staatsporträt sein und bleiben.

Dass sich der Monarch, der im Sommer 1814 in London Lawrence schon einmal Modell gesessen hatte, in Aachen ab dem 11. November erneut zu insgesamt sieben Sitzungen bereitfand, geschah wohl durchaus *contre cœur,* war aus optischen Gründen aber unumgänglich. Alexander von Humboldt war es vorbehalten, bei diesen ungeliebten Terminen den Monarchen einigermaßen »bei Laune« zu halten. Die »Ehre« vielfacher Kopierung wurde dem Lawrence-Porträt übrigens nicht zuteil, umso weniger, als es beim Direktor der Berliner Akademie der Künste, Johann Gottfried Schadow, auf nur wenig Gegenliebe stieß. Es ist lediglich überliefert, dass dem »Objekt« selbst, also dem König, vor 1823 eine Kopie dediziert wurde, die allerdings als verloren zu gelten hat.

Der Stadtrat von 1818 hatte seine historischen Hausaufgaben gemacht und aus der Geschichte insofern gelernt, dass er sich wie sein Vorgänger vor siebzig Jahren intensiv bemühte, das Andenken an den Kongress in der Stadt auch bildlich am Leben zu halten. Im Unterschied zu dem alten Stadtrat, der als Gremium einer »souveränen« freien Reichsstadt eigenständig Außenbeziehungen pflegte, musste der Stadtrat von 1818 zunächst die Erlaubnis der Berliner Regierung einholen, mit den Repräsentanten einer ausländischen Macht – Großbritannien – Kontakt aufzunehmen. Erst mit dieser Genehmigung wandte sich die Kommune an Wellington und Castlereagh mit der Bitte, Kopien der drei Monarchenporträts von Lawrence – man darf wohl annehmen: zu einem bezahlbaren Preis – zu erhalten. Die Schreiben an die beiden britischen Kongressteilnehmer gingen den Akten des Aachener Stadtarchivs zufolge Ende Juni 1820 heraus, aber dann scheint sich die Spur zu verlieren. Jedenfalls zerschlug sich das Vorhaben, die drei Kommemorativ-Gemälde auf diesem Weg zu akquirieren, ebenso wie ein gutes Jahr später, im Herbst 1821, ein weiterer Versuch, beim preußischen König mit demselben Anliegen vorstellig zu werden. Dem Aachener Bürgertum und Besuchern blieb somit ein zweiter Friedenssaal im Rathaus versagt.

Für Lawrence war mit diesen beiden Stationen – Aachen und Wien – sein Auftrag freilich noch nicht erfüllt. Seit dem Sommer 1819 findet man ihn in Rom, wo er den (ihm seit 1815 eng verbundenen) päpstlichen Nuntius auf dem Wiener Kongress, Kardinal Consalvi, porträtierte, auch er ja einer der »Männer von 1815«, wenn auch nicht gerade einer der Konstrukteure der Wiener Friedensordnung. Das Consalvi-Gemälde gilt als eine künstlerische Meisterleistung, wohingegen Lawrence' Porträt von Papst Pius VI. ein größeres Maß an Distanz erkennen lässt. Von Rom aus, wo ihm die Herzen der Künstler und des Publikums zuflogen, machte Lawrence anschließend eine Kunstreise nach Neapel und Florenz, ehe er zum Jahresende 1820 nach London zurückkehrte, inzwischen mit etlichen Großen seiner Zeit auf sehr vertrautem Fuß stehend.

Lawrence war aber nur der eine – wenn auch prominentere – zweier englischer Maler, die in Aachen ihrer Profession nachgingen. Der andere war George Dawe, ein sehr erfolgreicher Porträtmaler, der beauftragt worden war, die Porträts aller russischen Generäle anzufertigen, die 1812 Napoleon die erste große Niederlage bereitet hatten. Er weilte in Aachen, um sein Portfolio zu ergänzen, mit dem er künftige Auftraggeber beeindrucken wollte. Dawe hatte unter anderem durch ein ganzfiguriges Doppelporträt von Prinzessin Charlotte und Prinz Leopold auf sich aufmerksam gemacht, von dem Kunsthistoriker den »auffälligen Einsatz modischer Kleidung« hervorheben und den »feineren Farbauftrag als Lawrence«, freilich ohne dessen »kostbar-seidiges Impesto« zu erreichen[7]. Natürlich trafen die beiden englischen Künstler in Aachen zusammen, und Dawe verdankt sich die Einschätzung, dass Lawrence dort seine Bilder »feiner ausgeführt habe«, »als er es davor zu tun pflegte«[8].

Ob und welche Sujets Dawe in Aachen malte, erschließt sich nicht; auch Meyer erwähnt nur einige der großen Gemälde Dawes, schweigt sich aber über seine künstlerische Produktivität vor Ort aus. Vielleicht ging es dem Maler auch »nur« um die Anbahnung von Kontakten zu künftigen Auftraggebern. Dawe reiste von Aachen nach Weimar weiter, wo er Goethe porträtierte, und von dort nach St. Petersburg, wo er zum gefeierten Hofmaler avancierte und in den nächsten Jahren nicht weniger als 239 Brustbilder russischer Generäle malte, die in der neuen Militärgalerie des Petersburger Winterpalasts zusammengeführt wurden. Er malte dort auch noch ein – sehr bekanntes – Ganzfigurbild Zar Alexanders (1824), dessen Eigenart, nur auf einem Bein fest zu stehen und das zweite lose den Boden berühren zu lassen, Dawe offenbar weniger Schwierigkeiten bereitete als Lawrence.

Aber auch mit den beiden Engländern noch nicht genug. Der preußische König hatte dafür gesorgt, dass im Kaisersaal des Rathauses frühe Gemälde der als Porträtisten, aber auch als Genremaler hervorgetretenen Künstler Carl Joseph Begas (1794–1854) aus dem Rheinland und Wilhelm Ternite (1786–1871) aus Neustrelitz gezeigt wurden. Das waren zwei Maler, die Friedrich Wilhelm seit 1814 durch Aufträge und Stipendien nachdrücklich förderte, die er in Paris bei dem Baron Gros hatte weiterbilden lassen und die in der preußischen Kunstszene dann rasch Karriere machen sollten. Es wurde ja schon angedeutet, dass der Hohenzollernkönig eine ausgesprochene Neigung entwickelt hatte, hoffnungsvolle Maler zu unterstützen.

Von dem Begas-Gemälde ist das Sujet bekannt, ein Christus am Ölberg umgeben von seinen Jüngern und von Engeln[9]; es war kurz zuvor mit großem Erfolg in Paris ausgestellt und von dort nach Aachen verbracht worden[10]. Von den Ternite-Stücken fehlen solche Informationen. Spätestens ab dem Moment, als im frühen November der preußische König die »Werkausstellung« besuchte, wird die Präsentation der beiden Nachwuchskünstler wohl erheblichen Zulauf des Aachener Publikums gefunden haben, umso mehr, als die lokale Zeitung ausführlich über diesen Besuch des Monarchen berichtete[11]. Das genannte Begas-Gemälde, in der Aachener Presse ausführlich beschrieben[12], kaufte der preußische König schließlich selbst, was der Karriere des Künstlers sicher weiteren Auftrieb gab. Auch hier eine Art verdeckte *promotion*.

Dass der überaus kunstsinnige preußische König, der sich möglicherweise sogar über das ihm in Aachen dezidierte Pompeji-Gemälde des Landschaftsmalers Müller gefreut hat[13], auch die Gemäldesammlung des Brüsseler Kunsthändlers Nievenhuys besuchte und vor allem den Stücken der niederländischen Schule Aufmerksamkeit zollte, veranschaulicht noch einmal, wie lebhaft der Kunstbetrieb in den Herbstwochen des Jahres 1818 in Aachen war.

In Wien war die Kunstszene nicht nur von Isabey und anderen Porträtmalern beherrscht worden, sondern auch von Dutzenden und Aberdutzenden von »Gebrauchskünstlern«: Zeichnern, Karikaturisten, die, oft unbekannt bleibend, ihre teils bösen und satirischen Blätter rasch auf den

154

Markt zu bringen und daran zu verdienen suchten. Dieser Typus des Künstlers fehlte in Aachen völlig. Das Treffen der Monarchen und ihrer Minister versprach wenig Spektakuläres, zumal das Zielpublikum an Zahl viel bescheidener war als in Wien. Satirische oder persiflierende Blätter vom Aachener Kongress oder, um nur ein Beispiel zu nennen, Darstellungen des »Militärfestes«[14] scheinen nicht das Licht der Welt erblickt zu haben – auch in den Sammlungen der lokalen Museen haben sie keine Spuren hinterlassen.

Der Kongress als musikalisches Ereignis

Es waren indes nicht nur die kommerziellen und nichtkommerziellen Kunstausstellungen und die Einblicke in Lawrence' *work in progress*, die dem kulturellen Leben in der ehemaligen Reichsstadt neuen – freilich transitorischen – Glanz verliehen. Das Visuelle fand vielmehr eine Ergänzung im Akustischen: durch Musikveranstaltungen ganz besonderer Exzellenz.

Den Glanzpunkt setzten dabei sicher die Konzerte der europaweit gerühmten und gefeierten Sopranistin Angelica Catalani. Die aus der Nähe von Ancona stammende Sängerin, zum Zeitpunkt ihrer Auftritte in Aachen 38 Jahre alt, war die mit Abstand umschwärmteste Zelebrität der europäischen Musikszene. Sie hatte 1797 am berühmten Teatro La Fenice in Venedig debütiert, danach an italienischen Bühnen gearbeitet und dabei die Titelrollen in Uraufführungen von Zingarelli- und Nicolini-Opern gesungen, war nach großen Auftritten in Rom und Neapel 1804 auf Einladung des dortigen Prinzregenten nach Lissabon gegangen und anschließend, nachdem sie ein Angebot Napoleons für ein längeres Engagement an der Grand Opéra abgelehnt hatte, sieben Jahre in England gewesen. Dort erreichte sie als wahre *Primadonna assoluta* ihrer Zeit den Höhepunkt ihrer Karriere und war in der Lage, geradezu schwindelerregende Gagen zu verlangen.

Nach Napoleons Sturz hatte Catalani zum einen eine

156

ANGELICA   CATALANI.

[10] Angelica Catalani. Kupferstich von Claude-Marie-François Dien, um 1815

Theaterleitung in Paris übernommen und zum anderen Tourneen durch halb Europa bis nach Skandinavien organisieren lassen, auf denen sie geradezu enthusiastisch gefeiert wurde. Gleichwohl scheinen 1817 die ersten Probleme

157

stimmlicher Art aufgetreten zu sein, die es ihr nicht mehr erlaubten, sämtliche Rollen zu singen, die zu ihrem Repertoire gehörten. Das war der Zeitpunkt, als sie, kurz vorher noch in Dresden gefeiert und in Weimar vor Zar Alexander aufgetreten[1], der Einladung nach Aachen folgte und dort in unmittelbaren Kontakt mit allen Monarchen und der politischen Elite kam, die sich hier zusammengefunden hatten.

Catalanis Publikum in Aachen – das höfische und das bürgerliche – wird die leichten Veränderungen ihrer Stimmlage kaum bemerkt haben: Es war einfach nur hingerissen von der Primadonna, die seit Jahr und Tag ihrer Stimme, aber auch ihrer Schönheit und ihrer Ausstrahlung wegen die Menschen faszinierte und zum Zentrum eines förmlichen Starkults sowie zum Gegenstand zahlloser Huldigungsgedichte, Sonette und Poesien wurde. Sie trat während des Kongresses mit ihren Arien bei sechs Anlässen auf: Am 6. Oktober während eines »Hofzirkels« in der Residenz des Fürsten Metternich, der ihr gewogen, aber nicht eng verbunden war, und am 15. Oktober bei einer von der ganzen höfischen Gesellschaft besuchten Abendveranstaltung im Quartier Wellingtons, der Catalani natürlich schon – auch recht gut – aus ihrer Londoner Zeit kannte. Da Wellington ja im Hause Guaita in zentraler Lage am Markt logierte und man an einem milden Herbstabend die Fenster des Festsaals geöffnet hatte, war das zugleich eine Art Konzert für die bürgerliche Gesellschaft, die auf der Straße oder von ihren angrenzenden Häusern aus der »Zauberstimme« atemlos lauschte. Das war allerdings nur eine begrenzte Öffentlichkeit; diese ersten beiden Konzerte waren im Kern exklusive Veranstaltungen der zum Kongress versammelten politischen Elite.

Vier Tage später, am Jahrestag der Leipziger Völkerschlacht[2], gab Catalani im Redoutensaal ein großes öffentliches Konzert »für jedermann«, das trotz überdurchschnitt-

158

lich hoher Eintrittspreise restlos ausverkauft war. Die Sopranistin, so Meyer, habe mit ihren »Seraphs-Tönen« das Publikum zu Begeisterungsstürmen hingerissen, die ihren Höhepunkt nach dem Lied »God save the King« erreicht hätten. Und dann wurde der Archivar geradezu poetisch: »Schwingt sich die Lerche trillernd aus des Frühlings Saaten zum Himmel hin, so ist das freilich schön in der Natur, aber sie bleibt nur monoton; singt und steigt Catalani, so entzücken das Ohr die lieblichsten Töne der Natur und Kunst in tausendfachen unnennbaren Trillern. Sie ist ein unübersehbares Feld, auf welchem die Kunstliebhaber eine reiche Erndte des Anmuths, und die Virtuosin Tausende der Goldblüten einscheuern«[3].

Meyer stützte sich hier auf eigenes Erleben, aber die Presse, die schlicht vom Genie der Sängerin sprach und von dem Enthusiasmus, den ihre Darbietungen ausgelöst hätten, stand dahinter kaum zurück[4]. Da die vorangegangenen Konzerte private Veranstaltungen gewesen waren, war das Konzert am Völkerschlacht-Gedenktag das erste, über das die Presse berichtete. Es gab wohl nicht viele Besucher – so wie der westfälische Oberpräsident Vincke, der später noch ein weiteres Catalani-Konzert besuchte –, die nicht ins Schwärmen gerieten. Am 26. Oktober gab die Italienerin, erneut im Redoutensaal, ihr zweites öffentliches Konzert, abermals enthusiastisch in der Lokalzeitung besprochen[5]. Es folgte am 8. November ein fünftes Konzert, von der lokalen Presse ähnlich begeistert aufgenommen[6]. Ihr Abschiedskonzert gab Catalani am 12. November, wieder im Redoutensaal, in Anwesenheit der Monarchen: ein (in der lokalen Presse nachdrücklich beworbenes[7]) Benefizkonzert[8], das die stolze Summe von zehntausend Franken einbrachte, die dem lokalen karitativen Armen-Institut zugeführt wurden.

Angesichts der unter vermeintlichen »Experten« gelegentlich zum Ausdruck gebrachten Kritik an der Sängerin, etwa dass sie bestimmte Höhen nicht mehr spielerisch erreiche, übernahm die lokale *Stadt Aachener Zeitung* die Rolle des engagierten Apologeten. In der Ausgabe vom 11. November druckte sie einen Leserbrief vom Vortag ab, der Angelica Catalani attestierte, ihre Kunst sei so überwältigend, dass die Worte fehlten, sie zu beschreiben. In derselben Ausgabe zitierte das Organ aus einem »öffentlichen Blatt«, Catalani sei die Königin der Sängerinnen und die Sängerin der Könige. Von angeblichen Musikkennern wollte man sich ihre Konzerte dann doch nicht zerreden lassen. Es ist hoch bezeichnend, dass ein während des Kongresses gestochener Stadtplan mit den Aachener Reliquien, Heiltümern und Preziosen im Rahmen von einer Vignette geziert wird, die Angelica Catalani in der Mitte eines Trios von Künstlern zeigt (siehe Abb. 1).

Aber es gab auch unter den »Nichtprofessionellen« Menschen, die ihr mit Reserve gegenüberstanden. Für Gentz beispielsweise war sie schlicht »gemein«[9] – mutmaßlich allerdings weniger aus musikalischen Gründen, sondern wegen eines Vorfalls in Franzensbad, der, wohl nicht ohne Gentz' Zutun, in die Presse gelangt und Catalani heftig gegen ihn eingenommen hatte[10]. Aber lässt man solche sich der persönlichen Animosität schuldenden Urteile einmal beiseite: Dass die Catalani den Höhepunkt ihrer Karriere überschritten hatte und in der blutjungen französischen Mezzosopranistin Maria Malibran schon eine neue *primadonna* nachwuchs, war in der musikalischen Welt einhellige Meinung.

Angelica Catalani war der unbestrittene Star des Aachener Musikherbstes, die »Krone« der Musikwelt, die sich in Aachen versammelte, wie die lokale Zeitung es formulierte[11], mit deren Ausstrahlung die männlichen Sänger wohl nicht ganz mithalten konnten: Der Prominenteste von ihnen war der französische Bariton Pierre-Jean Garat, der, 1792 in Bordeaux geboren, 1818 schon zu den Routiniers im Konzertsaal gehörte – er war ein reiner Liedsänger und in seinem Repertoire auf die Werke Christoph Willibald Glucks spezialisiert. Er erregte nach wie vor seines ungewöhnlichen Stimmumfangs wegen, der ihm sogar erlaubte, Sopranarien zu singen, ungeteilte Bewunderung. Neben ihm weilte der niederländische Bassist (und Komponist) Mees in Aachen, über dessen Auftritte allerdings wenig bekannt ist. Die aus dem Großherzogtum Baden, wo sie am Karlsruher Hoftheater wirkte, nach Aachen geeilte Sopranistin Katharina Gervais, die in Opern wie »Titus« oder »Johanna von Paris« Partituren sang (und generell im dramatischen Fach ihre größten Triumphe feierte), wurde in der lokalen Presse ihrer musikalischen Ausdruckskraft und ihrer schauspielerischen Fähigkeiten wegen gerühmt[12].

Es gab noch andere Stars, die allerdings nicht ihre Stimme, sondern Instrumente einsetzten. Meyer zählt mehr als ein halbes Dutzend »Tonkünstler« auf, die bei verschiedenen Gelegenheiten als Solisten auftraten. So der aus Turin stammende, gerade erst siebzehnjährige Violinist Léon de Saint-Lubin, eines der »Wunderkinder« jener Jahre, der bereits in Dresden und anderswo im nördlichen und östlichen Deutschland Triumphe gefeiert hatte; so auch der in Band 21 der *Allgemeinen Musikalischen Zeitung*[13] als zarter und bildschöner Knabe angeführte Carl Larsonneur, der – ebenfalls ein »Wunderkind« – schon im Alter von sieben Jahren seine ersten Violinkonzerte gegeben hatte. Die Überfülle an »Wunderkindern« ging manchen, wie etwa Metternich, freilich auf die Nerven.

Dann waren da die Gebrüder Anton und Maximilian Bohrer aus München, beide Kammermusiker, Cellist der eine, Geiger der andere, die bei Konzerten in aller Regel als »Pärchen« auftraten[14] und am 10. Oktober ihr eigenes Doppelkonzert für Violine und Cello zu Gehör brachten[15]. In der Regel gemeinsam bestritten auch die Gebrüder Bender ihre Konzerte, beide erste kaiserlich-russische Hofklarinettisten; an ihrem »schönen Klarinettenkonzert« am 8. November nahm etwa der westfälische Oberpräsident Vincke teil[16]. Viel Aufmerksamkeit fanden die Auftritte eines anderen Geschwisterpaars: der fünfzehnjährigen Sopranistin Katharina Sigl aus München und ihres sechsjährigen Bruders, der sie auf dem Cello begleitete[17], wobei die lokale Presse sich sogar dazu verstieg, der Sängerin eine Entwicklung bis zum Niveau Catalani zu prognostizieren[18]. Die Sigl wirkte auch mit bei einem Konzert des (schon genannten) niederländischen Hofkomponisten Mees und des Sängers Sarrat am 3. November[19].

Nicht zu vergessen ist der Flötist Anton Bernhard Fürstenau (1792–1852), auch er ein »Wunderkind«, das seit seinem siebten Lebensjahr Konzerte gegeben hatte und in Prag auf einer seiner Tourneen mit Carl Maria von Weber in freundschaftlichen Kontakt trat. 1826 unternahmen die beiden eine Konzertreise nach London, wo Weber verstarb[20]. In Aachen traten Vater und Sohn Fürstenau wiederholt auf[21]. Neben solchen (älteren und jungen) »Routiniers« mit großer Konzerterfahrung kam auch der künstlerische Nachwuchs zu seinem Recht, etwa in Gestalt des Harfenisten Franz Stockhausen[22]. Ob es sich bei dem von Meyer erwähnten Musiker Romberg – eine weitverzweigte westfälische Musikerfamilie – um den Cellisten Bernhard (1767–1841) handelte oder seinen Cousin, den Violinisten Andreas (1767–1821), muss offenbleiben.

Aber unabhängig davon: In Aachen versammelten sich Spitzenmusiker für fast alle damals geschätzten Instrumente, Virtuosen der Streich- und der Blasinstrumente, die man in dieser Dichte und dieser Konzentration sonst kaum angetroffen haben dürfte. Die Presse vermeldete zwar nur ausnahmsweise einmal etwas von den gespielten Stücken, aber das war für das »normale« Publikum vielleicht sogar eher zweitrangig: Es erfreute sich schlicht an der Virtuosität dieser Musiker.

Neben den »praktizierenden«, also reproduzierenden und interpretierenden Musikern standen – wie in Wien – etliche Komponisten, die mit potenziellen Mäzenen und zukünftigen Auftraggebern in Kontakt zu kommen suchten: kein Beethoven unter ihnen, aber doch Komponisten, die man dem oberen Mittelfeld oder sogar der erweiterten Spitze zuordnen könnte. Friedrich August Burgmüller ist hier zu nennen, zwar auch ein hervorragender Pianist, der am 9. Oktober im Redoutensaal ein Konzert mit unter anderem einer Vertonung von Schillers »Glocke« gab[23], wobei die offenbar besonders zahlreichen Zuhörer die Musik mit dem Text des Gedichts in der Hand verfolgten. Burgmüller ist aber vor allem als Kapellmeister und als Musikorganisator bekannt geworden, Mitveranstalter etwa des Niederrheinischen Musikfests, in das einige Jahre nach dem Kongress auch Aachen als Standort neben Düsseldorf und Köln integriert wurde. Für den Dirigenten wurde der Aufenthalt in Aachen auch deswegen von Bedeutung, weil er hier in engeren Kontakt zu Angelica Catalani trat, mit der er 1819 eine sehr erfolgreiche Konzerttournee durch Nord- und Westdeutschland unternahm[24] und die er wenigstens in Osnabrück und Bremen am Klavier begleitete.

War Burgmüller auch als Pianist hervorgetreten, so war es bei dem französischen Komponisten Charles Philippe Lafont die Violine, die er geradezu meisterhaft beherrschte, sodass in den Musikzeitschriften der 1820er- und 1830er-Jahre gelegentlich Vergleiche mit Paganini angestellt wurden. Lafont wurde vor allem in den Jahren nach Aachen zu einem der gefeiertsten, im Übrigen auch hochdekorierten Komponisten des Kontinents, der – hier kommt Angelica Catalani erneut ins Spiel – auch einige Stücke für die Primadonna komponierte.

Und man gab sich in Aachen sogar »avantgardistisch«. Der damals »hochberühmte«, wie die Presse immer wieder versicherte[25], »Akustiker« Friedrich Kaufmann (1785–1866) präsentierte den Aachener Bürgern seine von ihm entwickelten neuen Instrumente[26] – darunter das Balloneon, das Harmonichord, das Chordaulodion und den mechanischen Trompeter –, die er auf seinen Werbereisen »durchzusetzen« versuchte. Theodor von Haupt, der an manchen Solisten, die in Aachen auftraten, durchaus Kritik übte, erschien die *performance* Kaufmanns geradezu als ein Höhepunkt des »Musikherbstes«[27].

Zum größeren Teil fanden die Musikveranstaltungen in – von der Akustik her nicht optimalen – Sälen der Neuen Redoute statt, nicht im Städtischen Schauspielhaus, das im Prinzip ein »Hybrid« war, eine Sprech- und Musikbühne. In den Wochen vor Kongressbeginn waren durchaus auch Opern zur Aufführung gelangt, so etwa der 1813 uraufgeführte »Bergsturz«, ein Werk des damals höchst erfolgreichen und produktiven österreichischen Komponisten Joseph Weigl[28]. In der Zeit des Kongresses scheinen die Opern und Singspiele gegenüber den Sprechstücken aber doch in den Hintergrund getreten zu sein. Unmittelbar vor Sitzungsbeginn wurde Rossinis »Tancred« gegeben[29], am 5. Oktober »halb gut, halb mittelmäßig«, wie der Rezensent der *Stadt Aachener Zeitung* befand, Mozarts »Hochzeit des Figaro«[30], am Gedenktag der Völkerschlacht Mozarts »Titus«[31].

Nicht unterschlagen werden soll – Theodor von Haupt berichtet darüber[32] –, dass an zwei Abenden offenbar besonders gut besuchte Ballettaufführungen eines »détachement« des Pariser Balletts die Anwesenden begeisterten.

*

Der Skizzierung des sehr lebhaften Musiklebens in der Gemengelage von Bürgerschaft und höfischer Gesellschaft sollen noch einige Worte zum Sprechtheater in den fraglichen Wochen angeschlossen werden. Mit dem Wiener Theaterleben mit gleich mehreren ständig bespielten Häusern konnte Aachen natürlich keinen Vergleich aufnehmen, aber wie dort wurde auf der Bühne des Städtischen Theaters wohl vor allem leichte Kost serviert, etwa – worüber sich ein so ernster Mann wie Freiherr Vincke höchst amüsiert zeigte – eine Komödie, in der der Schauspieler Albert Alois Wurm[33] eine Doppelrolle spielte. Wahrscheinlich handelte es sich um das Stück »Doppel-Papa«, das auch in der lokalen Zeitung positiv rezensiert wurde[34]. Stücke wie Kotzebues Lustspiele »Der Rehbock« und »Der Leinweber« oder die Komödie »Der Schauspieler wider Willen« beherrschten weitgehend die Szene[35].

Aber es wurden auch »seriöse« Stücke gegeben, so etwa, schon seit dem 15. September zum Repertoire zählend[36], Schillers »Wilhelm Tell« unter einem prominenten Regisseur[37]. Der »Tell«, letztmals wohl am 14. November auf der Bühne[38], wurde am 17. November von den »Räubern« abgelöst[39]. Die Aachener Bühne wurde zu einem wahren »Schiller-Theater«, denn den »Räubern« folgte unmittelbar der »Fiesco«[40]. Alles in allem waren die Theateraufführungen aber keine *highlights* des Aachener Kulturherbstes, weil es dem Theater schlicht an zu vielem mangelte: an Dekorationen, Ausstattungsgegenständen, der Bühnentechnik, von der viel zu kleinen Bühne ganz abgesehen.

Im weiteren Sinn dem »Theater« zugeordnet werden muss schließlich noch eine Lesung der Schriftstellerin, Schauspielerin und »Deklamatrice« Elise Bürger (1769–1833), der – inzwischen wieder geschiedenen – dritten Ehefrau des Dichters Gottfried Wilhelm Bürger. Sie trat Ende Oktober in der Redoute mit eigenen Werken und solchen

Dritter[41] und dann noch einmal am 6. November[42] auf. Die skandalumwitterte Schwäbin hat ganz sicher ihr Publikum gefunden; kein Zufall deswegen, dass sie in einem privaten Zirkel der Fürstin Thurn und Taxis noch einmal auftrat[43]. Sie war ein Star; kein Zufall deswegen auch, dass der Stecher sie auf dem oben erwähnten Stadtplan neben Angelica Catalani platzierte.

Die politischen Ergebnisse

Die zentrale Quelle für den Verlauf der Verhandlungen sind die von Friedrich Gentz geführten, in französischer Sprache gehaltenen Sitzungsprotokolle. Ihnen beigeschlossen sind Dokumente, die aus den Sitzungen hervorgegangen sind, und solche, die für die Meinungsbildung des Gremiums aus dem inneren Kreis der Teilnehmer angefertigt wurden; auch Informationen an die Mitglieder der Pariser Botschafterkonferenz wurden hier niedergelegt. Die knappen Ergebnisprotokolle, die im Allgemeinen nicht mehr als zwei Seiten umfassten[1], wurden nach Billigung durch die Anwesenden einige Tage später in der – gemäß der französischen Sprache – alphabetischen Reihenfolge[2] der Staaten unterschrieben.

Die Sitzungen fanden im Prinzip täglich statt, es gab aber auch – so beispielsweise vom 4. bis 7. Oktober – sitzungsfreie Tage, die sich in diesem Fall den Verhandlungen des Herzogs von Wellington mit britischen und niederländischen Bankhäusern schuldeten[3]. Gelegentlich, so am 9. Oktober[4] und dann gegen Ende des Kongresses, fanden abends weitere (protokollierte) Sitzungen statt; es gab außerdem informelle Treffen, etwa am 31. Oktober und am 1. November, die nicht protokolliert wurden. Über den Teilnehmerkreis wurde an anderer Stelle bereits gesprochen.

*

Es war wohl der sehr begrenzten Zahl der Teilnehmer zuzuschreiben, dass von den Konferenzen so gut wie nichts an die Öffentlichkeit drang. Das Volk, die professionellen Journalisten zumal, von denen etliche aus England angereist waren, hatten sich wohl erhofft, dass Interna schneller *à jour* gebracht oder gar schon, wie in Wien, parallel zu den laufenden Verhandlungen wichtige Dokumente im Druck erscheinen würden. Meyer beliebte es anzumerken: »Ein undurchdringlicher Schleier verbarg dem lüsternen Publikum die Resultate, welches [...] dem Ausgang der Staatsangelegenheiten mit langwieriger Sehnsucht entgegen sah«[5]. Die Vertraulichkeit der Beratungen ist in Aachen in einem ganz ungewöhnlichen Maß gewahrt worden.

Erst am 27. Oktober, also knapp vier Wochen nach Beginn der Verhandlungen, wurde das erste Dokument – die Konvention über die Räumung des französischen Territoriums[6] – der Öffentlichkeit bekannt gemacht; das »Schlussprotokoll« vom 15. November, das in fünfhundert Exemplaren auch gedruckt wurde[7], brachte die lokale Zeitung erst mit zehntägiger Verspätung ihren Lesern zur Kenntnis, dann allerdings in »offizieller« Übersetzung[8], die von Gentz überprüft worden war. Auch frühere Dokumente wurden erst nach dem 25. November – in diesen Fällen immer in deutscher Sprache – veröffentlicht[9].

Die von allen Delegationen getragene Selbstverpflichtung, mit dem Veröffentlichen von Dokumenten bis nach Kongressende zuzuwarten, ist weitestgehend beachtet worden. Bis zu diesem Termin hatte die *Stadt Aachener Zeitung* allenfalls einmal über Gerüchte berichtet, die – vornehmlich in Pariser Blättern – zum Abzug der alliierten Armee oder zur Schuldenregelung veröffentlicht worden waren. Die Vereinbarung über den Truppenabzug vom 9. Oktober hatte das Aachener Periodikum beispielsweise aus dem französischen *Monteur* übernommen und mit knapp dreiwöchi-

168

ger Verspätung nachgedruckt. In Frankreich hatte man das allergrößte Interesse daran, dass diese Nachricht rasch publik wurde, sodass die undichte Stelle in der französischen Delegation vermutet werden muss. Die Abschottung der Konferenz nach außen war für die französische Seite vor allem deswegen ein Problem, weil in Frankreich am 20. Oktober Wahlen stattfanden und die Regierung liebend gern vorher mit einer Erfolgsmeldung aufgewartet und ein positives Echo erwirkt hätte.

Aachen, das sollte verdeutlicht werden, war keine »öffentliche Veranstaltung« *à la Viennoise* mehr, mit Aachen brach sich das Moment der Vertraulichkeit und damit, wenn man denn so will, die Geheimdiplomatie wieder Bahn. Für die angereisten Journalisten blieb über Wochen hinweg nur, über Gerüchte zu berichten oder über das kulturelle und gesellschaftliche Rahmenprogramm des Kongresses. Auch Gentz, der eine regelmäßige Korrespondenz mit dem Redakteur des *Oesterreichischen Beobachters,* Pilat, unterhielt, ging über Atmosphärisches oder das Rahmenprogramm nie hinaus. Als ein Hamburger Blatt unautorisiert vorzeitig das Dokument vom 9. Oktober veröffentlichte, führte das zu einer sehr strengen internen Untersuchung, wo die »undichte« Stelle zu verorten sei[10].

Mit dieser strikten Vertraulichkeit, der sich die Teilnehmer – der »Medienprofi« Gentz eingeschlossen[11] – verpflichtet fühlten und unterwarfen, korrespondierte ein offenbar von vielen als sehr angenehm empfundenes Klima. Nach den ersten Sitzungstagen sprach Metternich davon, er habe noch nie einen angenehmeren (»plus joli«) kleinen Kongress erlebt als diesen, der sein Blut gar nicht in Wallung bringe.

Diese Einschätzung mag nicht nur der Vertraulichkeit und der sehr begrenzten Teilnehmerzahl geschuldet sein, sondern auch darin gründen, dass es nach der »konservativen Wandlung« des Zaren zu den ganz großen Auseinandersetzungen – wie denen über die Sachsen-Polen-Problematik in Wien – in Aachen nicht kommen sollte. Metternich schien es nach Abschluss der Beratungen angebracht, davon zu sprechen, dass die Ergebnisse den Ministern »honneur en Europe« machten, auch weil es einen »parfait accord« zwischen den Delegationen gegeben habe. Alles habe sich gewissermaßen von selbst ergeben[12]. Ob allerdings hier die Meinungsverschiedenheiten nicht doch allzu sehr bagatellisiert wurden? Ob Gentz' Tagebuch nicht doch zuverlässiger ist, in dem an mehr als einer Stelle »ernsthafte Unannehmlichkeiten« erwähnt sind[13]?

*

Wenn man sich die kontrovers anmutenden je bilateralen Vorberatungen der Repräsentanten der Vier über die Form und die Agenda des Kongresses vergegenwärtigt, melden sich in der Tat leichte Zweifel, ob Metternich und andere nicht ein Ereignis schöngeredet haben, bei dem es nicht immer harmonisch zuging. Schon bei der Tagesordnung tauchten Meinungsverschiedenheiten auf, zum Beispiel darüber, ob deutsche Territorialstreitigkeiten durch den Kongress und damit einen Oktroi der Großmächte abschließend entschieden werden sollten, ob und wie man die in London und Paris von den dortigen Botschafterkonferenzen verhandelten Angelegenheiten nach Aachen ziehen solle, ob man nicht doch die Gunst der Stunde nutzen und bei der Kodifizierung des Völkerrechts einen Schritt weiterkommen solle. Denn der Erwartungshorizont der »Öffentlichkeit« war ja hochgesteckt: Die Publizisten waren fast *unisono* für eine möglichst ausgedehnte Tagesordnung eingetreten, um all die vermeintlichen Defizite von »Wien« jetzt, auf diesem neuen Kongress, zu beheben.

Dass das Gesamtpaket der »französischen Frage« ganz

obenan auf der Agenda zu stehen hatte, war bei alledem unumstritten – sie war schließlich der unmittelbare Anlass für die Einberufung dieses Fürsten- und Regierungstreffens gewesen. Am prominentesten dabei und unmittelbar nach Beginn der Beratungen in einem Protokoll festgehalten war, dass das bourbonische Frankreich von der Besatzungsarmee komplett befreit werde. Dieses Thema hatte, auch in der Presse, schon seit Wochen die Runde gemacht, und es galt als ausgemacht, dass diese Entscheidung so und nicht anders fallen werde, zumal sie durch Andeutungen Wellingtons in Frankreich[14] und durch Indizien wie den Verkauf der Pferde der britischen Soldaten genährt worden war. Hier war unter den Vier Mächten Einmütigkeit angesagt, es ging allenfalls noch um den Zeitpunkt des Abzugs der Truppen und um die Art und Weise, wie man das nach außen kommunizieren würde.

Das heißt indes nicht, dass diese Entscheidung zwischen den »Siegermächten« *völlig* unstrittig gewesen wäre. Die unterschiedlichen Positionen wurden in den ersten Sitzungen in eingehenden Befragungen des Herzogs von Richelieu zur innenpolitischen Situation in Frankreich, insbesondere zu den politischen Spannungen zwischen dem König und seinem Bruder, aktenkundig. Von absoluter Einigkeit, dass Frankreich erfolgreich einen Reifeprozess hinter sich gebracht habe, es nun immun gegen neue revolutionäre Eskapaden sei und dass von diesem Gemeinwesen in Zukunft keine »Gefahr« für die europäische Staatenlandschaft mehr ausgehen werde, konnte keine Rede sein. Zwischen den Zeilen in den einschlägigen Protokollen lassen sich durchaus Reste von Skepsis ausmachen. Sogar die Möglichkeit einer Wiederaufnahme des Krieges schwang in den offiziellen Aachener Dokumenten noch mit. Aber es war ein Gebot der Stunde, die als ehrabträglich eingeschätzte und der eigenen Sicherheit und der Sicherheit Europas wegen verfügte Teilbesetzung Frankreichs nach drei Jahren zu beenden und die Verbände der Observationsarmee zurückzubeordern. Bezeichnend für die Stimmung in der Ministerrunde war, dass man sich auch nach der Grundsatzentscheidung »Beendigung der Teilbesatzung« anhaltend Gedanken darüber machte, welche Vorkehrungen für den Fall einer neuerlichen Militarisierung und Aggression Frankreichs zu treffen wären.

Formal vollzog sich die Entscheidung nach einer Anhörung Richelieus in der allerersten Sitzung der Minister am 30. September, in der er, bereits im Juli eingeladen, die Bitte seines Monarchen vortrug, die Teilbesetzung Frankreichs so bald als möglich – »le plustot possible« – zu beenden. Trotz aller weiter bestehenden Vorbehalte war das für die Minister letztlich kein Stolperstein mehr, zumal das Protokoll betonte, wie intensiv man sich schon im Vorfeld des Kongresses über diese Frage ausgetauscht habe. Freilich thematisierte man auch schon hier den inneren Zusammenhang von Begleichung der Schulden und militärischem Rückzug.

Die Aufhebung des Besatzungsstatuts in dem Protokoll vom 3. Oktober 1818[15] und damit die Bestätigung, dass Frankreich sämtlichen Artikeln der Konvention vom 20. November 1815 nachgekommen sei, datiert als förmliche Verfügung vom 9. Oktober 1818 – das erste von sechs zentralen Dokumenten des Kongresses. Es wurde dem französischen Bevollmächtigten Richelieu am 4. November offiziell überstellt. Dass diese Konvention, die in ihren sieben Artikeln den Termin der Räumung Frankreichs festlegte und sich mit den Festungen und dem Zusammenhang von militärischem Rückzug und Schuldenregelung befasste, nur wenige Tage nach Beratungsbeginn verabschiedet wurde, war als eine Art Vertrauensvorschuss zu verstehen. Die Entscheidung war durch eine kleine, von Wellington geleitete Kommission vorbereitet worden, die sich auf die Eindrücke

172

des Oberkommandierenden der Beobachtungsarmee und auf die Berichte der in Paris residierenden Botschafter der Vier stützte.

Mit der Umsetzung des Rückzugs der alliierten Truppen wurde Wellington betraut. Es war nicht nur eine logistische Herausforderung, sondern auch eine soziale – 120000 jetzt Arbeit suchende Soldaten, die in ihre erschöpften Heimatländer zurückströmten! – und ungewollt und indirekt auch ein Beitrag zur Wiederaussöhnung und Völkerverständigung: Einer Notiz in der *Stadt Aachener Zeitung* zufolge sind nicht weniger als 1500 Eheschließungen französischer Frauen mit britischen Soldaten zustande gekommen, und die Französinnen folgten ihren Männern jetzt in aller Regel auf die Insel[16]. Die Kehrseite eines – in französischen Augen – Ärgernisses.

Mehr Mühe bereitete das zweite Kardinalproblem. Die Regelung der französischen Restschulden war das andere große Thema, das die Minister zu beschäftigen hatte – in diesem Punkt war die Front deutlich weniger geschlossen. Schon die Übernahme der Kosten für Verpflegung und Kleidung der Soldaten der Beobachtungsarmee wurde kontrovers diskutiert. Für die wegen Transportunfähigkeit im Land bleibenden Soldaten wurde zwar eine Übergangslösung gefunden[17], aber für die Begleichung der Restschuld der ursprünglich siebenhundert Millionen Franken umfassenden Kontribution gestaltete sich eine Regelung um Längen schwieriger. Von daher erklären sich auch die erheblichen Fristen zwischen der Entscheidung vom 30. September/1. Oktober und ihrer förmlichen Veröffentlichung erst im November.

Für die französische Delegation war auch die Schuldenregelung ein *point d'honneur.* Die Bankiers und Finanzexperten, die die Minister mitgebracht beziehungsweise die sich in Aachen eingefunden hatten, sahen das freilich gänzlich anders. Zwar wurde schon früh eine Einigung im Prinzipiellen erreicht, die die Restschuld Frankreichs in Wechselbriefe auf zwei renommierte Bankhäuser aufsplittete – die eng miteinander verflochtenen Banken Baring in London und Hope in Amsterdam, die 165 Millionen Franken garantierten – und eine (schnell gezeichnete) französische Anleihe auf dem Kapitalmarkt über hundert Millionen.

Diese Reduktion konnte – ein Beispiel, dass in den Konferenzen, wenn es denn sein musste, auch das Mehrheitsprinzip bemüht wurde – nur gegen den hartnäckigen Widerstand Preußens beschlossen werden. Der erhebliche Schuldenschnitt und der Verzicht auf sofortige Barzahlung stießen bei Hardenberg auf massiven Gegenwind, umso mehr, als mit den zu erwartenden finanziellen Zuflüssen in Berlin bereits fest gerechnet worden war. Dass Richelieu die Zahlungsverpflichtungen noch weiter zu reduzieren suchte, war sein gutes Recht. Er bediente sich dabei unter anderem auch einer von den beteiligten Mächten beschickten Expertenkommission[18].

Nach Börsenspekulationen – hier spielten allem Anschein nach die Rothschilds eine Schlüsselrolle – und einem dadurch bedingten Kursverfall des Franken musste aber in der ersten Novemberdekade noch einmal nachverhandelt werden[19]. Am Ende wurde – ein weiteres erhebliches Entgegenkommen gegenüber Frankreich – der Termin für die Tilgung der Restschuld von September 1819 auf Juli 1820 verlängert[20]. Mit dieser Prolongation konnte die Pariser Regierung alles in allem recht gut leben. Die französische Restschuld von 265 Millionen Franken wurde als solche freilich nicht mehr zur Disposition gestellt[21]. Das sogenannte Zusatzprotokoll vom 19. November 1818 ist das zweite zentrale Dokument des Kongresses.

Der dritte zentrale Beratungspunkt war, wie Frankreich trotz des Abzugs der Beobachtungsarmee für den Fall der

174

Fälle weiter unter Kontrolle gehalten werden könne. Hier gab es verschiedene Denkmodelle, unter anderem das, die Nachbarn – also etwa die Niederlande oder den Deutschen Bund – zur Stellung von Kontingenten zu veranlassen, die erforderlichenfalls sofort eingreifen könnten. Es lag auf der Hand, dass das eines neuen Vertrags bedurft hätte, der wiederum in Frankreich neue Animositäten hervorrufen würde. Als »Ausweg« bot sich an, für den Eventualfall konkrete Verabredungen unter den Mitgliedern der Quadrupelallianz zu treffen, also unter Ausschluss einer weiteren Öffentlichkeit. Das Problem wurde dann tatsächlich innerhalb der Quadrupelallianz gelöst. Das bedeutete – ein Papier Capodistrias durchhieb diesen Gordischen Knoten – im Umkehrschluss, dass die Quadrupelallianz weder aufgelassen noch um Frankreich erweitert würde, wie Richelieu seit Anfang Oktober unter anderem in einem Gespräch mit dem Zaren gefordert hatte[22]. Das war ein Punkt, über den in Aachen intensiv und kontrovers diskutiert wurde, vor allem über den Alternativplan des Zaren, statt der Quadrupelallianz einen auf der Grundlage der Heiligen Allianz beruhenden Vertrag aller europäischen Monarchen abzuschließen, der auf eine Art kollektives Sicherheitssystem hinausgelaufen wäre[23].

Das sogenannte Militärprotokoll, auf das man sich am Ende verständigte, besagte, dass die Verbände der Vier Mächte – von jeder sechzigtausend Mann – im Fall einer als notwendig erachteten Intervention in Brüssel, Köln, Mainz und Stuttgart zusammengezogen werden und von dort nach Frankreich vorrücken sollten. Da man wenig Vertrauen in die Schlagkraft und vor allem in die Zuverlässigkeit der niederländischen Truppen hatte, sollten *in casu foederis* die belgischen Grenzfestungen von britischen Truppen besetzt werden. Es verstand sich von selbst, dass diese rein militärische, natürlich ohne Mitwirkung Richelieus verhandelte Vereinbarung Frankreich nicht förmlich bekannt gemacht, sondern in Form eines Geheimprotokolls niedergelegt wurde[24]. Eine Expertenkommission unter Wellingtons Leitung hatte es vorbereitet, der von preußischer Seite der Kriegsminister Boyen und General Müffling angehörten[25]. Das Militärprotokoll war das dritte zentrale Dokument von Aachen.

Ein Notenwechsel vom 4. beziehungsweise 12. November 1818 war die eigentliche Weichenstellung für die Zukunft. Mit der zweiten Note – dem vierten zentralen Dokument von Aachen – nahm Richelieu für seinen Monarchen die Einladung an[26], fortan an allen Beratungen über die Sicherheit und die Ruhe in Europa teilzunehmen, statt wie bisher nur fallweise und auf besondere Einladung; er unterschrieb seitdem auch die Protokolle mit und hat wenig später sogar erstmals die Funktion eines Berichterstatters über bestimmte Materien übernommen[27].

Die Formulierungen waren mit Bedacht so gewählt worden, dass Frankreich lediglich »eingeladen« wurde, sich fortan an den Konsultationen der Vier zu beteiligen; ein »Recht« auf Teilnahme wurde ihm also nicht eingeräumt. Das war seit Beginn der Aachener Verhandlungen – und auch schon in ihrem weiteren Vorfeld – der große Kontroverspunkt gewesen, weil man vor allem in Wien und in Berlin der dezidierten Meinung war, dass man vor dem Hintergrund der nach wie vor als instabil eingeschätzten Lage in Frankreich ein Mittel in der Hand behalten müsse, um gegebenenfalls wieder gegen einen revolutionären Umsturz dort vorgehen zu können. Und auch der Zar, der die förmliche Umwandlung der Quadrupel- in eine Quintupelallianz lange nachhaltig befürwortet hatte, war von diesem Gedanken mehr und mehr wieder abgerückt, je öfter ihm das überall glimmende Feuer der Revolution vor Augen geführt worden war.

176

Welchen Weg also würde man finden, um Frankreich zum einen zu entlasten und einzubinden, andererseits aber so weit auf Distanz zu halten, um im Eventualfall wieder militärisch eingreifen zu können? Eine militärische Intervention wäre schlechterdings nicht mehr möglich, wenn Frankreich Mitglied einer Quintupelallianz würde – ein abstruses Gebilde, das zur Kontrolle Frankreichs eingerichtet worden war und so unter der Hand zu einem politischen Instrument der vollen Gleichberechtigung des Bourbonenstaats mutieren würde. Am Ende standen die Vier Mächte, die britische Regierung ausdrücklich eingeschlossen, der förmlichen Aufnahme Frankreichs in die Quadrupelallianz einmütig entgegen.

In einem wohl von Gentz und Capodistria gemeinsam entworfenen Geheimvertrag vom 11. Oktober – tatsächlich hatte das Dokument eher den Charakter eines geheimen Protokolls –, der Richelieu nicht förmlich mitgeteilt wurde, erneuerten die Vier statt jeder Änderung ihren alten Vertrag vom November 1815, schlossen Frankreich ausdrücklich aus und behielten sich vor, im Fall revolutionärer Unruhen nach vorheriger Abstimmung der vier Kabinette wieder einzugreifen. Von dem diesen »Geheimvertrag« ergänzenden geheimen Militärprotokoll war oben schon die Rede. Das geheime Protokoll zur Verlängerung der Quadrupelallianz war das fünfte zentrale Dokument von Aachen.

Der zweite Schritt war allerdings, einen Staat, der ob seiner schieren Größe und Bedeutung nicht auf Dauer abseits gelassen werden konnte, in *irgendeiner* Form wieder in den Kreis der Großmächte zu integrieren. Hierfür erfand man in langen Sitzungen in Abwesenheit Richelieus Mitte Oktober das Konzept des »Konzerts der Mächte« – *concert pacifique* –, eines Verbunds, der fortan als Gremium den Anspruch erheben sollte, die Geschicke der europäischen Politik zu lenken. Die Idee eines Frankreich einschließen-

den »Konzerts« *neben* der weiterhin bestehenden Quadrupelallianz, schon im Sommer Metternichs allererste
Option[28], war nicht der endgültige Schlussstrich unter die
Ära der Revolution und Napoleons, umso weniger, als
damit Frankreichs Erwartungen nicht erfüllt wurden. Aber
auf der anderen Seite kamen, wie schon im Ersten Pariser
Frieden, die »Siegermächte« Frankreich deutlich entgegen
und vermieden es, dass die Emotionen dort weiter anwuch-
sen und das Land sich in eine Pariaposition abgedrängt
fühlte. An diese Politik war jetzt wieder anzuknüpfen.

Das seit dem 12. Oktober diskutierte Konstrukt eines
»Konzerts der Mächte« war eine Art diplomatisches Meis-
terwerk. Dass die rasche Reintegration Frankreichs in das
europäische Großmächtesystem auch dazu diente, die
Dynastie zu stärken, die als Garant der Stabilität in Frankreich eingestuft wurde, bleibt davon unberührt. Irgendwelche Maßnahmen mit Bezug zur Heiligen Allianz erübrigten
sich, weil Ludwig XVIII. schon wenige Wochen nach ihrem
Abschluss, am 19. November 1815, beigetreten war[29].

Das »Protokoll«, das diese Regelung in seine Form
brachte, war seit dem 6. Oktober gemeinsam von Wellington und Gentz ausgearbeitet worden, also ohne russische
Beteiligung. Die russischen Bevollmächtigten Nesselrode
und Capodistria, von denen lange befürchtet worden war,
sie würden dieses Prozedere zu unterlaufen suchen, erklärten sich schon nach kurzer Zeit damit einverstanden. Das
Protokoll war ein Kunstwerk. Formal bezog es sich auf den
»Konsultationsartikel« der Quadrupelallianz, die ausdrücklich erneuert wurde. Dieses Konstrukt, mit dem Frankreich
in die »neue Friedenskultur eingebunden und gewissermaßen sozialisiert wurde«[30], wurde in Gestalt einer »öffentlichen Erklärung« der politischen Welt zur Kenntnis gebracht
und damit faktisch Bestandteil des Völkerrechts.

Diese »Déclaration«[31] war das sechste zentrale Doku-

178

ment des Kongresses. Sie war – neben dem »Einladungs-schreiben« – jene Willensbekundung der Vier Monarchen, mit der sie ihre Bereitschaft zum Ausdruck brachten »d'associer la France à l'union des quatre puissances et au systeme générale de l'Europe«[32]. In diesem Dokument ist zum ersten Mal von der »union des *cinq* puissances« die Rede. Der Begriff »Konzert« sollte sich erst nach einer gewissen Zeit voll durchsetzen.

Die *Déclaration* war nach den langen Verhandlungen am 15. November 1815 approbiert worden[33]. Sie zielte, kaum zufällig, darauf ab, den anderen Staaten jeden Verdacht zu nehmen, hier werde ein neues politisches System begründet, und ihnen gleichzeitig zu versichern, das Ziel bleibe dem von 1815 gleich, nämlich »le maintien de la paix«, die Beachtung der »principes du droit des gens«, »l'indépendance de chaque gouvernement« und die Stabilität in Europa. Auch bei ihren zukünftigen Treffen, die sie ihrer eigenen Interessen wegen abhalten würden oder auf Bitten eines dritten Staates, die also fallweise und nicht periodisch stattfänden, werde es immer nur um ein Ziel gehen: um den »repos du monde«, um Ruhe.

Ihre Verantwortung gegenüber Gott und ihren Völkern schrieb den Monarchen geradezu zwingend die Wahrung von Recht, die Prosperität ihrer Länder und die Beförderung der Religion vor. Indem man keinen Zweifel daran ließ, als Gruppe eine Gesamtverantwortung für Europa zu haben und wahrzunehmen, suchte man zugleich jeden Argwohn auszuräumen, den Kontinent in irgendeiner Weise umzugestalten – das hätte dann auch zu sehr an den verhassten Bonaparte gemahnt. Um Russland wenigstens ein wenig entgegenzukommen, wurden am Ende des Dokuments Alexanders Lieblingsbegriffe eingeflochten: dass die Herrscher es als ihre Pflicht gegen Gott und ihre Völker ansähen, der Welt das Beispiel der Gerechtigkeit, der Eintracht und der Mäßigung zu vermitteln: »glücklich, dass es ihnen von nun an vergönnt ist, alle ihre Bemühungen auf Beförderung der Künste des Friedens, auf Erhöhung der inneren Wohlfahrt ihrer Staaten, und auf die Wiedererweckung jener religiösen und sittliche Gefühle zu richten, deren Herrschaft unter dem Unglück der Zeiten nur zu sehr erschüttert worden war«.

Schon dieser Einblick in die Phraseologie der *Déclaration* mag verdeutlichen, dass die Entstehung der Dokumente zu einem erheblichen Teil ein »Krieg um Worte und Begriffe« war und man Kompromisse machen musste, um einerseits der Sprache des Zaren Rechnung zu tragen und andererseits dem englischen Parlament keinen Anlass zum Einspruch zu geben. Die vielen Beschwörungs- und Beschwichtigungsformeln, auf die man zurückgriff, die offensichtlichen Anleihen bei Begrifflichkeiten der Heiligen Allianz lassen ahnen, dass dieses – letztlich wichtigste – Dokument von Aachen einen mühsamen Entstehungsprozess hatte.

Der »öffentlichen Erklärung« war in der Tat ein langes Tauziehen um ihre Textfassung vorausgegangen. Sie sollte und musste, wie schon gesagt, dem großen Rest der europäischen Staatenwelt, insbesondere jenen Staaten, die noch die Wiener Kongressakte mit signiert hatten, den Verdacht nehmen, dass mit dem neuen (fünfköpfigen) »Konzert« eine Instanz entstehen würde, die autoritativ über den Gang der europäischen Politik entscheiden würde. Deswegen musste zwingend eine Verbindung zur Heiligen Allianz hergestellt werden und zu ihren Postulaten Brüderlichkeit, christliche Verpflichtung der Unterzeichner, Legitimität und Respektierung der Souveränität aller Glieder des Staatensystems als Ausfluss der »Vorsehung«. Diesen »Kunstgriff«, also, wie es formuliert worden ist, die »Koexistenz der Quadrupelallianz und der allgemeinen Allianz« plausibel zu machen[34], galt es zu bewerkstelligen. Denn es gebe nur ein

180

Ziel aller Politik in Europa: unter strikter Wahrung des Völkerrechts Revolution und Anarchie im Staatenleben zu verhindern.

Das Ineinandergreifen der verschiedenen Bündniskreise allein schon sprachlich verständlich zu machen, war eine redaktionelle Herausforderung, aber sie war mehr als das. Man redete sich in Aachen in den ersten Sitzungen des Kongresses die Köpfe heiß, auch um die russischen Bevollmächtigten davon zu überzeugen, von einem sehr »luftigen« Memorandum, das sie als Grundlage der Beratungen verstanden wissen wollten, Abschied zu nehmen. Es gab Gegenmemoranden von britischer und österreichischer Seite, es gab verschiedene Textstufen der endgültigen Erklärung, die sich mit unterschiedlichen Gewichtungen bemühten, die Funktionalität, die Wirkmächtigkeit und die Interdependenz von Quadrupelallianz, dem (Frankreich einschließenden) »Konzert« und der die ganze europäische Staatenwelt umfassenden Heiligen Allianz zu verdeutlichen.

Und man legte die »Spielregeln« dieses neuen Konstrukts, dieser *union* fest. Die fünf »Konzert«-Mächte verständigten sich in der »Zweiten Note« und in der *Déclaration* darauf[35], künftig aus gegebenen Anlässen Treffen der Monarchen, Minister und Diplomaten einzuberufen, um über Angelegenheiten gesamteuropäischen Zuschnitts zu befinden: über den Frieden, über die Sicherheit, über die Gültigkeit der Verträge von 1815. Im Grunde lag das auf der Linie dessen, was in den zurückliegenden Jahren in Form der Botschafterkonferenzen schon praktiziert worden war und aktuell in Aachen vor sich ging.

Dass diese reklamierte Zuständigkeit des »Konzerts« für alle denkbaren europäischen Belange nicht selbstverständlich war und hinterfragt werden würde, kann kaum überraschen. Während Metternich zum entschiedenen Befürworter eines solchen Mandats wurde, waren die Briten in dieser

181

Hinsicht weit zurückhaltender. Es gab freilich keinen Automatismus: *Ob* eine politische Angelegenheit vor diese Instanz gezogen wurde, hing immer von der Zustimmung jedes Einzelnen ihrer Mitglieder ab. Mehr, etwa auch eine vor allem von russischer Seite betriebene Periodizität solcher Treffen, war in Aachen nicht durchzusetzen, vor allem nicht wegen starker Bedenken im Londoner Kabinett und in der britischen Öffentlichkeit, in der die Vorbehalte gegen ein zu starkes kontinentales Engagement nie zum Schweigen kamen. Vor allem der *President of the Board of Control* George Canning erwies sich in dieser Hinsicht als ein scharfer Kritiker von Castlereaghs Kurs. In seinen Statements schwangen im Übrigen auch unüberhörbar Vorbehalte mit, sich auf Dauer mit autokratischen Fürsten auf dem Kontinent einzulassen[36]. Es bedurfte des nachdrücklichen Einsatzes von Außenminister Castlereagh, um die nötige Rückendeckung für die Annahme der *Déclaration* in London und im Parlament zu finden.

Russland hatte inhaltlich mehr gewollt – es ist darauf zurückzukommen –, vor allem, den Kreis der Mitglieder dieses Areopags zu erweitern. Man dachte in St. Petersburg dabei außer an Spanien – das ist sicher! – wohl an einige »nordische« Staaten wie Schweden oder auch die Niederlande, die mit dem Haus Romanow ja dynastisch verbunden waren. Aber damit war gegen das Wiener Duo Metternich/Gentz kein Durchkommen. Am exklusiven Charakter des *steering committee* wollten die Wiener keine Abstriche machen. Und entgegen allen Befürchtungen im Vorfeld des Kongresses, die durch nebulöse Andeutungen Capodistrias weitere Nahrung erhalten hatten, setzte Russland dieses Thema auch nicht mehr auf die Tagesordnung.

Aber die angesprochenen Dissonanzen zwischen den russischen und den österreichischen Teilnehmern fanden ihre Fortsetzung in anderer Hinsicht. Über die Umsetzung der großen Vision des Zaren, die in der Heiligen Allianz ihren institutionellen Ausdruck gefunden hatte, konnte in Aachen keine Einigung erzielt werden. Alexander hatte ein mit dem Begriff der *alliance générale* umschriebenes kollektives Sicherheitssystem vorgeschwebt, dessen Herzstück die umfassende Garantie des territorialen Besitzstandes sämtlicher europäischer Staaten mit Ausnahme des Osmanischen Reiches gewesen wäre. Aber dieses Projekt erwies sich als nicht mehrheitsfähig. So blieb es aus der Einsicht heraus, ein so komplexes Thema nicht in wenigen Tagen – sogar schon nach Kongressende – bewältigen zu können, bei einer Vertagung, nicht ohne dass die russische Delegation den übrigen Kongressbevollmächtigten noch eine ausführliche Denkschrift als Reiselektüre mit auf den Weg gab. Der in der diplomatischen Korrespondenz immer wieder angesprochene Gedanke, ein solches Sicherheitssystem durch eine allgemeine Abrüstungskonferenz abzustützen[37], blieb deswegen ebenfalls Zukunftsmusik.

Es sollte noch zwei weitere Jahre, bis zum Folgekongress in Troppau, dauern, bis eine – freilich erheblich modifizierte, nun nur noch den gesellschaftspolitischen Status quo festschreibende – Sicherheitsgarantie zustande kam: in einem Protokoll, das für alle Liberalen und Demokraten zum roten Tuch schlechthin werden sollte. Weil in Großbritannien das Moment der »Sicherheit« nie derart bemüht wurde und nie eine solche Rolle spielte, tat sich hier der systemische Konflikt der Zukunft auf: Spätestens seit dem Freitod Castlereaghs war auf der Insel niemand mehr bereit, ein solches Maß an kontinentalem Engagement und die fast zur Periodizität übergehende Sequenz kontinentaler Sicherheitskonferenzen mitzutragen.

*

So stand am Ende der Aachener Verhandlungen sowohl weniger als auch mehr als das, was erwartet worden war: mehr, weil es durch die Novemberdokumente, abgeschlossen durch die Deklaration vom 15. November, gelungen war, rasch und geräuschlos das Besatzungsstatut für Frankreich zu Grabe zu tragen und den bisherigen *outlaw* weitgehend in das System einer Großmächteallianz zu integrieren, die für sich das Recht reklamierte, über alle Fragen von äußerer Sicherheit, über Friedenswahrung und strikte Einhaltung der Verträge von 1815 zu wachen; weniger, weil es nicht dazu kam, den Areopag der Großen zu erweitern und zu einem europäischen Sicherheitssystem weiterzuentwickeln, dessen Kern die Garantie der territorialen Integrität aller europäischer Staaten gewesen wäre, mit der Möglichkeit, einen Bruch zu sanktionieren. Diese Vision des Zaren, die auf seiner Anreise nach Aachen Ancillon in Berlin noch einmal befeuert hatte, wäre ein wirklicher Schritt in die Zukunft gewesen, war aber gegen Castlereaghs innenpolitisch motivierte Bedenken und den Widerstand und das Misstrauen Wiens nicht durchsetzbar.

*

Über diesem zwiespältigen Bild mit Licht- und Schattenseiten dürfen die Ergebnisse des Kongresses, die jenseits des Frankreich- und Reintegrationsproblems gewissermaßen nebenbei erzielt – oder wenigstens doch diskutiert – wurden, nicht aus den Augen verloren werden. In etwa der Hälfte der Aachener Sitzungsprotokolle tauchen Themen auf, über die ein oft kontroverser Meinungsaustausch gepflogen wurde, der freilich nur in den wenigsten Fällen zu förmlichen Beschlüssen führte. Gleichwohl war dies unter dem Gesichtspunkt des praktischen Völkerrechts von Gewicht, weil die Mächte des »Konzerts« im Sinn ihres Anspruchs, kollektiv für »Ruhe« und die Wahrung des Frie-

184

dens in Europa zuständig zu sein, sofort Aufgaben wahrnahmen, für die sie sich gerade erst in den Dokumenten vom 15. November ein Mandat verschafft hatten. In der Sitzung vom 10. November hatte man sich darauf verständigt, die »peripheren« Fragen in den allerletzten Tagen des Kongresses vor seiner Beendigung zu behandeln[38].

In Wien hatte sich eine eigene Kommission mit dem diplomatischen Zeremoniell beschäftigt, einem der politisch-völkerrechtlichen Kernprobleme, die in den zurückliegenden Jahrhunderten Friedenskongresse oft wochen- und monatelang zur Untätigkeit verurteilt und die ganz normalen diplomatischen Beziehungen eminent belastet hatten und mehr als einmal in Blutvergießen eingemündet waren. Welcher Diplomat hat aus welchen Gründen den Vortritt vor anderen, welche Abstufungen von Diplomaten soll es überhaupt geben, nach welchen Kriterien sollen sich Sitzordnungen gestalten, die Formen und Farben der Sessel, die Zahl der Kutschpferde, die Begrüßung durch den Gastgeber und vieles andere, was zum Diplomatenalltag gehörte?

Im Ancien Régime hatte sich eine eigene Disziplin entwickelt, die Zeremonialwissenschaft, und die Autoren der einschlägigen Werke waren gesuchte Experten und ihre Bücher, die sich meist mit der Auflistung von Präzedenzbeispielen zu begnügen hatten, ebenso geschätzte Nachschlagewerke. Dass hier eine gründliche Reform mit dem Ziel eines allseitigen Konsenses nottat, war vielen Staats- und Völkerrechtlern sowie »Praktikern« seit Langem bewusst. Der Versuch der französischen Revolutionäre, in den 1790er Jahren die bisherigen Usancen kurzerhand außer Kraft zu setzen, war freilich noch gescheitert.

In Wien, wo Rangkonflikte ausdrücklich ausgeschlossen worden waren, hatte man in der Tat Ergebnisse erzielt, die nach lediglich drei Sitzungen darauf hinausliefen, dass drei »Klassen« von Diplomaten eingerichtet (und in Anlage 17 der Kongressakte genau beschrieben) wurden: die Botschafter, die das Recht hatten, mit dem aufnehmenden Staatsoberhaupt direkt zu kommunizieren, die Gesandten und die Geschäftsträger *(Chargés d'affaires)*.

Die andere wichtige Neuregelung war, dass bei Unterschriftsleistungen unter multilaterale Verträge das Losverfahren die Reihenfolge bestimmte, nicht mehr irgendwelche Präzedenzansprüche – diese Regelung ist freilich rasch wieder hinfällig geworden und konnte sich nicht durchsetzen. Für die Reihenfolge der Unterschriften unter mehrseitige Verträge galt nun die französische Nomenklatur, also der französische Name des Entsendestaates – »Autriche« beispielsweise sollte fortan immer vor »Grande-Bretagne« oder »Russie« rangieren. Dieses Prinzip, das spiegelt, wie das Französische dem Lateinischen den Rang abgelaufen hatte, ist bis vor Kurzem universal anerkannt geblieben. Erst seit Gründung der Vereinten Nationen ist ein schleichender Prozess zu beobachten, dass die englische Nomenklatur die französische ablöst.

Die dritte fundamentale Neuerung war, dass sich der »Rang« der Diplomaten – ihre Stellung im jeweiligen örtlichen diplomatischen Korps – ganz formal nach dem Datum der Überreichung ihres Beglaubigungsschreibens bemaß, also, wie es formuliert worden ist[39], nach der Lokalisierung des Rangs am Ort der Tätigkeit. Nur der an dem betreffenden Hof akkreditierte päpstliche Nuntius als (ständiger) Doyen des diplomatischen Korps wurde von diesem rationalen Prinzip ausgenommen.

Aber es waren bei allem Fortschritt damals noch Reste einer Zweiklassengesellschaft geblieben: Über den »Ort« der Republiken in der im Prinzip monarchischen Staatenwelt war noch nicht befunden worden, das Recht, »Botschafter« zu senden, war vorläufig – wenigstens informell – weiterhin auf die »Großmächte« begrenzt worden usw. Es

186

hatte also weiterer Handlungsbedarf bestanden, der nun allerdings nur in einer Hinsicht befriedigt wurde. Den in Wien vereinbarten drei Rangstufen wurde in Aachen eine vierte – die der *ministres résidents* – hinzugefügt[40], was aber nichts an dem Gesamtbild änderte, den Diplomaten weitestgehend von der Person des entsendenden Fürsten »abzukoppeln«. Stillschweigend wurden alle sonstigen Wiener Beschlüsse bestätigt, auch schon allein dadurch, dass die Protokolle und die Dokumente nach dem französischen Namen des Entsendestaates signiert wurden – Metternich (»Autriche«) immer an der Spitze, Nesselrode und Capodistria (»Russie«) immer als Letzte.

Die Minister haben sich in Aachen nur in einer einzigen Sitzung kurz vor Kongressende – der 45. am 21. November 1818 – mit dieser Angelegenheit beschäftigt, und aus den Protokollen geht leider nicht hervor, welche Personen im Einzelnen – aus der Entourage der Minister oder die Pariser Botschafter der Vier – für die Beschlussvorlage verantwortlich waren. Letztlich haben die Minister zwar »nur« für die eigenen Diplomaten in den Staaten des »Konzerts« die neuen Regeln vereinbart, aber diese gar nicht in eine anspruchsvolle Form gebrachten Verabredungen wurden doch rasch Gemeingut des diplomatischen Alltags – denn niemand konnte sich mit Aussicht auf Erfolg gegen den Kodex der Großmächte stellen. Die Abrundung eines Meilensteins in der Geschichte der Diplomatie und im Prozess ihrer Rationalisierung verdankte sich also einem beiläufigen Beschluss von Ministern von fünf Mächten. Die Beschlüsse von Wien waren durch die Unterschriftsleistungen fast aller europäischen Staaten sanktioniert worden, die ergänzende Regelung von Aachen verabredeten die Großen Fünf lediglich untereinander und für sich und zudem formlos.

Zwar schöpfte die Regelung von 1818 das Problemfeld bei Weitem nicht aus – die Präzisierung der Funktionen des

Doyens etwa wurde der Zukunft überlassen, und es kam ja auch nicht zu einer *vertraglichen* Sanktionierung der zeremoniellen Egalität und Parität der Staaten. Aber es ist trotzdem keine Frage, dass das Bündel der Regelungen von Wien in Verbindung mit der Aachener Ergänzung und der dort (schon wie selbstverständlich) praktizierten Handhabung der französischen Nomenklatur als eine »Revolution« eingeschätzt werden müssen und die Vormoderne ein für alle Mal überwanden. Zusammen mit der während des Aachener Kongresses in Mainz verhandelten Rhein-Schifffahrts-Konvention über die Freiheit des Flussverkehrs waren das zwei wichtige Schritte auf dem Weg zu einer Neukonturierung des Völkerrechts.

Andere ins Völkerrecht einschlagende Themen wurden angeschnitten, mündeten aber nicht in konkrete politische Schritte. So brachte der Herzog von Wellington in einer der letzten Sitzungen die Beziehungen Spaniens zu seinen (lateinamerikanischen) Kolonien in die Diskussion ein, ein Thema, dessentwegen Metternich gar glaubte, eine Reise nach Brüssel um zwei Tage verschieben zu müssen. Kolonialfragen hatten, wie oben erwähnt, die Pariser und die Londoner Botschafterkonferenzen fast in Permanenz beschäftigt. Wellingtons Vorstoß in dieser Angelegenheit war indes nicht der erste Stein, der ins Wasser geworfen wurde.

In der letzten Oktoberdekade hatte der Madrider Hof förmlich eine Vermittlung der Fünf Mächte erbeten, nachdem entsprechende Schritte in London bis dahin nicht zielführend gewesen waren[41]. Die Minister in Aachen haben freilich das spanische Ersuchen auf die fernere Zukunft verwiesen[42], eingedenk der Sprunghaftigkeit der spanischen Außenpolitik vielleicht mit gutem Grund. Auch Wellingtons Vorstoß führte letztlich nur zu einem Meinungsaustausch, der phasenweise wegen eines englischen Vorschlags, den noch loyalen lateinamerikanischen Kolonien weitgehende politische und wirtschaftliche Zugeständnisse zu machen, sehr aufgeregt verlief und, kaum zufällig, nicht in irgendein Protokoll einmündete. Aber auch die russische Gegenposition, gemeinsam die fortschreitende Auflösung des spanischen Kolonialreichs in Amerika zu verhindern, blieb weit davon entfernt, mehrheitsfähig zu werden. An solchen Differenzen ließ sich ablesen, dass die britisch-russische Partnerschaft im Rahmen der Quadrupelallianz und des »Konzerts« nicht mit ehernen Lettern geschrieben worden war.

Zu der Sitzung in Aachen, die sich mit dem Thema beschäftigte, wurde weder ein vor Ort anwesender spanischer Diplomat noch ein ebenfalls anwesender Vertreter der südamerikanischen »Aufständischen« – der Sohn des kolumbianischen Präsidenten[43] – eingeladen[44]; à fond wollte man in der Kürze der zur Verfügung stehenden Zeit das komplexe Thema dann offenbar doch nicht diskutieren. Das sorgte in Madrid übrigens für erhebliche Verstimmung, die sich vorab schon daran entzündet hatte, dass man dem spanischen König bedeutet hatte, dass man in Aachen nicht mit seinem Erscheinen rechne. Die Kolonialfrage wurde also in Abwesenheit des unmittelbar Beteiligten verhandelt, was bereits vor Kongressbeginn zu einem vorsorglichen Protest des (inzwischen nicht mehr im Amt befindlichen) Außenministers Pizarro geführt hatte, der zugleich verlautbarte, allfällige Beschlüsse nicht zur Kenntnis nehmen zu wollen, geschweige denn zu respektieren.

Die Unübersichtlichkeit der Lage in Madrid war es schließlich in der Hauptsache, die Wellingtons Vorstoß ins Leere laufen ließ. In der Regierung lieferten sich russland- und englandorientierte Gruppierungen heftige Grabenkämpfe und ließen keine Prognosen mehr zu. Dass Großbritannien trotz dieser Rahmenbedingungen das Thema relativ überraschend auf die Tagesordnung setzen ließ, gründete darin, dass es um seinen freien Handel mit den aufständischen Kolonien fürchtete. Aber letztlich insistierte Wellington nicht, die lateinamerikanischen Probleme zum »großen Thema« des Kongresses zu machen, umso weniger, als sich seit geraumer Zeit abzeichnete, dass London zu einer Art Drehkreuz der Verhandlungen zwischen den neuen Machthabern in Amerika und der spanischen Regierung zu werden schien[45].

Das Scheitern des ersten Versuchs des »Konzerts«, einer dritten Macht seinen politischen Willen aufzuzwingen, hatte übrigens noch ein Nachspiel – oder korrekter sogar: zwei. Das eine führte sich auf den bei Kongressende verabredeten Plan zurück, den »Mann Europas«, den Herzog von Wellington, zu einer Vermittlungsaktion nach Madrid zu senden – der Plan scheiterte schon allein an Wellingtons eigener Skepsis. Das zweite war ein in einer russisch-französischen Denkschrift erstmals fassbarer Vorschlag, vonseiten des »Konzerts« an die Vereinigten Staaten heranzutreten und sie um Mitwirkung an der Vermittlungsaktion zu bitten. Aber der in London weilende amerikanische Staatssekretär Adams ließ umgehend verlauten, dass an eine Einbindung der USA in eine Vermittlung der Fünf Mächte nicht zu denken sei. Die Reaktion war wohl auch deshalb so kategorisch, weil Adams mühelos die Absicht der Europäer erkannte, Washington so von der raschen Anerkennung von Buenos Aires abzuhalten. Zar Alexander gab sich freilich mit dieser Absage nicht zufrieden, sondern fertigte noch von Aachen aus einen Diplomaten nach Washington ab, der dort die Einladung aussprach, die USA als »christlicher und brüderlich verbundener Staat« möge sich der Heiligen Allianz anschließen. Die Washingtoner Administration schob staatsrechtliche Gründe vor, um die Diskussion darüber rasch zu beenden.

Ein anderes Thema, das – von Oelsner angesprochen und

von der Öffentlichkeit auch erwartet[46] – den Kongress in seiner Endphase kurzzeitig beschäftigte, war die Bekämpfung der Barbareskenpiraterie im Mittelmeer. Selbst in die Aachener Lokalzeitung »verirrten« sich Meldungen von Übergriffen der Seeräuber auf Handelsschiffe[47]. Der verstärkte Zugriff maghrebinischer Korsaren auf die Handelsschifffahrt im Mittelmeer und die Praxis der Versklavung einer großen Zahl christlicher Seeleute und Reisender hatte, initiiert von einer *pressure group* des englischen Admirals Sir Sidney Smith, schon den Wiener Kongress am Rande beschäftigt. Zwar war es dort zu keinerlei Beschlüssen gekommen, dass aber Handlungsbedarf bestand, war offensichtlich.

Die Bemühungen, irgendeine tragfähige Lösung des Problems zu finden, waren nach Wien[48] keineswegs abgerissen. Schließlich hatte sich auch die Londoner Botschaftergruppe seit 1817 sehr intensiv des Themas angenommen. Beispielsweise hatte Zar Alexander lange vor Kongressbeginn die Aufstellung einer internationalen Flotte – natürlich unter Einschluss russischer Schiffe! – in Vorschlag gebracht, die ihren Stützpunkt auf Menorca oder gar direkt an der nordafrikanischen Küste haben sollte[49]. Daneben gab es die im englischen *Courier* unterbreitete Empfehlung, dass die europäischen Seemächte eine gemeinsame Flotte unter einer eigenen Flagge ausrüsten sollten, die permanent vor den Häfen von Algier, Tunis und Tripolis kreuzen und Piratenschiffe aufbringen würde[50]. Vorschläge mehr oder weniger realistischer Art lagen zuhauf auf dem Tisch, auch vor Ort, in Aachen, so etwa ein Diskussionspapier des russischen Außenministers Capodistria, der, am östlichen Mittelmeer und in den Grenzen des Osmanischen Reiches aufgewachsen, wusste, wovon er sprach, wenn er im Anschluss an ein Memorandum Castlereaghs für die Aufstellung einer »Seepolizei« zum Schutz des Handelsverkehrs plädierte.

Aber der Druck, den Kongress um den 15. November zu beenden, verhinderte konkrete (militärische oder politische) Maßnahmen, des Problems Herr zu werden, und so verpuffte auch diese Initiative ohne Wirkung. Man überlegte stattdessen, die Lösung des Problems den auf der Insel Kussa wieder zu installierenden Malteserrittern zuzuschieben und bei der Pforte vorstellig zu werden, ihren Einfluss in den selbstbewussten Barbareskenstaaten geltend zu machen. Formal wurde die weitere Diskussion der Angelegenheit an die Londoner Botschafterkonferenz zurücküberwiesen[51], die sich auch mit einer Denkschrift des österreichischen Kabinetts beschäftigen sollte, in der die Kosten eines gemeinsamen Seeunternehmens beziffert worden waren[52]. Außerdem wurden die Regierungen in London und Paris aufgefordert, bei den Barbareskenstaaten mit der unmissverständlichen Forderung vorstellig zu werden, die Piraterie-Aktivitäten sofort einzustellen, andernfalls ganz Europa gegen sie vorgehen werde[53] – eine Drohgebärde, die mutmaßlich nur wenig Eindruck machte. Übrigens beschäftigte sich der Kongress wenigstens am Rande auch noch mit einem anderen Schwerpunkt der internationalen Piraterie: der im karibischen Raum[54].

Auch in der Frage des Sklavenhandels, für dessen Beendigung in Wien den betroffenen Staaten großzügige Übergangsfristen konzediert worden waren, kam man nicht weiter, ganz zu schweigen von dem von interessierten Kräften immer wieder einmal ventilierten Versuch, nicht nur den Sklavenhandel, sondern die Sklaverei generell zu verbieten und ins völkerrechtliche Abseits zu stellen. Das Thema war seit dem wahren »Trommelfeuer« von Memoranden und Druckschriften, dem die britischen Abolitionisten die Wiener Protagonisten ausgesetzt hatten, nicht mehr von der Tagesordnung des öffentlichen Diskurses verschwunden.

Die britischen und sonstigen Interessenvertreter waren überzeugt, in Alexander I. einen Sympathisanten gefunden zu haben, und beklagten das relative Desinteresse an dem Thema in Preußen, Österreich und Frankreich. Das Agitieren eines inoffiziellen Mitglieds der britischen Delegation, des bewährten »Abolitionisten« Thomas Clarkson, das – wie bereits 1815 in Wien[55] – ein langes Vieraugengespräch mit dem Zaren einschloss, reichte jedoch nicht aus, um das Thema ganz nach vorn auf die Tagesordnung zu bringen. Castlereagh führte die Materie zwar bereits am 19. Oktober in die Diskussion ein und erstattete dabei Bericht, dass sich Spanien mit einem Termin für die Beendigung dieses von allen *nations civilisées* verabscheuten Geschäfts einverstanden erklärt habe, nicht aber Portugal, und dass dringend weitere Maßnahmen vonnöten seien, um diesen Menschenhandel zu unterbinden[56].

Eine übergroße Begeisterung, das Problem neu anzupacken, hat dieser Schritt nicht hervorgerufen. Man nahm das britische Papier, das den Vorschlag beinhaltete, bei der portugiesischen Regierung in Rio de Janeiro wegen eines verbindlichen Termins vorstellig zu werden, lediglich »ad referendum«. Castlereagh ließ indes nicht locker und kam mehrmals auf das Thema zurück[57], so Anfang November mit dem konkreten Vorschlag, Portugal ultimativ eine Frist bis spätestens 1823 zu setzen, wenn nicht schon wie Spanien bis 1820[58]. Der Vorschlag, britischen Schiffen ein Mandat zu erteilen, verdächtige Schiffe, von denen angenommen werden konnte, dass sie Sklaven beförderten, zu kontrollieren[59], fand aus verständlichen Gründen nirgendwo große Gegenliebe. Ein Memorandum Capodistrias, das ein »Afrikanisches Institut« mit einem angeschlossenen Gerichtshof und einer internationalen Flotte zur Überwachung der afrikanischen Westküste vorsah[60], verpuffte ebenfalls ohne Wirkung. Wie auch bei anderen Materien, wollte man den

Kongress durch vermutlich kontroverse Diskussionen sich nicht in die Länge ziehen lassen, sondern verwies in einer der letzten Sitzungen auch diese Angelegenheit zurück an die Londoner Botschafterkonferenz[61].

Wellington hatte denn auch allen Grund, sich ungewöhnlich heftig zu beklagen, dass man weder in der Frage des Sklavenhandels noch der der Abschaffung der Sklaverei auf dieser Konferenz irgendeinen Schritt weitergekommen sei[62]. Letztlich hatten die Briten, trotz der vollmundigen Versprechungen des Zaren, ziemlich allein auf weiter Flur gestanden, viel zu isoliert, um auf dem Gipfeltreffen konkrete Maßnahmen zu bewirken. Kein Zufall war es deswegen auch, dass auf den drei nächsten Kongressen bis 1822 das Thema auf den Tagesordnungen nicht mehr auftauchte[63]. Die Schreiben der Monarchen an den in Rio residierenden portugiesischen (und brasilianischen) König Johann VI., den Import von Sklaven nach Brasilien zu unterbinden, hatten eher eine deklamatorische Funktion.

Dass sich Castlereagh in dieser Frage – wie auch schon in Wien 1815 – ungemein engagierte, entsprang sicher nicht nur dem Kalkül, vor dem englischen Parlament mit einer wirklichen Erfolgsmeldung aufzuwarten, sondern seinem tiefen humanitären Ethos. Die englische Abolitionsbewegung hat ihn ganz ohne Frage direkt und nachhaltig angesprochen. Deshalb können Formeln wie »un crime contre le droit des gens« oder »un devoir universelle« sicher nicht als bloße politische Phraseologie abgetan werden.

In die Sphäre der internationalen Politik schlug des Weiteren eine Vereinbarung der Minister zur schwedischen Schuldenfrage ein; auch sie hatte seit Längerem im Raum gestanden[64]. Im Kieler Vertrag vom Januar 1814 war der Übergang Norwegens aus dänischer in schwedische Souveränität vereinbart worden – freilich gegen erhebliche Abstandszahlungen. Der Besitzwechsel war zwar problemlos vollzogen worden: Der schwedische König Karl XIV. Johann (der ehemalige Marschall Bonapartes) hatte sich Anfang September 1818 in Trondheim zum norwegischen König krönen lassen[65], aber er war seinen Zahlungsverpflichtungen noch nicht nachgekommen.

Die Angelegenheit hatte die Londoner Botschafterkonferenz der Vier schon wiederholt beschäftigt, nun wurde in Aachen zwischen den Mächten eine »vertrauliche« und zugleich an Deutlichkeit nichts zu wünschen übrig lassende Protestnote ausgehandelt[66], die in Stockholm überreicht wurde und tatsächlich den beabsichtigten Zweck erfüllte.

*

Der Eindruck, dass in den Fragen der »großen Politik« das Vertagen, die Rücküberweisung an ein anderes Gremium und eine – nicht generell auf gravierende Meinungsunterschiede zurückzuführende – Entschlusslosigkeit dominierten, wird durch die erfolgreiche Intervention in der norwegischen Schuldensache nicht grundsätzlich entkräftet. Und er setzt sich auch in den »deutschen« Angelegenheiten fort.

Immerhin wurde in einer Protokollnotiz in Sachen Judenemanzipation wenigstens eine kleine Wegmarke erreicht. Die Gleichstellung der Juden war in der Deutschen Bundesakte durch einen verbalen »Trick« faktisch hinfällig gemacht worden, aber es gab in Europa einflussreiche Kräfte, die diesen redaktionellen Fauxpas von Wien zu korrigieren suchten. Zu ihnen zählte der Gründer der *London Society for Promoting Christianity amongst the Jews*, Louis Way, der 1817 und 1818 in Preußen und Russland nachdrücklich für die Sache der Juden geworben und vor allem bei Alexander viel Resonanz gefunden hatte.

Auf ausdrückliche Einladung des Zaren war Way nach Aachen angereist und hatte ihm ein Memorandum überreicht, das sich für die volle zivilrechtliche Gleichstellung der Juden starkmachte. Mit Unterstützung Metternichs und Gentz' fand dieses private Memorandum Eingang in die Konferenzberatungen und in eine Protokollnotiz, die die in Wien zugunsten der Juden getroffenen Vereinbarungen den Bundesstaaten und den Mächten ans Herz legte[67]. Das war zwar etwas, aber blieb letztlich doch unverbindlich und hat der Emanzipation der Juden nicht zum allgemeinen Durchbruch verholfen.

Mit ganz wenigen Ausnahmen gar nicht auf die Tagesordnung gesetzt wurden die noch schwebenden deutschen Territorialangelegenheiten, die bereits die beiden Jahre vor Aachen geprägt hatten. Die Minister verwiesen Interventionswünsche betroffener Fürsten – so von Oldenburg, Hessen-Homburg und Sachsen-Coburg, die anstelle weit entlegener linksrheinischer Entschädigungslande näher gelegene einforderten, oder bezüglich eines Streits um den von den Oldenburger Grafen beziehungsweise Großherzögen bis 1820 erhobenen Elsflether Weserzoll[68] – in aller Regel zurück an die Frankfurter Gremien[69]. Für die in Aachen versammelten Mächte waren das erledigte Sachen[70], sie stellten den Petenten lediglich (mit erkennbarem Unwillen) anheim, sich an einzelne deutsche Staaten zu wenden und alternative Regelungen herbeizuführen.

Allerdings machte man eine Ausnahme. Sie betraf einen Konflikt zwischen Baden und Bayern um die von den Wittelsbachern bestrittene Eventualnachfolge der Grafen von Hochberg[71] im Großherzogtum – angesichts des erwarteten baldigen Ablebens des Großherzogs eine brennende Entscheidung – und darüber hinaus Entschädigungsfragen, insbesondere eine Schadloshaltung für den vom Großherzogtum wieder abgetretenen Main-Tauber-Kreis. Bei allem Beteuern, sich nicht einmischen zu wollen, beschäftigte die Angelegenheit alle »östlichen« Minister, namentlich auch

196

die Diplomatie des russischen Kaiserreichs seiner familiären Nähe zu Karlsruhe wegen (und zog manche russischen Denkschriften nach sich).

Der Konflikt, der zwischen den beiden Nachbarn für erhebliche Spannungen sorgte[72], wurde dementsprechend am Ende auch im badischen Sinn entschieden, das gegen den Verzicht auf Wertheim um die Reichsgrafschaft Geroldseck arrondiert wurde und die Sukzession der Grafen von Hochberg bestätigt erhielt. Immerhin hatten sich die Kongressbeteiligten einverstanden erklärt, einen badischen Diplomaten, den Minister Berstett, zu empfangen, der ein Memorandum überreichen durfte, das helfen sollte, der abschließenden Regelung in Frankfurt Nachdruck zu verleihen[73].

Aber das war, wie gesagt, eine Ausnahme; die Regelung aller schwebenden Streitfragen hätte den Kongress auf unabsehbare Zeit verlängert, sodass es wohl eine richtige Entscheidung war, diese *querelles allemandes* nicht zum Thema des Kongresses zu machen. Die zahlreichen Repräsentanten deutscher Staaten, die im Sommer 1818 bei Capodistria in Karlsbad vorstellig geworden waren, bekamen denn auch nur Vertröstungen zu hören. Es gab im Frankfurter Bundestag, an dem alle Mächte – seit 1815 bereits in Gestalt des Grafen Karl Friedrich Reinhard auch wieder Frankreich – vertreten waren, schließlich ein Gremium, das »näher« an den Problemen stand: die Territorialkommission des Bundestags. In einem Fall, an dem Russland aus dynastischen Gründen erneut interessiert war, nämlich einem Streit zwischen dem Herzog von Oldenburg und dem Grafen Bentinck um die Herrschaft Kniphausen, wurden die Höfe von Berlin und St. Petersburg unter Missachtung der Faustregel – Verweisung nach Frankfurt – immerhin zu einer gemeinsamen Vermittlung aufgefordert[74].

Aber die Zurückhaltung des Aachener Kongresses in

197

Bezug auf die deutschen Sujets war unübersehbar. Sie mündete faktisch in die Verweisung der Bundesangelegenheiten an die Aufsicht der in Frankfurt residierenden preußischen und österreichischen Diplomaten ein, während die Bevollmächtigten der anderen Großmächte sich nur in Existenzfragen berührenden Krisensituationen einschalten sollten[75].

Noch in einer weiteren Frage, die direkt mit der Bundesakte von 1815 zu tun hatte, wurde der Kongress aktiv, auch diesmal – wenn man so will – mit begrenztem Erfolg. Es ging – Metternich war daran ganz persönlich interessiert – um die Rechtsstellung der sogenannten Mediatisierten, der »Standesherren«, die, wie anderes, in Wien nicht abschließend geregelt worden war. In Artikel 14 der Kongressakte waren die davon tangierten deutschen Staaten aufgefordert worden, einen einheitlichen Rechtszustand für den betroffenen, ehedem »souveränen« Adel herzustellen. Da die Mächte eine Art völkerrechtliche Garantie der Bundesakte beanspruchten, hatten sie einen Titel, um dieses Problem erneut aufzurollen. Auf der Grundlage einer wohl von Friedrich Gentz formulierten Beschlussvorlage wurden die Regierungen Württembergs, Badens, Hessen-Darmstadts und Hessen-Kassels, die die den Standesherren zugesprochenen Rechte vermeintlich nicht garantierten, aufgefordert, eine gemeinsame Lösung herbeizuführen, die sich mutmaßlich an einer bayerischen Verordnung orientieren würde. Das war kein Oktroi, spiegelt aber wenigstens das momentane Interesse der Mächte, die Regelungslücken baldmöglichst zu schließen.

In der Frage des Status der Standesherren wurde die Ministerialkonferenz – jetzt wieder im Viererverbund agierend – noch einen Deut bestimmter. Aufgrund eines Vorstoßes der Fürsten von Löwenstein-Wertheim und Bentheim-Steinfurt – auch die in Aachen anwesende Fürstin von Thurn und Taxis wird hinter den Kulissen ihre Beziehungen haben spielen lassen – wurde dem Frankfurter Bundestag eindringlich ans Herz gelegt, einer Empfehlung in der Wiener Kongressakte zu entsprechen, den Standesherren in Würdigung ihrer »anciens lustres de leurs naissances« eine Kollektiv- oder Kuriatstimme zuzusprechen. Österreich und Preußen erklärten sich bereit, diesem Prozess ihre Aufmerksamkeit zu schenken[76]. Aber auch diese Einschaltung der Vier bestätigt nur den Generalbefund, dass die Mächte in aller Regel die deutschen Angelegenheiten an den Frankfurter Bundestag verwiesen und von eigenen Entscheidungen absahen.

Was für die Mediatisierten gilt – eine Altlast des Wiener Kongresses –, gilt letztlich auch für die Zukunft des Herzogtums Bouillon: Trotz – oder gerade wegen! – einer Regelung in Artikel 69 der Wiener Kongressakte, die ein Schiedsverfahren vorgesehen hatte, war das Besitzrecht umstritten geblieben, und zwar zwischen dem Herzog von Bourbon und dem Grafen Charles de Rohan. Die Aachener Ministerrunde hat das Thema am 29. Oktober auf die Tagesordnung gesetzt[77], sah sich aber zunächst außerstande, vor Eintreffen weiterer Informationen einen Beschluss zu fassen. Nachdem ihr Kenntnisstand sich verbessert und sie realisiert hatte, dass in diese Frage auch noch die der Souveränität des Königs der Niederlande hineinspielte, sah sie von einer Entscheidung ab und verwies sie an eine paritätisch zusammengesetzte Schiedskommission[78]. Über den Stand von 1815 gelangte man demnach nicht hinaus.

*

Schließlich – auch das kein Wunder angesichts der Bedeutung, die das Thema in der Öffentlichkeit genoss – kamen die Minister in mehreren Sitzungen, am 13. Oktober und am 13. und 21. November, auf Napoleons Verbannung nach St. Helena und die Bedingungen seiner »Haft« zu sprechen.

199

Bonaparte war, obwohl das Eiland weit von den europäischen Schauplätzen entfernt lag, durchaus Ziel von Besuchen und natürlich von Briefen, und von den immer wieder auftauchenden Gerüchten, ihn auf irgendeine Art freizupressen oder zu entführen, war oben schon die Rede. Von Hafterleichterungen war in Aachen aber keine Rede; die Minister billigten im Gegenteil vollumfänglich die Vorgehensweise des britischen »Aufsehers«, des Gouverneurs Sir Hudson Lowe, was die Kontrolle der Korrespondenz des Ex-Kaisers und die Überwachung seiner Besucher betraf.

Wie alle Kongresse dieser Art wurde auch der Aachener als Forum gesucht, um mehr oder weniger ausgereifte Projekte voranzubringen. So wurden etwa, lange vorher angekündigt[79], die Untertanen des Fürstentums Monaco mit Beschwerden gegen ihren Fürsten vorstellig, und auch der Flaggengruß auf See beschäftigte die Diplomaten. Am spektakulärsten unter diesen kleinen Agenden war ein in der Sitzung am 11. Oktober behandelter Vorstoß des Kurfürsten von Hessen-Kassel, ihm die Königswürde zuzusprechen. Das Thema war bei einem Treffen des Kurfürsten mit Kaiser Franz bei dessen Anreise nach Aachen schon einmal zur Sprache gekommen[80]. Ein entsprechendes Schreiben an die drei Monarchen wurde allerdings mit der größtmöglichen Kälte beschieden[81], verbunden mit der Ankündigung, dass keine der Mächte eine solche Rangerhöhung völkerrechtlich anerkennen würde. Die Sache verlief im Sand; zu einem Königreich Hessen-Kassel sollte es niemals kommen.

*

Diese Beratungen über nachgeordnete Fragen stehen, auch wenn sie in den meisten Fällen dilatorisch behandelt wurden, für die Bereitschaft der Diplomaten, für Europa Verantwortung zu übernehmen und Lösungen zu suchen. Dass das in allen Fällen ohne wirkliche Konsultationen mit den

Betroffenen über deren Köpfe hinweg geschah, wurde ganz bewusst in Kauf genommen, um zu demonstrieren, dass sich die Fünf als eine Verantwortungsgemeinschaft verstanden, die sich im Übrigen niemals mehr in der Folge in ähnlicher Harmonie auswirkte wie in Aachen. Aachen hatte ein Modell geliefert, dessen Nachahmung sich schwerer und schwerer gestalten sollte.

Die ganze Palette von Entscheidungen – beziehungsweise eher von Meinungsbildungen, Verweisungen an andere Gremien und Vertagungen! – war bei Kongressbeginn, um es zu wiederholen, nicht abzuschätzen und vorherzusehen gewesen, denn an sich wollte man sich nur mit der Gegenwart und der Zukunft Frankreichs beschäftigen. Aber ähnlich wie in Wien zögerten interessierte Kreise nicht, mit ihren speziellen Anliegen an die Minister und Monarchen, an fünf an einem Ort versammelte Kabinette heranzutreten. Entscheidender als das ist aber, dass die Protagonisten in Aachen diese Bälle aufnahmen und mehr und mehr in die Rolle eines Direktoriums für alle europäischen Angelegenheiten hineinzuwachsen begannen. Das war nicht geplant gewesen, aber die Fünf sträubten sich auch nicht, eine Art Oberaufsicht über die gesamte europäische Politik zu übernehmen.

Das gefiel nicht jedem, vor allem nicht den sich nach wie vor als »groß« empfindenden Nationalstaaten und den größeren deutschen Bundesstaaten, aber Politik hat ihre eigene Dynamik. Und es versteht sich von selbst, dass unmittelbar nach Kongressende die ersten Schriften erschienen – so *L'État de l'Europe après le congrès d'Aix-la-Chapelle* von Pradt[82], die Gentz seit dem Dezember intensiv beschäftigte –, die das Gesamtpaket der Aachener Beschlüsse kritisch hinterfragten.

*

Es blieb Friedrich Gentz, dem »Sekretär« des Wiener und Protokollführer des Aachener Kongresses und *dem* PR-Mann schlechthin, vorbehalten, eine Art Gesamtwürdigung der Aachener »entrevue« vorzunehmen. Das geschah in einem seiner Berichte an den *Hospodar* (Fürsten) der Walachei, der mit Wissen Metternichs seit Jahren mit Informationen aus Wien und aus dem Bereich der Quadrupelallianz versorgt wurde. Während des Wiener Kongresses beispielsweise hatte Gentz nicht weniger als siebzehn Berichte an den Hospodar geschrieben[83], von denen angenommen werden kann, dass ihre Substanz an die Hohe Pforte weitervermittelt wurde.

Gentz hat seine lange Synthese des Aachener Kongresses vorab Metternich zugeleitet, sodass sie in zwei Editionen vorliegt[84]. Es war freilich nicht mehr sein langjähriger Korrespondenzpartner in Bukarest, an den dieser Bericht adressiert wurde, sondern dessen Nachfolger im Amt[85]. Der bisherige Hospodar Fürst Caradja – die Mitteilung erreichte Aachen Ende Oktober 1818[86] – war mit Konstantinopel in Konflikt geraten, hatte sich nach dem »Westen« abgesetzt und sollte dann in Wien um diplomatischen Schutz nachsuchen. Sein Schicksal beschäftigte die Presse wiederholt[87]. Seinem Tagebuch zufolge hat Gentz im März 1819 in mehrtägiger Arbeit den Bericht an den neuen Hospodar verfasst[88].

Er beginnt mit der Feststellung, dass dem Aachener Kongress nicht wegen der Zahl oder der Bedeutung seiner Entscheidungen in der aktuellen Weltlage eine besondere Bedeutung zukomme, denn er habe im Grunde ja nur eine Frage zu entscheiden gehabt: den Rückzug der alliierten Beobachtungsarmee aus Frankreich und dessen Wiederaufnahme in den Kreis der (dirigierenden) Großmächte. Aber auch alle anderen Materien, die behandelt worden seien, seien in einem Geist des Vertrauens, des Friedens, der Gerechtigkeit und der Weisheit diskutiert worden, und es habe kein einziges Dokument gegeben, das nicht aus diesem Geist erwachsen sei. Deshalb dürfe man den Kongress nicht nur an seinen materiellen Ergebnissen messen, sondern an dem Geist, der auf die europäische Politik ausstrahlen werde. Er, Gentz, greife aus dem Bündel der behandelten Themen nur drei heraus:

Da sei zunächst das allgemeine politische System. Die europäischen Staaten seien seit 1813 durch ein System verbunden, das jedem seinen Platz aufgrund von allgemein anerkannten Prinzipien und von Verträgen zuweise. Dieses System sei in sich schlüssig. Und es wäre eine Kalamität, wenn die Staaten zur früheren Praxis der Allianzen, der Intrigen, der unkalkulierbaren Komplikationen zurückkehrten. Das würde und müsse in einen neuen Krieg einmünden, der die Sozialordnung Europas endgültig über den Haufen würfe. Diese Unsicherheit habe schon das Jahr 1817 und die erste Jahreshälfte 1818 geprägt, als man den Verdacht hegte, Zar Alexander arbeite auf ein enges Bündnis mit dem Gesamthaus Bourbon in Frankreich, Spanien und Italien hin. Eine solche Entwicklung hätte Gegenallianzen auf den Plan rufen müssen, etwa zwischen Österreich, Preußen und Großbritannien. Die kleinen und mittleren Mächte hätten sich zwischen beiden Blöcken aufgeteilt, und es wäre vorhersehbar gewesen, dass die erste Krise »eine Explosion hervorgerufen hätte«.

Dieses Misstrauen gegenüber Russland habe sich zwar schon vor Beginn des Kongresses wieder abgebaut, aber Aachen sei trotzdem eminent wichtig gewesen: Zum einen, weil alle Zweifel an der Vertragstreue einer Seite beseitigt worden seien und das gegenseitige Vertrauen der Kabinette und das in die Stabilität der »union générale« voll wiederhergestellt worden sei. Zum anderen, weil die Einsicht in die Notwendigkeit der Aufrechterhaltung des gegenwärtigen politischen Systems sich wieder gefestigt habe, das »alternativlos« sei und als »Rettungsanker für Europa« gelten müsse.

Zum Zweiten sei es um den Zustand Frankreichs gegangen. Die Bestätigung der Quadrupelallianz, die der Bedrohung der Sicherheit der Nachbarn durch Frankreich wegen ins Leben getreten sei, sei das herausragende Ergebnis des Aachener Kongresses gewesen. Obwohl die letzten Zweifel nicht ausgeräumt werden konnten, sei Frankreich das Land, das an dem gegenwärtigen Zustand der Ruhe das allergrößte Interesse habe. Es sei denkbar unwahrscheinlich, dass ein König von Frankreich dem »Druck der Straße« noch einmal nachgeben und das Signal zu neuen Kämpfen geben würde.

Zum Dritten schließlich habe man sich mit dem moralischen und politischen Zustand Europas beschäftigt. Das zivilisierte Europa durchlaufe seit geraumer Zeit einen erbitterten Kampf zwischen einer alten und einer neuen Sozialordnung. Die »Reaktion« von 1813 habe das revolutionäre System nicht etwa völlig verschwinden lassen. Alles sei, wie die Gebäude in einer alten Stadt bei einem Erdbeben, in sich zusammengebrochen. Wenn in einer solchen Situation die wichtigen Monarchen Europas uneins gewesen wären, wenn irgendeiner von ihnen die Situation zum eigenen Vorteil hätte ausnützen wollen oder wenn er dem Schauspiel um ihn herum blind, interesse- und emotionslos begegnet wäre, dann wären alle in ganz wenigen Jahren verschwunden.

Aber das hätten die Fürsten, die »Beschützer und Bewahrer der öffentlichen Ordnung«, glücklicherweise verhindert. Ihr Bund sei zum Gegengewicht gegen revolutionäre Verirrungen geworden, gewissermaßen von der Vorsehung selbst eingesetzt, um die alte Ordnung zu retten. Diese wirklich heilige Allianz, für die die Heilige Allianz nur ein unzureichendes Symbol sei, habe sich niemals eindrücklicher präsentiert als in der Phase des Aachener Kongresses.

Man habe gar nicht über die drängenden Fragen diskutieren müssen, weder über die Regierungsformen, über das Repräsentativsystem, noch über die Privilegien des Adels, die Pressefreiheit oder die Religionsfrage. Man habe auch die Diskretion strikt gewahrt, weil andernfalls sich sofort die Kritiker zu Wort gemeldet hätten. Vielmehr hätten die Monarchen und die Minister einfach verstanden, was ihnen die allgemeine Wohlfahrt vorschrieb. Sie hätten verstanden, dass das gegenseitige Vertrauen viel mehr wiege als alle Verträge. Sie hätten zweitrangige Fragen, die sie hätten auseinanderdividieren können, dem ihnen von der Vorsehung zugewiesenen Auftrag geopfert, die Völker vor dem Zusammenbruch zu retten. Ohne sich in Einzelheiten zu verlieren, hätten sie die großen Fragen thematisiert, wie es in diesen stürmischen Zeiten weitergehen solle, und sich über die drei Leitlinien verständigt, die ihre gemeinsame Zukunft bestimmen sollten: »la justice, la modération et la concorde«.

Da der Kongress nur von ganz wenigen Schriften von außen begleitet worden sei, sei der allgemeine Eindruck vorherrschend, dass er die Anhänger der (alten) Ordnung und des Friedens nachhaltig gestärkt und überall die Neuerer alarmiert habe. Ein Kongress könne zwar nicht die Welt verändern, aber es sei zu erwarten, dass die von ihm ausgehenden Impulse die Neuerer bremsen und mäßigen werden.

Gentz' Bericht mag viele Einzelheiten unterschlagen, die einen Amtsträger am anderen Ende Europas vielleicht auch nur bedingt interessierten, aber er ist trotzdem erhellend, weil er die Sicht eines unmittelbar Beteiligten wiedergibt, der einer hochrangigen Zielperson das Gedankengebäude entwickelt, in das sich der Aachener Kongress einordnet.

Für Gentz war wichtig, dem im osmanisch-russischen Über-lappungsbereich Verantwortung tragenden Hospodar den Eindruck von der vollkommenen Solidarität und Ein-mütigkeit der drei Monarchen – also mit Einschluss des Zaren! – zu vermitteln, die sich den Prinzipien der Gerech-tigkeit und der Zurückhaltung verpflichtet fühlten, auch in territorialer Hinsicht. Das Dokument sollte indirekt aber wohl auch den in die Öffentlichkeit lancierten Einschät-zungen unbeteiligter Dritter entgegenwirken, der Kongress sei, wie Humboldt es formulierte, »aufs wenigste unbedeu-tend«[89] gewesen.

Diese »Botschaft« war indes nicht nur für den Hospodar der Walachei von Belang, sondern für die europäische Öffentlichkeit insgesamt. Deswegen hat Gentz im *Oester-reichischen Beobachter* für das breite Publikum noch eine Art Kurzfassung seines langen Berichts an den Hospodar gege-ben, wenn er schrieb: »Die Wahrheit aber ist, dass bei kei-nem diplomatischen Verein eine größere Übereinstimmung in Grundsätzen, in Gesinnungen, in Zwecken, in Bestre-bungen, in Allem, was das Wesen einer politischen Berath-schlagung ausmacht, statt finden kann, als zu Aachen wirk-lich geherrscht hat«[90]. Der Kongress hatte – abgesehen von der Aufhebung des Besatzungsstatuts und der Rückführung Frankreichs in den Kreis der Großmächte – nur wenig spek-takuläre Beschlüsse gefasst und Dokumente verabschiedet, die an Zahl und Gewicht mit denen des Wiener Kongresses nicht vergleichbar waren. Deswegen musste dem Publikum umso eindringlicher vor Augen geführt werden, was – angeblich oder tatsächlich – sein zweiter Hauptzweck gewe-sen sei: die Demonstration der Einheit, der Einmütigkeit und der unauflöslichen Freundschaft der Mitglieder der Viereralianz. Eine solche Adresse richtete sich an die na-tionalen, liberalen und demokratischen Bewegungen in Europa, nicht darauf vertrauen zu dürfen, dass einer der

Fürsten – Alexander – »ausscheren« und zu ihrem Erfüllungsgehilfen werden würde. Und sie richtete sich an die kleinen und mittleren Staaten, sich keinen Spekulationen über eine Konspiration der Großen hinzugeben, darüber, dass in Aachen Beschlüsse zu ihrem Nachteil getroffen worden seien. Das Aachener Gipfeltreffen sollte, so die »Botschaft«, eine kalmierende Wirkung erzielen. Dass schon wenige Wochen nach seinem Abschluss sich der Wind in Richtung Karlsbader Beschlüsse zu drehen begann und statt Kalmierung nun Konfrontation und Eskalation angesagt waren, war in Aachen noch nicht zwingend vorherzusehen, wiewohl Gentz' Reflexionen diese Entwicklung immer wieder angedeutet hatten.

Der Ort des Aachener Monarchentreffens im Vormärz

Seit Mitte November begann sich die Kongressstadt nach und nach zu leeren. Am 17. November reiste der österreichische Kaiser – *incognito* unter dem Namen eines Grafen von Habsburg – ab. Am selben Tag verließ der Zar die alte Reichsstadt, um zunächst nochmals seine Schwester, die niederländische Kronprinzessin, in Brüssel zu besuchen und seine Mutter wiederzutreffen, und dann, nach seiner Rückkehr nach Aachen, am 22. November endgültig abzureisen. Es ging in Richtung Frankfurt, wo Alexander erneut mit Friedrich Wilhelm III. zusammentraf, und weiter nach Darmstadt und Karlsruhe[1]. Am 20. November brach der preußische König in seine Stammlande auf, auch er, sobald er preußisches Gebiet verlassen hatte, *incognito*[2]. Die Minister der Teilnehmerstaaten folgten in verschiedene Richtungen – Brüssel, Paris oder Köln – an den sich anschließenden Tagen.

Die Begeisterung, die den Monarchen auch bei ihrer Abreise noch einmal entgegenschlug – besonders derjenigen, die aus diesem oder jenem Grund beschenkt und ausgezeichnet worden waren[3] –, und die Freude der Bevölkerung, die »drei größesten Fürsten der Erde beinahe 2 Monate hindurch in [den Aachener] Ringmauern verehren zu können«, konnte aber nicht darüber hinwegtäuschen, dass der Kongress zwar in mancher Hinsicht objektive Fortschritte erbracht hatte, jedoch – erneut, wie der Wiener – längst nicht alle Erwartungen erfüllt hatte. In seinem Buch über die Heilige Allianz spricht Wilhelm Schwarz in einer Kapitelüberschrift von den »Scherben nach dem Fest«, und auch wenn das sicher etwas überspitzt ist: ganz grundlos war diese Einschätzung nicht. Denn über dem Hauptzweck des Kongresses waren die zahlreichen Nebenthemen, die Oelsner benannt hatte, durchweg un-entschieden geblieben.

Oelsner und andere träumten, wie oben schon gesagt, von einer Fortsetzung oder Wiederauflage des Wiener Kongresses und glaubten, dass all die Materien, die dort ungeklärt geblieben oder nicht nach ihren Vorstellungen beschlossen worden waren, nun im zweiten Anlauf einer (besseren) Lösung zugeführt werden könnten. Aber daran, den Wiener Kongress erneut aufzurollen, die schwebenden deutschen Territorialprobleme autoritativ zu entscheiden, das halbherzige Verfassungsgebot zu verschärfen, für Italien ein neues »System« zu »erfinden« – um nur einige wenige Agenden zu nennen –, dachte in den Hauptstädten niemand wirklich. Wien war ein abgeschlossenes Kapitel, jetzt konnte es nur noch um die Sicherung des Status quo gehen. Aachen war – sieht man von den Entlastungen Frankreichs ab – ein Status-quo-Kongress, eher defensiv und ohne die ganz neuen Visionen in die Zukunft hinein.

Gerade deshalb – und Gentz' Denkschrift spiegelt das exemplarisch – musste den handelnden Personen daran gelegen sein, der Öffentlichkeit, deren Erwartungen massiv enttäuscht worden waren, zweierlei zu vermitteln: zum einen die unbedingte Solidarität der vier (beziehungsweise dann fünf) Höfe, das geradezu familiäre Einvernehmen der Monarchen, die Assoziation, dass es in Aachen keinerlei Missstimmung und Misstöne gegeben habe, und zum anderen, dass alle Beteiligten mit den Ergebnissen rundum zufrieden seien.

Das wird man so hinnehmen können, denn auch Zar

Alexander, der gelegentlich unkonventionelle Überlegungen angestellt und Pläne ventiliert hatte, konnte – allen Gegenwirkungen Capodistrias und Pozzos ungeachtet – am Ende in jeder Hinsicht wieder in die Solidarität der Quadrupelallianz eingebunden werden. Von Wien aus, wo er auf der Rückreise noch für einige Wochen Station machte, hat Alexander dieses Gefühl der brüderlichen Solidarität mit den anderen Monarchen und die Zufriedenheit mit dem Ablauf und den Ergebnissen des Aachener Gipfeltreffens ausdrücklich noch einmal bestätigt[4].

Unglücklich oder frustriert verließ keiner der Monarchen und Minister Aachen. Denn die alles entscheidende Frage, wie Frankreich in das bestehende Netz der Verträge zwischen den Hauptmächten – die Wiener Kongressakte, die Heilige Allianz, den Zweiten Pariser Frieden und die Quadrupelallianz – wieder eingebunden werden würde und ob es gelänge, Frankreich zugleich auf Distanz zu halten wie zu integrieren, ohne dass in Paris ein schaler Beigeschmack zurückblieb, war durch das Konstrukt des »Konzerts der Mächte« oder »Europäischen Konzerts« elegant gelöst worden. Das war die Hohe Schule einer Diplomatie, die Männern wie Metternich und Castlereagh bis heute einen Ehrenplatz in der Diplomatiegeschichte sichert.

Das Konstrukt des »Europäischen Konzerts«, das nun neben die Quadrupelallianz trat, war nicht nur ein diplomatisches Glanzstück, sondern wurde auch – dadurch, dass man es allen europäischen Mächten mitteilte und es von ihnen stillschweigend akzeptiert wurde – zu einem Institut des Völkerrechts. Es sollte *cum grano salis* bis zum Ersten Weltkrieg das Staatenleben prägen: eine *union* sich selbst als solche definierender Großmächte, die für sich reklamierte, die Leitlinien der europäischen Politik nicht nur vorzugeben, sondern auch zu überwachen.

Das darf, um es noch einmal zu wiederholen, nicht darüber hinwegtäuschen, dass die Ergebnisse von Aachen jenseits dieser Zentralagenda eher bescheiden waren und deutlich hinter den Erwartungen der »öffentlichen Meinung« zurückgeblieben waren. Gewiss, die »Entmündigung« Frankreichs vor der Zeit zu beenden und den Bourbonenstaat wieder in das Mächtesystem zu integrieren, war eine weise Entscheidung, die freilich *à la longue* nicht stilbildend werden sollte – die Pariser Vorortverträge nach dem Ersten Weltkrieg belegen das nachdrücklich. Auch die Fortschreibung der »diplomatischen Revolution« von 1815 wird man auf der Habenseite des Kongresses zu verbuchen haben, wobei ihr Ausmaß allerdings arg begrenzt blieb. Die Lösung der norwegischen Schuldensache wird man ebenfalls als Positivum zu vermerken haben, ebenso die Schritte, um des maghrebinischen Piratenunwesens Herr zu werden. Aber sonst dominierten doch Halbherzigkeit (Judenemanzipation, Sklavenhandel), Verweise an andere Gremien (deutsche Territorialfragen) oder auch Vertagungen auf die Zukunft. Das selbst gesetzte Zeitlimit mag für das Fehlen wirklich zukunftweisender Entscheidungen verantwortlich gewesen sein, aber dieses Zeitlimit kam, so scheint es, manchen Protagonisten durchaus gelegen, um die »heißen Eisen« elegant zu umgehen.

Betrachtet man die Ergebnisse von Aachen aus einer staatengeschichtlichen Perspektive, wird man nicht umhinkönnen, das Moment der Wahrung des äußeren Friedens – im Wesentlichen den ganzen Vormärz hindurch – hervorzuheben. Die in Aachen ins Auge gefassten Folgetreffen, zu denen es im preußischen Troppau, im österreichischen Laibach und im österreichischen Verona in den Jahren 1820 bis 1822 kommen sollte, haben den Ausbruch eines neuen allgemeinen Krieges verhindert. Das war eine große, fast an die früheren Friedensvisionen eines Abbé de Saint-Pierre gemahnende politische Leistung: ein Friedensbund von

Monarchen und Regierungen, deren Autorität aus der jüngst vergangenen Geschichte abgeleitet wurde und die als ein Konsortium auftraten, um die Ruhe Europas zu gewährleisten.

Aber, und das ist die Kehrseite der Medaille, um welchen Preis: um den Preis, dass nationalschwärmerische, demokratische und liberale Bewegungen radikal mundtot gemacht wurden, dass Verfassungsbewegungen auch durch den Einsatz eines begrenzten militärischen Potenzials unterdrückt wurden, dass Intellektuelle verfolgt und die Presse an die ganz kurze Leine gelegt wurde. Ob man von einer »Friedhofsruhe« spricht, die mit 1819 in Europa Einzug hielt, oder andere Metaphern bevorzugt: Der Wahrung des politisch-sozialen Systems hatte sich alles unterzuordnen.

Man kann das an einem oder zwei Beispielen veranschaulichen. Am spektakulärsten schon für die Zeitgenossen, aber auch die Nachlebenden waren sicher die sogenannten Karlsbader Beschlüsse, die auf Betreiben einer seit dem Dezember 1817 nachweisbaren, geradezu konspirativen preußisch-österreichischen Zusammenarbeit im August 1819 vereinbart und umgesetzt wurden, um die vermeintlich staatsgefährdenden Aktivitäten der deutschen Studenten und ihrer akademischen Lehrer zu ersticken. In Aachen wurden die Vorbereitungen dafür weiter vorangetrieben. In Abstimmung mit dem Metternich eng verbundenen preußischen Polizeiminister Graf Wittgenstein – nicht nur für den Freiherrn vom Stein ein rotes Tuch – und unter gezielter Umgehung Hardenbergs ließ der rheinische Österreicher dem preußischen König die ersten Denkschriften zukommen, die zu einer vorbehaltlosen Verfolgung der Burschenschaftler und der Turner aufriefen, die (angeblich) planmäßig auf eine Revolutionierung Deutschlands hinarbeiteten. Diese Metternich-Denkschriften[5], die Friedrich Wilhelm III. Mitte November 1818 in Aachen ausgehändigt wurden, können, so ist es formuliert worden, als »Programm für die Karlsbader Konferenzen gelten«[6].

Bei alledem kann es inzwischen jedoch als gesichert gelten, dass Metternich – dessen geradezu manische Angst vor revolutionären Umtrieben damit nicht in Abrede gestellt werden soll – durch Falschmeldungen über die Begebenheiten auf dem Wartenberg und über das studentische Unruhepotenzial auf diesen Weg verwiesen worden ist. Befeuert wurde dieser Vorgang zudem durch polemische Artikel seines Mitarbeiters Friedrich Gentz, der schlicht jede Forderung nach Reformen als Insubordination und als revolutionär einstufte. Die Ermordung August Kotzebues im Namen der »deutschen Nation« durch den Studenten Sand wurde in Wien und Berlin als Bestätigung des grundsätzlich revolutionären Potenzials der Studenten interpretiert und hat auf direktem Weg zu den Karlsbader Beschlüssen geführt. Das Kotzebue-Attentat lieferte – Metternich und Gentz ließen daran keinen Zweifel – den willkommenen Anlass, um die Repressionsmaschinerie voll in Gang zu setzen.

Denn es *war* eine Repressionspolitik, die ihresgleichen suchte, mit Amtsenthebungen auch verdienter Intellektueller wie Ernst Moritz Arndt, die die sogenannten Befreiungskriege mit ihren Schriften begleitet hatten, mit Suspendierungen etwa eines Philosophen wie des Jenenser Professors Jakob Friedrich Fries, mit Landesverweisen namentlich nicht beamteter, also »unversorgter« Privatdozenten. Der »Demagogenverfolgung« konnte sich am Ende selbst ein liberales »Musterland« wie Sachsen-Weimar nicht mehr entziehen, einer der wenigen »Verfassungsstaaten« im Deutschen Bund und bisher der Studentenbewegung sehr aufgeschlossen gegenüberstehend.

Wenn man so will, war eines der wichtigsten Signale in diese Richtung – sieht man von den beiden Metternich-Denkschriften ab – vom Aachener Kongress ausgegangen:

nicht von einem offiziellen Dokument, sondern von einer »privaten« Denkschrift, dem *Mémoire sur l'état actuel de l'Allemagne*. Ihr Verfasser war der vom südlichen Balkan stammende und längere Zeit zu den publizistischen Hilfstruppen Capodistrias zählende russische Diplomat und Kulturpolitiker Alexander Sturdza. Sie zirkulierte zunächst als Manuskript in fünfzig Exemplaren in Aachen – ohne in die Akten aufgenommen oder in den Protokollen erwähnt zu werden – und wurde beispielsweise vom Freiherrn vom Stein sofort einer kritischen Betrachtung unterzogen[7]. Noch im selben Jahr – dem Titelblatt zufolge im November – erschien sie in Paris auch im Druck, im Verlag Librairie Grecque-Latine-Allemande.

Die Denkschrift ging zurück auf ein während des Aachener Kongresses von dem russischen Minister für öffentliche Erziehung Graf Galitzin bei Johann Christian Loder, einem lange in Sachsen-Weimar tätig gewesenen Staatsrat und Jenenser Professor, in Auftrag gegebenes Memorandum über den Zustand des deutschen Universitätswesens. Aber, und das erklärt die eine oder andere problematische Einschätzung, Loder lebte schon längere Zeit in Russland und hatte den unmittelbaren Kontakt zu den deutschen Universitäten weitgehend verloren[8]. Nachweislich kannte Sturdza das Loder-Memorandum, ohne dass damit die Frage geklärt wäre, ob er – wie er behauptete – direkt im Auftrag des Zaren tätig geworden war.

Sturdzas Schrift über den gegenwärtigen Zustand Deutschlands hatte die Universitäten und deren Autonomie auf die Anklagebank gesetzt, die für die revolutionären, also »nationalen« und liberalen »Umtriebe« im Deutschen Bund verantwortlich seien. Dabei war es im Kern eine deutschlandfreundliche Schrift, die durchaus einen Sensus für die deutschen Mentalitäten erkennen ließ, die die großen weltgeschichtlichen Leistungen dieses Volkes – das »Herz Europas« – würdigt, es zugleich aber mahnt, die durch die Französische Revolution bewirkte soziale, kulturelle und religiöse Zerrissenheit zu überwinden und zu früherer Stärke zurückzufinden. Angesichts der Wiederaufnahme Frankreichs in den Kreis der Mächte sei das notwendiger denn je.

Um das zu bewerkstelligen, müssten die Regierungen einschreiten gegen die Freiheit der Presse und der Universitäten, dieser »gotischen Überreste des Mittelalters«. Es wird nicht ohne Grund vermutet, dass die Schrift auch als eine Art Störfeuer gegen die Errichtung der Universität Bonn gemeint gewesen sein könnte. Den Universitäten müsse ihre Autonomie entzogen werden, sie müssten auf den Status von Fachschulen mit geregeltem Stundenplan reduziert werden, und überhaupt sei der Zugang strikt zu reglementieren.

Die Empörung im Gebiet des Deutschen Bundes – selbst preußische Funktionsträger äußerten sich bestürzt – war umso größer, als längst nicht alle Behauptungen Sturdzas sich als belastbar erwiesen und sich hier, so der Tenor der Kritik, ein Ausländer anmaßte, über deutsche Befindlichkeiten und Traditionen zu urteilen. Ob man an Intellektuelle, Bundestagsabgeordnete oder die professoralen und studentischen »Wartburger« und selbst einen Mann wie Adam Müller denkt: Die Ablehnung war einhellig und sorgte für eine dezidiert antirussische Stimmung, die es Personen, die dem russischen Hof nahestanden oder ihm dienten, schwer machte. Das Attentat gegen den russischen Staatsrat und literarischen Kommissar Zar Alexanders in Deutschland, August Kotzebue, der in der russischen literarischen und Theaterszene fest verankert war[9], gründete letztlich in dieser plötzlich ausbrechenden russophoben Stimmung – eine der verhängnisvollen Konsequenzen des Aachener Kongresses.

Denn die Öffentlichkeit vermutete – wohl auch nicht zu Unrecht –, dass diese Schrift wenigstens mit Wissen Alexanders verfasst worden war und letztlich seine veränderte Weltsicht zum Ausdruck brachte. In dieser Auffassung mögen sich viele deutsche Liberale bestätigt gesehen haben, wenn sie sich die Lobeshymnen vergegenwärtigten, die Alexander und seiner Politik auf dem Aachener Kongress zuteilgeworden war. Alexander Sturdza, der Zar und die Heilige Allianz flossen in eins zusammen: die deutschen Liberalen und die nationalen Schwärmer hatten ihr Feindbild. Es hatte sich noch weiter aufgeladen und verschärft durch Maßnahmen wie jene, die noch von Aachen aus getroffen wurde, derzufolge in den baltischen Provinzen nur noch Bewerber in ein Amt gelangen durften, die kontinuierlich drei Jahre lang an der eigenen Universität Dorpat – und nicht im Ausland! – studiert hatten[10].

Aber es waren nicht nur die deutschen Liberalen, die russophobe Affekte entwickelten. Gleich an mehreren Fronten wehte der politische Wind den Repräsentanten Russlands nun plötzlich heftig ins Gesicht – in manchen Fällen natürlich auch in Reaktion auf die abenteuerlich vielen und scharfen Kehrtwendungen der russischen Politik in den zurückliegenden Monaten und Jahren. Einige russische Diplomaten, darunter Metternichs »rotes Tuch« Carlo Andrea Pozzo di Borgo, der weit über seinen diplomatischen Posten hinaus auf die europäischen Liberalen eingewirkt hatte, gerieten massiv in die Defensive, Sturdza kostete das gewaltige Erdbeben, das seine Schrift auslöste, (wenigstens vorläufig) gar seine Karriere. Der Herzog von Richelieu, der in Aachen eng mit den Russen zusammengearbeitet hatte, musste, erkrankt und seines langen Exils in Russland wegen nicht mehr mit allen Verästelungen der französischen Innenpolitik vertraut, unmittelbar nach Ende des Kongresses demissionieren – dass er schon 1820 das Amt erneut übernahm, hätte zunächst niemand vorherzusagen gewagt. Das neue Ministerium setzte im Rückgriff auf eine in der napoleonischen Zeit aufgekommene verbreitete anti-russische Stimmung jetzt ganz auf die Karte Großbritannien. Das Büchergeschenk für die neu zu errichtende Universität Korfu, das sich Capodistria statt eines französischen Ordens erbeten hatte, fiel der Demission Richelieus zum Opfer[11].

Es waren aber nicht nur die deutschen und französischen Liberalen, die in den Fokus der konservativen Kräfte in St. Petersburg, Berlin und Wien rückten, sondern es ging auch um Italien. War vor dem Aachener Kongress noch die Rede von einer möglichen Reise des Zaren auf die Apenninhalbinsel gewesen, auf der er – angeblich – den dortigen, wie in Deutschland nationalschwärmerisch angehauchten Liberalen seine Unterstützung in Aussicht stellen würde, so geschah nun das gerade Gegenteil: In Begleitung Metternichs reiste der österreichische Kaiser über die Alpen, um die letzten »Schlupfwinkel« der Liberalen, der *Carbonari,* die bisher von Laharpe, Capodistria und anderen russischen Funktionsträgern – und übrigens auch spanischen Diplomaten – gestützt worden waren, auszuheben.

Die rüde Art, wie die österreichische Administration in Lombardo-Venetien gegen oppositionelle Kräfte vorging, generierte ein Konfliktpotenzial, mit dem in Zukunft gesteigert gerechnet werden musste. In Wien war man sich dessen auch voll bewusst; eine große Denkschrift Metternichs schon aus dem Spätherbst 1817[12] lässt erkennen, dass die politische Elite in der Kaiserstadt keine Zweifel an der tiefen Unzufriedenheit breiter Schichten südlich der Alpen hatte. In Italien so wie in Deutschland sah Metternich – das eigentliche rote Tuch seiner ganzen Politik! – Kräfte am Werk, die mit dem (grundfalschen) Gedanken umgingen, die nationale Identität zum »Bauprinzip eines Staates« zu erheben[13].

Krisenstimmung also, wohin man schaute, die – ganz

entgegen den Hoffnungen der Protagonisten – durch »Aachen« nicht etwa beruhigt, sondern direkt oder indirekt angeheizt wurde. Diese Krisenstimmung, die durch neue Attentate noch befeuert wurde, schwappte sogar auf die Britischen Inseln über. Die sozialen Aufstände vermehrten und verschärften sich, und es wohnte ihnen immer auch eine politische Komponente inne, weil, vor allem in Manchester, die Arbeiter mit ihrem Widerstand gegen bestimmte Gesetze und der Forderung nach einer Parlamentsreform auf die Straße gingen[14]. Es waren Gewaltexzesse, die als »revolutionär« interpretiert werden konnten und in das sogenannte Peterloo-Massaker und die »Verschwörung der Catostraße« einmündeten.

Das alles war Wasser auf die Mühlen der Konservativen, die die Überzeugung, dass alles Revolutionsverdächtige mit Feuer und Schwert zu bekämpfen sei, zu ihrem Credo machten. Nach dem Ausbruch der fast zeitgleichen Revolutionen in Spanien und Neapel – beide Male gegen bourbonische Könige – wurde es zur Notwendigkeit, die »Demagogenverfolgung«, die formal ja »nur« auf den Karlsbader Beschlüssen ruhte und »nur« den Deutschen Bund betraf, politisch-völkerrechtlich zu ergänzen. Der entsprechende Beschluss[15] der drei Erstunterzeichner der Heiligen Allianz kam in Troppau 1820 zustande. Damit verschafften sich die »östlichen« Monarchen ein Mandat, um auch in die inneren Angelegenheiten dritter Staaten, aktuell in die Unruhen in Neapel, militärisch einzugreifen. Großbritannien als Verfassungsstaat trug dieses Mandat bezeichnenderweise nicht voll mit, sondern begrenzte das Interventionsrecht der Großen auf Fälle, in denen Regierungen »illegal« an die Macht gekommen waren[16]. Auch Frankreich wurde lediglich »eingeladen«, diesem »Protokoll« vom 19. November 1820 beizutreten.

Es entsprach dieser verbreiteten Nervosität, dass das

große Stühlerücken in den Hauptstädten der »Konzert«-Mitglieder zunächst ausblieb: Die Ministerrunde von Aachen, also die »Generation Wien«, kam auch bei den Folgetreffen zusammen, wenigstens ihr harter Kern (Metternich, Hardenberg, Nesselrode, Bernstorff). Dass Richelieu aufgrund von Intrigen seiner Kollegen im *Conseil* nicht mehr zu halten war und demissionieren musste, wurde bereits erwähnt – aber er kam ja wieder! Capodistria fühlte sich am russischen Hof mehr und mehr isoliert, nahm einen längeren »Urlaub«, den er in seiner griechischen Heimat verbrachte, und wurde derweilen von seinem dezidiert konservativen Kollegen Nesselrode mehr oder weniger entmachtet.

Der britische Außenminister Castlereagh blieb zwar bis zu seinem Freitod 1822 im Amt, geriet aber gegenüber dem Parlament und dem Premier Liverpool in immer schwereres Wasser. Seine Beliebtheit erreichte Tiefstwerte, sein Stern begann unübersehbar zu sinken. Als Exponent des britischen Engagements auf dem Kontinent musste er schon in Troppau als ein Minister auf Abruf gelten. Kaum weniger wichtig war, dass Humboldt – ein scharfer Widersacher Hardenbergs und »geborener« Außenpolitiker – entgegen allgemeiner Erwartung *nicht* mit einer exponierten Funktion in der Regierung bedacht wurde, sondern stattdessen als heftiger Kritiker der Karlsbader Beschlüsse sich zum Jahresende 1819 ins Privatleben zurückziehen musste. Die ultrakonservative Kamarilla hatte sich in Berlin ein weiteres Mal auf ganzer Linie durchgesetzt.

Mit dem letzten Folgetreffen innerhalb der »Kongressära« 1822 in Verona endete jenes Zeitfenster der internationalen Politik, das Anselm Doering-Manteuffel mit dem Begriff des »Wiener Systems« – im Unterschied zu der längeren Phase der »Wiener Ordnung« – belegt hat. Sie war geprägt von der Präsenz der drei – in einem Fall nur zweier –

Monarchen, die damit ihrer »Verbrüderung« seit dem Sieg über Napoleon, manifestiert in der Heiligen Allianz, ostentativ immer wieder Ausdruck verliehen.

Insofern hatte »Aachen 1818« ein Modell für die Folgekongresse geliefert, auch insofern, als man sich von den Hauptstädten abwandte, die »Provinz« für Arbeitstreffen der leitenden Minister suchte, denen die anwesenden drei Monarchen einen höheren Grad an Autorität und Strahlkraft verliehen. Die Zusammenstellung bei Paulmann macht deutlich, wie sehr die Hauptstädte »ausgespielt« hatten. In Berlin fand nach dem Zusammentreffen des Zaren mit dem preußischen König im Sommer 1818 bis 1829 kein Monarchentreffen mehr statt, in Wien keines zwischen 1822 und 1844, in London keines zwischen 1814 und 1842, in St. Petersburg das erste überhaupt 1842. Stattdessen schoben sich andere Namen in den Vordergrund: Karlsbad und Teplitz, Schwedt in der Uckermark, Kalisch und Münchengrätz in Böhmen[17]. Der Abschied vom Spektakel der Hauptstädte und der Übergang zum Nicht-Spektakel eines Arbeitstreffens kann signifikanter kaum zum Ausdruck kommen als in solchen statistischen Befunden.

Aachen hatte aber auch insofern ein »Modell« für die Zukunft geliefert, als die Verquickung von Heiliger Allianz, »Konzert« und Quadrupelallianz nun zur Regel wurde. Grundlage der nachfolgenden Konferenzen und Kongresse waren die entsprechenden Mandate von 1815 und 1818; die Protagonisten waren regelmäßig nur die drei Monarchen, die im Herbst 1815 die Heilige Allianz begründet hatten; »aufgefüllt« wurden die Treffen durch die Minister der Fünf, und wenn sich die Notwendigkeit ergeben hätte, wären auch die Minister der vier Quadrupelallianzmitglieder separat zusammengekommen. Denn die Quadrupelallianz bestand – für alle Fälle sozusagen – ja fort.

Gleichwohl sollte man die Vorbildfunktion von »Aachen«

ebenso wenig überstrapazieren wie »Aachen« in jeder Hinsicht in einen Topf mit den Folgetreffen werfen. Wenn man die vier Veranstaltungen der »Kongressära« oft mit dem Verdikt belegt, sie seien Ausdruck eines »Systems« Metternich gewesen, in dem und mit dem er alles seinem »antirevolutionären Dogma« unterworfen habe[18], so trifft das für das Aachener Treffen sicher nur höchst bedingt zu. Man wird dem Aachener Kongress manches vorwerfen können – seine Unentschlossenheit, seine Selbstbeschränkung, seine »Vertagungsstrategie« –, aber er war weder ein »Kongress Metternichs« noch eine Veranstaltung, die von dem *einen* Gedanken des Antirevolutionären durchtränkt gewesen wäre. Der »Erfindung« des »Konzerts« eignete zunächst wenig Antirevolutionäres, und die Hauptagenda – die Zukunft Frankreichs im Mächtesystem – wurde elegant und mit Fantasie gelöst. Wenigstens diese Beschlüsse atmeten keineswegs ein Übermaß an Antirevolutionärem, sondern spiegelten eher die unsichere Suche, wie man den Herausforderungen der Zeit begegnen und politische Vernunft mit Sicherheitsdenken verbinden solle. Der Troppauer Kongress war da schon aus einem anderen Holz geschnitzt.

Die britischen Repräsentanten wussten es in Aachen zu verhindern, dass das antirevolutionäre Gedankengut alles überlagerte. Die Revolutionsgefahr wurde schlicht auch noch nicht als bedrohlich genug empfunden, um bereits konkrete prophylaktische Maßnahmen dagegen einzuleiten. Die Memoranden Metternichs für den Preußenkönig vom November 1818 spiegeln das perhorreszierte Bedrohungspotenzial zwar wider, aber man eignete sich noch kein Instrumentarium an, um ihm zu begegnen.

Aber obschon diese Praxis der Gipfeltreffen der Monarchen und Minister mit 1822 wieder abbrach, blieb das »System«, auf das man sich in Aachen und Troppau verständigt hatte, in Kraft. Es stellte – erstaunlicherweise – sogar seine

Flexibilität unter Beweis, indem die Gründungsmitglieder der Heiligen Allianz die Errichtung weiterer Verfassungen in deutschen Bundesstaaten hinnahmen, letztlich die belgische Revolution gegen die »legitime« Dynastie absegneten und gar den Dynastie- und Verfassungswechsel in Frankreich 1830 akzeptierten. Auf der anderen Seite schritten Österreich und Russland massiv gegen italienische und polnische Emanzipationsversuche ein. Diese »Mischung aus Zustimmung, Duldung und hinhaltendem Widerspruch«[19] hellt das düstere Bild, das der zwar zeitgenössische, sich auf ein Buch des Staatsrechtlers Karl Ludwig von Haller zurückführende, aber zugleich höchst problematische Begriff »Zeitalter der Restauration« evoziert, doch wenigstens partiell ein wenig auf.

*

Sieht man einmal von der Kongressstadt ab, hat das Aachener Gipfeltreffen im kollektiven Gedächtnis der Europäer nie einen festen Platz gefunden – der Schlagschatten des Wiener Kongresses war schlicht zu gewaltig und erdrückend. Gewiss, Stresemann hat es in einer Rede 1926 einmal zitiert, um die große Leistung Castlereaghs hervorzuheben, aber »Aachen 1818« wird heute den wenigsten Menschen etwas sagen. Doch obwohl die Ergebnisse eher überschaubar blieben: Aachen war der Ort, an dem die weitgehende Wiedereingliederung eines »Verliererstaates« exemplarisch gelang, an dem ein neuer Politikstil manifest wurde, an dem zum allerersten Mal sehr konkret über ein kollektives Sicherheitssystem diskutiert wurde. Dahinter mögen manche Defizite und manche aus der Erfahrung und dem Trauma der Hundert Tage herfließende Geisteshaltungen dann gern zurücktreten.

222

Danksagung

Ich danke dem Verlag, dass er den Vorschlag, diesen Titel in sein Programm aufzunehmen, bereitwillig aufgegriffen (und den Autor zum zweiten Mal vorbildlich betreut) hat – Martin Janik und Anna Frahm sollen hier ausdrücklich genannt sein.

Ich danke ferner den Mitarbeitern und Mitarbeiterinnen der konsultierten Archive (Stadtarchiv Aachen, Geheimes Staatsarchiv Preußischer Kulturbesitz Berlin) für die freundliche Bereitstellung der einschlägigen Bestände, insbesondere der (einem preußischen Kanzlisten in die Feder diktierten) Kopie des von Friedrich Gentz geführten Protokolls der Sitzungen der Kongressbevollmächtigten. Ich weiß mich für Hinweise dem Leiter des Aachener Stadtmuseums (»Route Charlemagne«) Dr. Frank Pohle und dem Verantwortlichen für die Aachener Numismatische Sammlung Heinz Kundolf sehr verbunden; das Aachener Museum lieferte auch die Vorlagen der meisten Abbildungen.

Ich danke weiterhin der Leiterin und den Beamten des Dortmunder Zeitungsarchivs für einen Scan der *Stadt Aachener Zeitung.*

Nachdem ich mich vor über vier Jahrzehnten in meinem ersten Buch nach der Dissertation schon einmal mit dem Wiener Kongress und der »Kongressära« beschäftigt habe[1], schließt sich hier nun gewissermaßen ein Kreis, der mich, in letzter Zeit verstärkt[2], immer wieder in die »Sattelzeit« (Reinhart Koselleck) zurückführte.

Anhang

Anmerkungen

Gedruckte Quellen und Literatur werden im Folgenden mit Kurztiteln angeführt. Die bibliografisch vollständigen Titel sind dem Quellen- und dem Literaturverzeichnis zu entnehmen.

Vorwort
1 SAZ Nr. 2 vom 30. Sept. 1818.

Einleitung
2 Von den Autoren der »Jubiläumsliteratur« hat nur Vick, Congress of Vienna, auf wenigen Seiten auf den Aachener Kongress ausgeblickt (S. 325–327).
3 Zu denken ist hier etwa an Schroeders magistrale Studie The Transformation of European Politics (1994) oder an Pyta, Konzert der Mächte (1997), aber auch an Schulz, Norm und Praxis (2009), und Doering-Manteuffel, Vom Wiener Kongreß (1991).
4 SAZ Nr. 17 vom 17. Okt. 1818.
5 Erwähnt in SAZ Nr. 17 vom 17. Okt. 1818.
6 Vgl. Meyer, Aachen, der Monarchen-Kongreß, S. 54.
7 Das Tagebuch seiner Frau Anna vom Aachener Kongress ruht unediert im Genfer Archiv.
8 Haupt, Skizzen (1819).
9 Hardenberg, Tagebücher.
10 Gentz, Tagebücher.

11 Capodistria, Aperçu.
12 Tagebücher Vincke.
13 Bailleu, Bw König Friedrich Wilhelm.
14 Bw Gentz/Pilat.
15 Bw Humboldt/Caroline.
16 Stein, BuaS V.
17 Die Protokolle werden im Folgenden nur mit dem Datum der Sitzung zitiert. Auf die jeweilige Nennung der Bestandssignatur – siehe Verzeichnis der ungedruckten Quellen – wurde verzichtet.

Von Wien nach Aachen

1 So Schulz, Norm und Praxis, S. 61.
2 Pyta, Konzert der Mächte, S. 138.
3 So, etwas modifiziert, der Untertitel eines Aufsatzbandes von Johannes Kunisch, Fürst – Gesellschaft – Krieg, Köln 1992.
4 So Pyta, Idee und Wirklichkeit, S. 315.
5 Dazu die Monografie von Francis Ley, Alexandre Ier.
6 Vgl. Molden, Zur Geschichte, S. 29.
7 So Schmalz, Versuche, S. 30.
8 Eine eingehende textliche Gegenüberstellung der beiden Dokumente bei Näf, Europapolitik, Teil 1. Text des Vertragstextes selbst und des »Manifests« leicht greifbar bei Näf, Die Heilige Allianz, S. 31–33 bzw. 33–34.
9 So Paulmann, Pomp und Politik, S. 115.
10 Schulz, Norm und Praxis, S. 61.
11 Der im Verlauf des Aachener Kongresses immer wieder angezogene Artikel hat folgenden Wortlaut: »Pour assurer et faciliter l'exécution du présent traité et consolider les rapports intimes qui unissent aujourd'hui les quatre souverains pour le bonheur du monde, les hautes parties contractantes sont convenues de renouveler, à des époques déterminées, soit sous les auspices immédiats des souverains, soit par leurs ministres respectifs, des réunions consacrées aux grands intérêts communs et à l'examen de mesures qui, dans chacune de ces époques, seront jugées les

plus salutaires pour le repos et la prosperité des peuples et pour le maintien de la paix de l'Europe«. Näf, Europapolitik, S. 21.

12 Dazu Lingens, Kongresse.

13 Ihr gehörten an die Botschafter Lieven (Russland), Humboldt (Preußen), Esterhazy (Österreich) und Außenminister Castlereagh. Fallweise ist auch der französische Botschafter d'Osmond hinzugezogen worden.

14 So Pyta, Konzert der Mächte, S. 147.

15 So ebd., S. 151.

16 Protokoll vom 15. Okt. 1818.

17 Capodistria, Aperçu, S. 224 f.

18 Lord Stewart an Castlereagh, 24. Aug. 1818: Freitag/Wende, British Envoys, S. 477.

19 Humboldt an Caroline v. Humboldt, 24. Nov. 1818: Bw Humboldt/Caroline, S. 385 f.

20 Protokoll vom 14. Nov. 1818.

21 SAZ Nr. 54 vom 20. Nov. 1818.

22 Gentz an Pilat, 30. Sept. 1818: Bw Gentz-Pilat, S. 341.

23 SAZ Nr. 110 vom 12. Sept. 1818.

24 Siemann, Staatenbund, S. 332.

25 Das entsprechende hessische Edikt in SAZ Nr. 110 vom 12. Sept. 1818.

26 SAZ Nr. 16 vom 16. Okt. 1818.

27 SAZ Nr. 22 vom 23. Okt. 1818. Das Blatt erregte auch Gentz' Zorn, der Anfang November gegenüber Pilat mit dem Gedanken umging, ihm »den Hals zu brechen«. Gentz an Pilat, 9. Nov. 1818: Bw Gentz-Pilat, S. 362.

28 So Büssem, Karlsbader Beschlüsse, S. 68 f.

29 Vgl., mit Abbildung, Siemann, Metternich, S. 666 f.

30 Vgl. Büssem, Karlsbader Beschlüsse, S. 74.

31 Vgl. ebd., S. 77.

32 Siemann, Staatenbund, S. 90.

33 SAZ Nr. 9 vom 8. Okt. 1818.

34 In der Nacht vom 4. auf 5. November; SAZ Nr. 35 vom 7. Nov. 1818 und Kommentar von Haupt, Skizzen, S. 465.

35 SAZ Nr. 114 vom 22. Sept. 1818.

36 So Siemann, Metternich, S. 644.
37 SAZ Nr. III vom 15. Sept. 1818. Der Mordanschlag des Pariser Juweliergesellen Marie André Cantillon war im Februar 1818 verübt worden. Metternich sorgte dafür, dass im *Oesterreichischen Beobachter* ausführlich über den Fall berichtet wurde, der für ihn ein Indikator für die überall in Europa zunehmende Gewaltbereitschaft zwecks Unterhöhlung der Staatsautorität war. Vgl. Siemann, Metternich, S. 660 f.
38 Vgl. Siemann, Metternich, S. 647.
39 Vgl. ebd., S. 656 ff.
40 Vgl. Rürup, Emanzipation, S. 51.
41 So sinngemäß Pyta, Konzert der Mächte, S. 144.

Der Ort des Geschehens

1 Vgl. Molden, Zur Geschichte, S. 67 f.
2 Vgl. Schwarz, Die Heilige Allianz, S. 122.
3 Darunter befinden sich Porträts des Grafen Wenzel Anton von Kaunitz und des Barons Frederick Hendrik van Wassenaer.
4 Vgl. Molden, Zur Geschichte, S. 68.
5 Vgl. ebd., S. 89.
6 SAZ Nr. 110 vom 12. Sept. 1818.
7 SAZ Nr. 25 vom 27. Okt. 1818.
8 SAZ Nr. 14 vom 14. Okt. 1818.
9 SAZ Nr. 24 vom 26. Okt. 1818.
10 Die Verfügung der Regierung vom 30. Okt. 1818 in SAZ Nr. 32 vom 5. Nov. 1818.
11 § 31.
12 Metternich an Kaiser Franz, 18. Juli 1818: MnP IV, Nr. 278, S. 134.
13 Vgl. Molden, Zur Geschichte, S. 90.
14 SAZ Nr. 48 vom 23. Nov. 1818.
15 Protokoll der letzten Sitzung vom 22. Nov. 1818.
16 Material in StAAc HS 284.
17 StAAc Krämer 1–13d-2. Die preußische Kommission war u. a. in die Unterbringung der Soldaten involviert.
18 StAAc Krämer 1–13d-1.

19 Vgl. die gedruckte Übersicht in StAAc Krämer 1–13d-1.
20 SAZ Nr. 7 vom 6. Okt. 1818.
21 SAZ Nr. 9 vom 8. Okt. 1818.
22 SAZ Nr. 6 vom 5. Okt. 1818.
23 Vgl. Römling, Aachen, S. 208.
24 SAZ Nr. 27 vom 29. Okt. 1818.
25 SAZ Nr. 8 vom 7. Okt. 1818.
26 SAZ Nr. 11 vom 19. Okt. 1818.
27 SAZ Nr. 116 vom 26. Sept. 1818.
28 Vgl. Haupt, Skizzen, S. 439 ff.
29 SAZ Nr. 116 vom 26. Sept. 1818; SAZ Nr. 6 vom 5. Okt. 1818.
30 Vgl. Haupt, Skizzen, S. 458.
31 SAZ Nr. 41 vom 14. Nov. 1818.
32 SAZ Nr. 42 vom 16. Nov. 1818. Alexander – so der Name – war eine europäische Berühmtheit. Er war am 8. November in Aachen eingetroffen: SAZ Nr. 36 vom 9. Nov. 1818.
33 SAZ Nr. 116 vom 26. Sept. 1818.
34 Ebd.
35 Ebd.
36 Vgl. Molden, Zur Geschichte, S. 125.
37 SAZ Nr. 42 vom 16. Nov. 1818.
38 SAZ Nr. 43 vom 17. Nov. 1818.
39 Akten: StAAc HS 284.
40 SAZ Nr. 21 vom 22. Okt. 1818.
41 Vgl. die Einschätzung des Grafen Pückler-Muskau aus dem Jahre 1817 bei van Taack, S. 11.
42 Meyer, Aachen, der Monarchen-Kongreß, S. 93.
43 SAZ Nr. 3 vom 1. Okt. 1818.

Die Agenda und der Erwartungshorizont der Öffentlichkeit

1 Capodistria, Aperçu, S. 230.
2 So in London in der Endphase des Kongresses. SAZ Nr. 52 vom 27. Nov. 1818. Zur Brüsseler »Verschwörung« vgl. oben S. 35 f. und SAZ Nr. 54 vom 30. Nov. 1818.

3 Armand Emmanuel-Joseph-Septimanie de Vignerot de Plessis-Richelieu.

4 Zu Pozzo vgl. die Biografie von Ordioni, Pozzo di Borgo, und die Anmerkungen bei Grimsted, Foreign Ministers, S. 281f.

5 Die Capodistria-Memoiren spiegeln das eindrücklich wider. Vgl. beispielshalber S. 221f.

6 Vgl. Molden, Zur Geschichte, S. 118f.

7 SAZ Nr. 109 vom 19. Sept. 1818.

8 SAZ Nr. 116 vom 26. Sept. 1818.

9 Vgl. Büssem, Karlsbader Beschlüsse, S. 72.

10 Hier zitiert nach der Zusammenfassung in SAZ Nr. 3 vom 1. Okt. 1818.

11 SAZ Nr. 113 vom 19. Sept. 1818.

12 Vgl. Molden, Zur Geschichte, S. 101f.

Die Protagonisten – die Monarchen und ihre Minister – und der Arbeitsstil

1 Vgl. Molden, Zur Geschichte, S. 127.

2 Metternich an Kaiser Franz, 18. Aug. 1818: MnP Nr. 284, S. 141ff.

3 Das Protokoll der letzten Sitzung, die sich am 19. Nov. 1818 mit dieser Angelegenheit befasst, in SAZ Nr. 52 vom 27. Nov. 1818.

4 Metternich an seine Frau, 1. Okt. 1818: MnP Nr. 266, S. 124.

5 Richelieu an Ludwig XVIII., 30. Sept. 1818: Cisternes, Conférences, S. 767.

6 Gentz an Pilat, 7. Nov. 1818: Bw Gentz/Pilat, S. 361.

7 Er traf am 4. Nov. in Aachen ein: SAZ Nr. 33 vom 5. Nov. 1818.

8 Kurz zu ihm Schneider/Werner, Europa in Wien, S. 154f.; ausführlicher der Essay von Walter Ziegler in: Schindling/Ziegler, Kaiser der Neuzeit, S. 309–328.

9 Haupt, Skizzen, S. 422.

10 Schroeder, Transformation, S. 595.

11 Kurz: Schneider/Werner, Europa in Wien, S. 100ff.

12 Stein berichtet darüber in einem Schreiben an Gneisenau vom 27. Febr. 1819: Stein, BuaS VI, Nr. 27, S. 38f. In dem Brief an seine Tochter Henriette vom 15. Nov. 1818 schreibt er nur über

seine Begegnungen mit alten Weggenossen: BuaS V, Nr. 742, S. 829 f.

13 Selbst in der SAZ Nr. 39 vom 12. Nov. 1818 wurde das Gerücht kolportiert, Alexander plane, sich der Ionischen Inseln zu bemächtigen.

14 So sinngemäß Molden, Zur Geschichte, S. 13.

15 Die Literatur über Alexander ist abundant. Ich nenne hier nur die für ein breiteres Publikum konzipierte, gleichwohl zuverlässige Biografie von Palmer (1974). Palmer fasst die Teilnahme Alexanders an dem Aachener Kongress wie folgt zusammen: »His star had not always shone as brightly in the ascendant as at Aix« (S. 361).

16 Kurz: Schneider/Werner, Europa in Wien, S. 161 f.; erschöpfend: Stamm-Kuhlmann, König in Preußens großer Zeit; über Friedrich Wilhelms Aachenaufenthalt S. 428–431.

17 SAZ Nr. 116 vom 26. Sept. 1818 (Bericht über Ankunft und Aufenthalt des Zaren).

18 SAZ Nr. 2 vom 30. Sept. 1818.

19 Auch die gegenseitigen Auszeichnungen – so wurde dem preußischen Kronprinzen Friedrich Wilhelm (IV.) 1818 das Kommando über ein russisches Regiment übertragen; vgl. Bailleu, Bw Friedrich Wilhelm, Nr. 513 – sprechen für ein besonderes Nahverhältnis zwischen Berlin und St. Petersburg.

20 Druck: MnP Nrr. 304–306, S. 171–180.

21 Vgl. den Essay von Rudolf Muhs in: Wende, Englische Könige, S. 242–259.

22 Vgl. Webster, Castlereagh, S. 122.

23 Vgl. den Essay zu Georg III. von Hans-Christoph Schröder in Wende, Englische Könige, S. 220–241.

24 Kurz: Schneider/Werner, Europa in Wien, S. 184 f., erschöpfend: Gall, Hardenberg. Der Aachener Kongress wird auf S. 253 nur ganz kurz erwähnt. Bei Gall auch die ältere Literatur, u. a. von Thielen und Haussherr.

25 So Griewank, Wiener Kongress, S. 89.

26 So ebd., S. 90.

27 Schneider/Werner, Europa in Wien, S. 116 f.

28 Protokolle vom 14. und vom 20. Nov. 1818. Der Graf von Bentinck war mit seiner winzigen Herrschaft Kniphausen auf dem Wiener Kongress schlicht »vergessen« worden, woraufhin sich Oldenburg dieses Territoriums bemächtigt hatte. Der Streit beschäftigte den Bundestag bis 1854! Vgl. van Taack, S. 222 f.

29 Humboldt an Caroline v. Humboldt, 20. Nov. 1818: Bw Humboldt/Caroline, S. 383.

30 Humboldt an Caroline v. Humboldt, 4. Nov. 1818: Bw Humboldt/Caroline, S. 366. Zum Aufenthalt Humboldts in Aachen, der von dem Konflikt mit Hardenberg überlagert und überschattet war, vgl. Gall, Wilhelm von Humboldt, S. 314 ff.

31 Stein, BuaS VI, Nr. 27, S. 30.

32 Kurz: Schneider/Werner, Europa in Wien, S. 309 f.

33 Webster, Castlereagh, S. 131.

34 Vgl. dazu Doering-Manteuffel, Vom Wiener Kongress, S. 41 f.

35 Zu ihm kurz Schneider/Werner, Europa in Wien, S. 131 ff.

36 Vgl. Woodhouse, Capodistria, S. 178 f.

37 Zit. bei Schwarz, Heilige Allianz, S. 128.

38 Grimsted, Foreign Ministers, S. 226.

39 Umso auffälliger, dass er in dem Referenzwerk von Schneider/Werner, Europa in Wien, keine Erwähnung findet.

40 Die Literatur zu Capodistria ist ebenfalls abundant. Sie behandelt freilich vorrangig die »griechische Zeit« und weniger die Jahre in russischen Diensten. Dazu die gehaltvolle Studie von Grimsted, Foreign Ministers, Kap. 7.

41 Vgl. Capodistria, Aperçu, S. 235, und Woodhouse, Capodistria, S. 190.

42 Kurz: Schneider/Werner, Europa in Wien, S. 248 f.

43 So Grimsted, Foreign Ministers, S. 269.

44 Protokoll vom 29. Okt. und vom 7. Nov. 1818.

45 Deswegen auch nicht bei Schneider/Werner, Europa in Wien.

46 Kurz: Schneider/Werner, Europa in Wien, S. 169 f.

47 Gentz an Pilat, 20. Nov. 1818: Bw Gentz/Pilat, S. 366.

48 Vgl. Büssem, Karlsbader Beschlüsse, S. 113.

49 Gentz, Tagebuch, S. 286.

50 Gentz an Pilat, 20. Nov. 1818: Bw Gentz/Pilat, S. 367.

51 Gentz an Pilat, 13. Okt. 1818: Bw Gentz/Pilat, S. 349.

52 Das Reskript vom 18. Nov. 1818 abgedruckt bei van Taack, S. 234 f.

53 Wenn dieser Begriff gelegentlich Verwendung findet, dann geschieht das im Wissen darum, dass die preußischen Könige nach dem Königsberger Akt von 1701 bis zur Mitte des 19. Jahrhunderts nicht mehr im eigentlichen Sinn des Wortes »gekrönt« wurden.

54 Vgl. Molden, Zur Geschichte, S. 137.

Fürstlicher Tourismus und höfischer Glanz in einer alten Reichsstadt

1 SAZ Nr. 5 vom 3. Okt. 1818.

2 So Römling, Aachen, S. 210.

3 Vgl. ebd., S. 216.

4 SAZ Nr. 5 vom 3. Okt. 1818.

5 SAZ Nr. 16 vom 16. Okt. 1818.

6 SAZ Nr. 22 vom 23. Okt. 1818.

7 Ankündigung der Demonstration am 4. Okt. 1818: SAZ Nr. 4 vom 2. Okt. 1818 und Nr. 5 vom 3. Okt. 1818.

8 Terminierung: SAZ Nr. 13 vom 13. Okt. 1818. Nach dem misslungenen ersten Versuch kündigte Garnier eine zweite kostenlose Vorführung an: SAZ Nr. 16 vom 16. Okt. 1818.

9 SAZ Nr. 15 vom 15. Okt. 1818.

10 SAZ Nr. 34 vom 6. Nov. 1818.

11 Reichard reiste von Aachen aus auf einer kleinen *tour d'Europe* nach Brüssel weiter; SAZ Nr. 46 vom 20. Nov. 1818. Finanziell scheint sich ihre dortige Demonstration freilich kaum gelohnt zu haben: SAZ Nr. 53 vom 27. Nov. 1818.

12 SAZ Nr. 12 vom 12. Okt. 1818.

13 Beispiel: SAZ Nr. 16 vom 16. Okt. 1818.

14 SAZ Nr. 33 vom 5. Nov. 1818.

15 SAZ Nr. 14 vom 15. Okt. 1818.

16 Vgl. auch SAZ Nr. 39 vom 12. Nov. 1818. Das vom 18. Oktober

1818 datierte königliche Dekret ist abgedruckt in SAZ Nr. 40 vom 13. Nov. 1818.

17 SAZ Nr. 44 vom 18. Nov. 1818.

18 SAZ Nr. 17 vom 17. Okt. 1818.

19 SAZ Nr. 31 vom 3. Nov. 1818.

20 SAZ Nr. 43 vom 17. Nov. 1818.

21 SAZ Nr. 44 vom 18. Nov. 1818.

22 Diese Angelegenheit hat die Ministerrunde wiederholt beschäftigt, so in der Sitzung am 15. Nov. 1818.

23 Sie sollten schon zwei Jahre später, 1820, sterben.

24 Webster, Castlereagh, S. 133.

25 So Siemann, Metternich, S. 544.

26 So van Taack, S. 28.

27 Van Taack hat der Affäre ein ganzes Kapitel ihres Buches gewidmet, das aber im Rückgriff auf Dorothea von Lievens Memoiren viel zu weit ausholt und sich überwiegend gar nicht mit der Zeit des Aachener Kongresses beschäftigt.

28 Zu der Beziehung Metternichs zu Frau von Lieven vgl. jetzt Siemann, Metternich, S. 573 ff.

29 Sie liegen in deutscher Übersetzung seit 1942 gedruckt vor: Bw Metternich/Lieven.

30 Vgl. van Taack, S. 25.

Symbolisches Handeln: Der Aachener Kongress und die Geschichte

1 SAZ Nr. 3 vom 1. Okt. 1818.

2 Die Begebenheit wird von Haupt, Skizzen, S. 461, unter der Rubrik »Anekdoten« wiedergegeben.

3 Es handelte sich um eine Neuauflage und Fortschreibung des ursprünglich von Christophe-Guillaume Koch verfassten Werks »Abrégé de l'histoire des traités de paix depuis la paix de Westphalie«, Bd. 1, Basel 1797. Schoell setzte unter dem Titel »Histoire abrégée des traités de paix entre les puissances de l'Europe depuis la paix de Westphalie. Ouvrage entièrement refondu, augmenté et continué jusqu'au congrès de Vienne et

234

aux traités de Paris de 1815« das Werk bis zu den Verträgen vom Herbst 1815 fort. Es erschien in Paris 1817. Vgl. auch Heinz Duchhardt (Hrsg.), Bibliographie des Westfälischen Friedens, bearb. von Eva Ortlieb und Matthias Schnettger, Münster 1996, Nr. 1270. – Schoell (geb. 1766), ein französischer Exilant, hatte in Posen, Basel und Paris als Drucker und Buchhändler gewirkt und war 1814 in preußische Dienste eingetreten.

4 Meyer, Aachen, der Monarchen-Kongreß, S. 93.

5 SAZ Nr. 50 vom 25. Nov. 1818.

6 Vgl. Thamer, Völkerschlacht, Kap. 8.

7 Dazu der Aufsatz von Lovecky, Militärische Festivitäten.

8 SAZ Nr. 19 vom 20. Okt. 1818.

9 Haupt, Skizzen, S. 431 u. ö.

10 So als allgemeines Strukturelement Paulmann, Pomp und Politik, S. 14.

11 SAZ Nr. 13 vom 13. Okt. 1818.

Der Aachener Kongress als Etappe der Kunstgeschichte

1 Beispiel: SAZ Nr. 49 vom 14. Nov. 1818.

2 Meyer, Aachen, der Monarchen-Kongreß, S. 33 f.

3 Metternich an seine Frau, 3. Nov. 1818: MnP Nr. 271, S. 127.

4 Gentz, Tagebuch, S. 298.

5 Vgl. Woodhouse, Capodistria, S. 181.

6 Gentz, Tagebuch, S. 314.

7 Wilton, Britische Porträtkunst, S. 178.

8 Ebd.

9 SAZ Nr. 39 vom 12. Nov. 1818.

10 SAZ Nr. 11 vom 10. Okt. 1818. In diesem Artikel werden auch die Arbeiten Ternites gewürdigt.

11 SAZ Nr. 39 vom 12. Nov. 1818.

12 SAZ Nr. 48 vom 23. Nov. 1818.

13 SAZ Nr. 21 vom 22. Okt. 1818.

14 Vgl. die *Wiener Blätter* bei Lovecky, Militärische Festivitäten, S. 314 f.

Der Kongress als musikalisches Ereignis

1 SAZ Nr. 6 vom 5. Okt. 1818. Sie hat in Weimar sogar in russischer Sprache gesungen!

2 SAZ Nr. 17 vom 17. Okt. 1818.

3 Meyer, Aachen, der Monarchen-Kongreß, S. 32.

4 SAZ Nr. 19 vom 20. Okt. 1818.

5 SAZ Nr. 25 vom 27. Okt. 1818.

6 SAZ Nr. 36 vom 9. Nov. 1818.

7 SAZ Nr. 38 vom 11. Nov. 1818 und Nr. 39 vom 12. Nov. 1818.

8 Haupt, Skizzen, S. 457, hat diese Geste ganz besonders gewürdigt.

9 Gentz, Tagebuch, S. 271.

10 Der Vorfall breit geschildert bei van Taack, S. 50 ff.

11 SAZ Nr. 11 vom 10. Okt. 1818.

12 Vgl. den langen Artikel – wiederum ein »Leserbrief« – in der SAZ Nr. 40 vom 13. Nov. 1818.

13 S. 444.

14 Vgl. eine Rezension in der SAZ Nr. 40 vom 13. Nov. 1818.

15 SAZ Nr. 8 vom 7. Okt. 1818. Sie traten noch mehrmals auf; u. a. hat sich – eine Seltenheit – ihr genaues Programm eines Konzerts am 9. Nov. erhalten: SAZ Nr. 36 vom 9. Nov. 1818.

16 Tagebücher Vincke, S. 462. Ankündigung: SAZ Nr. 39 vom 2. Nov. 1818.

17 SAZ Nr. 40 vom 13. Nov. 1818 über ihr Konzert in der Redoute.

18 SAZ Nr. 46 vom 20. Nov. 1818.

19 SAZ Nr. 30 vom 2. Nov. 1818. Rezension: SAZ Nr. 33 vom 5. Nov. 1818.

20 Zu Fürstenau vgl. den Artikel von Wilhelm Vierneisel in der NDB 5 (1961), S. 694.

21 Ankündigung. SAZ Nr. 15 vom 16. Okt. 1818.

22 SAZ Nr. 12 vom 12. Okt. 1818. Eine sehr positive Besprechung seines Konzerts in SAZ Nr. 17 vom 17. Okt. 1818. Stockhausen, 1792–1868, Vater des Baritons und Dirigenten Julius Stockhausen.

23 SAZ Nr. 8 vom 7. Okt. 1818.

24 Zu Burgmüllers Konzertreise mit Angelica Catalani vgl. Tischendorf, »Was in der Dinge Lauf jetzt missklingt«.

25 SAZ Nr. 11 vom 10. Okt. 1818.

26 In einem Konzert am 13. Okt. 1818: SAZ Nr. 12 vom 12. Okt. 1818. Ein zweites Konzert folgte am 28. Oktober: SAZ Nr. 25 vom 27. Okt., ein drittes am 4. November: SAZ Nr. 31 vom 3. Nov. 1818.

27 Haupt, Skizzen, S. 456.

28 SAZ Nr. 110 vom 12. Sept. 1818.

29 SAZ Nr. 1 vom 29. Sept. 1818. »Tancredi« war 1813 uraufgeführt worden.

30 SAZ Nr. 8 vom 7. Okt. 1818.

31 SAZ Nr. 16 vom 16. Okt. 1818.

32 Haupt, Skizzen, S. 458.

33 Wurm war um den 20. Okt. eingetroffen: SAZ Nr. 21 vom 22. Okt. 1818.

34 SAZ Nr. 38 vom 11. November 1818.

35 SAZ Nr. 22 vom 23. Okt. 1818. In den genannten Stücken brillierte Wurm ebenfalls.

36 SAZ Nr. 115 vom 24. Sept. 1818.

37 SAZ Nr. 39 vom 12. Nov. 1818; Nr. 41 vom 14. Nov. 1818; Nr. 43 vom 17. Nov. 1818.

38 SAZ Nr. 36 vom 9. Nov. 1818.

39 SAZ Nr. 44 vom 18. Nov. 1818.

40 SAZ Nr. 47 vom 21. Nov. 1818.

41 SAZ Nr. 24 vom 26. Okt. 1818.

42 SAZ Nr. 31 vom 3. Nov. 1818.

43 SAZ Nr. 33 vom 5. Nov. 1818.

Die politischen Ergebnisse

1 Ausnahmen bildeten die Protokolle vom 4. und 19. Nov. 1818 (Modifikation der Schuldenregelung).

2 Entsprechend den Beschlüssen der Wiener Rangkommission zum diplomatischen Zeremoniell!

3 Protokoll vom 8. Okt. 1818.

4 Ebd. Hier ging es um die Form der Mitteilung über den Abzug der Beobachtungsarmee an dritte Staaten, die seinerzeit dem Vertrag vom 20. Nov. 1815 beigetreten waren.

5 § 36.

6 Druck. Meyer, Aachen, der Monarchen-Kongreß, Urkunde Nr. 1.

7 Protokoll vom 15. Nov. 1818.

8 SAZ Nr. 50 vom 25. Nov. 1818.

9 SAZ Nr. 51 vom 26. Nov, 1818.

10 Gentz an Pilat, 9. Nov. 1818: Bw Gentz/Pilat, S. 361 f.

11 Gentz an Pilat, 29. Sept. 1818: Bw Gentz/Pilat, S. 340 f.

12 Metternich an seine Frau, 21. Nov. 1818: MnP Nr. 274, S. 130.

13 Gentz, Tagebuch, S. 282.

14 SAZ Nr. 113 vom 19. Sept. 1818.

15 Druck: Näf, Europapolitik, S. 40–42. Die nationalen Trup-
penteile sollten sich nach Brüssel (Briten), Köln (Preußen),
Stuttgart (Österreicher) und Mainz (Russen) zurückziehen.
Außerdem wurden Verfügungen über die Besatzungen der an
Frankreichs Grenzen gelegenen Festungen getroffen.

16 SAZ Nr. 52 vom 27. Nov. 1818.

17 Protocolle Supplément vom 9. Okt. 1818.

18 Protokoll vom 19. Okt. 1818.

19 Protokoll vom 3. Nov. 1818.

20 Das umfangreiche Paket der Modifikationen in Protokoll vom
11. Nov. 1818.

21 Von dieser Summe flossen Preußen 55 Mio., Großbritannien
52 Mio., Russland 43 Mio., Österreich 38 Mio. zu, die restlichen
77 Mio. 37 anderen Ländern. Capodistria geht in seinem
»Aperçu« übrigens mit einem einzigen Satz über diesen kar-
dinalen Beratungspunkt der Aachener Ministerrunde hinweg:
S. 235.

22 Die in der Literatur immer wieder erhobene Behauptung, 1818
habe sich die Quadrupelallianz in die Quintupelallianz verändert (so etwa Maurer, Geschichte Englands, S. 262), ist irrig.
Auch Siemann, Metternich, S. 665 – »Aus der Quadrupelallianz
wurde wieder die Pentarchie« – ist zu korrigieren.

23 Castlereaghs Zurückweisung: Albrecht-Carrié, The Concert of
Europe, S. 42.

24 Druck: Molden, Zur Geschichte, S. 181 f., und Näf, Europapolitik, S. 40 ff. Vgl. auch Protokoll vom 15. Nov. 1818.

25 Van Taack, S. 211.

26 Deutsche Übersetzung: van Taack, S. 171–174.

27 Protokoll vom 13. Nov. 1818.

28 Freitag/Wende, British Envoys, S. 482 (Lord Stewart an Castlereagh, 24. Aug. 1818).

29 Text der Beitrittserklärung: Näf, Heilige Allianz, S. 42.

30 So Schulz, Norm und Praxis, S. 67.

31 Druck: Näf, Europapolitik, S. 35 ff.

32 Druck: Molden, Zur Geschichte, S. 182 f.

33 Druck: Albrecht-Carrié, The Concert of Europe, S. 45 f.

34 Schwarz, Heilige Allianz, S. 131.

35 Druck: Albrecht-Carrié, Concert of Europe, S. 43 ff.

36 Vgl. Webster, Castlereagh, S. 147, und Doering-Manteuffel, Vom Wiener Kongreß, S. 43 f.

37 Freitag/Wende, British Envoys, S. 457 (Lord Stewart an Castlereagh, 23. Juni 1816).

38 Gentz an Pilat, 10. Nov. 1818: Bw Gentz/Pilat, S. 363.

39 So Paulmann, Pomp und Politik, S. 70.

40 Protokoll vom 21. Nov. 1818.

41 Zur britischen Lateinamerikapolitik vgl. die Edition von Webster (1938).

42 Protokoll vom 23. Okt. 1818.

43 Woodhouse, Capodistria, S. 187.

44 Dazu Capodistria, Aperçu, S. 234.

45 SAZ Nr. 14 vom 14. Okt. 1818.

46 SAZ Nr. 111 vom 15. Sept. 1818.

47 SAZ Nr. 42 vom 16. Nov. 1818.

48 Vgl. Duchhardt, The Congress of Vienna.

49 Protokoll vom 7. Nov. 1818.

50 Hier zitiert nach SAZ Nr. 4 vom 2. Okt. 1818.

51 Protokoll vom 13. Nov. 1818.

52 Protokoll vom 13. Nov. 1818.

53 Protokoll vom 20. Nov. 1818.

54 Protokoll vom 14. Nov. 1818.

55 Vgl. Pyta, Idee und Wirklichkeit, S. 327.

56 Protokoll vom 24. Okt. 1818.

57 Protokoll vom 4. Nov. 1818.
58 Protokoll vom 4. Nov. 1818.
59 Vgl. Protokoll vom 4. Nov. 1818 und Molden, Zur Geschichte, S. 162.
60 Vgl. Woodhouse, Capodistria, S. 188.
61 Protokoll vom 19. Nov. 1818.
62 Ebd.
63 Vgl. zum Ganzen den Aufsatz von Betty Fladeland, Abolitionist pressures, hier insbes. S. 367 ff.
64 SAZ Nr. 111 vom 15. Sept. 1818.
65 SAZ Nr. 5 vom 3. Okt. 1818.
66 Protokoll vom 29. Okt. 1818.
67 Vgl. Webster, Castlereagh, S. 169.
68 Protokoll vom 14. Nov. 1818.
69 Protokoll vom 7. Nov. 1818.
70 Protokoll vom 9. Nov. 1818.
71 Protokoll vom 10. Nov. 1818.
72 Protokoll vom 14. Okt. 1818.
73 Protokoll vom 17. Okt. 1818. Vgl. auch Capodistria, Aperçu, S. 236, zur Aufnahme dieses Beschlusses der Mächte in München.
74 Protokoll vom 20. Nov. 1818.
75 Vgl. Schroeder, Transformation, S. 698 f.
76 Das entsprechende Aktenstück – das Konferenzprotokoll vom 7. Nov. 1818 – gedruckt bei Meyer, Corpus Iuris, S. 75–78.
77 Protokoll vom 29. Okt. 1818.
78 Protokoll vom 5. Nov. 1818.
79 SAZ Nr. 110 vom 12. Sept. 1818.
80 Vgl. Molden, Zur Geschichte, S. 120.
81 Protokoll vom 11. Okt. 1818.
82 Dominique Dufour de Pradt (1759–1837) ist seit seinem zweibändigen Werk über den Wiener Kongress mit etlichen weiteren Studien zu europäischen Kongressen hervorgetreten.
83 Prokesch-Osten, Dépêches inédites. Die Briefe aus der Zeit des Wiener Kongresses in Bd. 1.
84 MnP S. 164–179, Nr. 303; Prokesch-Osten, Dépêches inédites 1, S. 397–415.

85 Seinen ersten Brief an den neuen Hospodar Alexander Sutzo hatte Gentz am 28. Dez. 1818 geschrieben; vgl. Gentz, Tagebuch, S. 295.

86 Gentz, Tagebuch, S. 277.

87 SAZ Nr. 49 vom 24. Nov. 1818.

88 Gentz, Tagebuch, S. 311.

89 Humboldt an Caroline v. Humboldt, 20. Nov. 1818: Bw Humboldt/Caroline, S. 384.

90 Zit. bei Büssem, Karlsbader Beschlüsse, S. 127 f.

Der Ort des Aachener Monarchentreffens im Vormärz

1 SAZ Nr. 54 vom 30. Nov. 1818.

2 SAZ Nr. 53 vom 28. Nov. 1818.

3 So wurde Oberbürgermeister Guaita vom preußischen König mit dem Roten Adlerorden ausgezeichnet (SAZ Nr. 48 vom 23. Nov. 1818), der österreichische Kaiser ließ etlichen lokalen Funktionsträgern Geschenke überreichen, ebenso der preußische König, wobei sich unter den von ihm Ausgezeichneten auch einfache Handwerker befanden; SAZ Nr. 51 vom 26. Nov. 1818.

4 Vgl. Molden, Zur Geschichte, S. 166.

5 Druck: MnP S. 171–181.

6 So Büssem, Karlsbader Beschlüsse, S. 118.

7 Stein, BuaS VI, S. 39 f.

8 Vgl. Büssem, Karlsbader Beschlüsse, S. 109.

9 Vgl. dazu das Buch von Giesemann, Kotzebue in Russland.

10 Druck: SAZ Nr. 43 vom 17. Nov. 1818.

11 Vgl. Woodhouse, Capodistria, S. 191.

12 MnP S. 75 ff.

13 Vgl. Siemann, Metternich, S. 649.

14 SAZ Nr. 115 vom 24. Sept. 1818.

15 Text dieser Troppauer Erklärung über das Interventionsrecht der fünf Großmächte bei Näf, Europapolitik, S. 43–46.

16 Druck: Näf, Europapolitik, S. 45 f.

17 Paulmann, Pomp und Politik, S. 422.

18 So Schulz, Norm und Praxis, S. 73.
19 So Paulmann, Pomp und Politik, S. 118.

Anhang
1 Duchhardt, Gleichgewicht der Kräfte.
2 U. a.: Duchhardt, Stein: eine Biographie, Münster 2007, ²2010;
Freiherr vom Stein. Preußens Reformer und seine Zeit, München 2010; Der Wiener Kongress. Die Neugestaltung Europas 1814/15, München 2013, ²2015.

Siglen- und Abkürzungsverzeichnis

BuaS	Freiherr vom Stein, Briefe und amtliche Schriften
Bw	Briefwechsel
MnP	Metternich-Winneburg (Hrsg.), Aus Metternich's nachgelassenen Papieren, 2. Teil, Bd. 1
NDB	Neue Deutsche Biographie
SAZ	*Stadt Aachener Zeitung*
StAAc	Stadtarchiv Aachen

Quellen- und Literaturverzeichnis

Ungedruckte Quellen
Stadtarchiv Aachen
   HS 284
   Alte Krämer'sche Registratur 1–13d-1, 1–13d-2, 1–13d-3
   Oberbürgermeistereiregistratur 41–4, 41–4a
Geheimes Staatsarchiv Preußischer Kulturbesitz Berlin
   III, HA, MdA, I Nr. 1590 (Protokolle der Aachener Ministerkonferenzen).

Gedruckte Quellen
Quellenkunde zur deutschen Geschichte der Neuzeit von 1500 bis zur Gegenwart, hrsg. von Winfried Baumgart, Bd. 4: Restauration, Liberalismus und nationale Bewegung (1815–1870), bearb. von Wolfram Siemann, neu bearb. von Winfried Baumgart, Darmstadt 2005.

Zeitgenössische Quellen
Stadt Aachener Zeitung Jg. 1818, Nr. 108–116, 1–54 (Bestände des Stadtarchivs Aachen bzw. des Zeitungsarchivs Dortmund).
Johann Ludwig Klüber (Hrsg.), Acten des Wiener Congresses, Bde. 1–9, Erlangen 1814–1835 (ND Osnabrück 1966).
[Alexander Sturdza] Mémoire sur l'État actuel de l'Allemagne, par M. de S..., Conseiller d'État de S. M. I. de toutes les Russies, Paris 1818.

[N. N.] Erwartungen Deutschlands vom Aachener Congreß. Ansichten eines freymüthigen deutschen Mannes, Deutschland o. J. [1818].

[Dr. Schlottmann] [i. e. Conrad Oelsner] Politische Aphorismen zur Beherzigung vor dem Congreß in Aachen, Frankfurt/Main 1818.

Theodor von Haupt, Aachener Congreß-Briefe, geschrieben im Herbst 1818, in: Skizzen, Düsseldorf 1819, S. 413–467.

Spätere Quelleneditionen

René Albrecht-Carrié (Hrsg.), The Concert of Europe, London/ Melbourne 1968.

[Ioannis **Capodistria**] Aperçu de ma carrière publique, depuis 1798 jusqu'à 1822, in: Sborniki Ruskowo historiczeskawo obczestwa Bd. 3, St. Petersburg 1868, S. 163–292.

Sabine Freitag/Peter Wende (Hrsg.), British Envoys to Germany 1816–1866, Bd. 2: 1816–1829, Cambridge 2000.

Paul Bailleu (Hrsg.), Briefwechsel König **Friedrich Wilhelm's** III. und der Königin Luise mit Kaiser Alexander I. Nebst ergänzenden fürstlichen Korrespondenzen, Stuttgart 1900 (ND Osnabrück 1967).

Dépêches inédites du Chevalier de **Gentz** aux Hospodars de Walachie, pour servir à l'histoire de la politique Européenne (1813–1828), hrsg. von [Graf] Prokesch-Osten, 3 Bde., Paris 1876.

Tagebücher von Friedrich von **Gentz**, aus dem Nachlaß Varnhagen's von Ense, Bd. 2, Leipzig 1873 (ND Hildesheim 2004: Friedrich Gentz, Gesammelte Schriften, Bd. XII.2).

Karl Mendelssohn-Bartholdy (Hrsg.), Briefe von Friedrich von **Gentz** an **Pilat**, Bd. 1, Wien 1868 [ND Hildesheim 2002: Friedrich Gentz, Gesammelte Schriften, hrsg. von Günther Kronenbitter, Bd. X.1].

Anna v. Sydow (Hrsg.), Wilhelm und Caroline von **Humboldt** in ihren Briefen. Bd. 6: Im Kampf mit Hardenberg. Briefe von 1817–1819, Berlin 1913.

Fürst Richard Metternich-Winneburg (Hrsg.), Aus **Metternich's** nachgelassenen Papieren, 2. Teil, Bd. 1, Wien 1881.

H.-H. von Vogt-Alastair (Übers.), Geist und Herz verbündet. **Metternichs** Briefe an die Gräfin **Lieven**, Wien 1942.

Philipp Anton Guido von Meyer (Hrsg.), Corpus Juris Confederationis Germanicae. Staatsacten für Geschichte und öffentliches Recht des Deutschen Bundes, 3. Aufl., ergänzt von Heinrich Zoepfl, 2. Teil, Frankfurt/M. 1859.

Werner Näf (Bearb.), Europapolitik zu Beginn des 19. Jahrhunderts, 2. Aufl., Bern 1953.

Des russischen Reichskanzlers Grafen **Nesselrode** Selbstbiographie, deutsch von Karl Klevesahl, Berlin 1866.

A[lexandre] Polovtsoff (Hrsg.), Correspondance diplomatique des ambassadeurs et ministres de Russie en France et de France en Russie, Bd. 2, St. Petersburg/Paris 1903.

Freiherr vom **Stein**, Briefe und amtliche Schriften, Bde. V u. VI, Stuttgart 1964, 1965.

Ludger Graf von Westphalen (Bearb.), Die Tagebücher des Oberpräsidenten Ludwig Freiherrn **Vincke** 1813–1818, Münster 1980.

Charles Kingsley Webster (Hrsg.), Britain and the Independence of Latin America, 2 Bde., London 1938.

Literatur

Branig, Hans: Fürst Wittgenstein: Ein preußischer Staatsmann der Restaurationszeit, Köln/Wien 1991.

Büssem, Eberhard: Die Karlsbader Beschlüsse von 1819, Hildesheim 1974.

Cisternes, R. de: Les conférences d'Aix-la-Chapelle d'après la correspondence inédite du Duc de Richelieu, in: Cosmopolis 5 (1897), S. 752–779, 6 (1897), S. 150–164.

Doering-Manteuffel, Anselm: Vom Wiener Kongreß zur Pariser Konferenz: England, die deutsche Frage und das Mächtesystem 1815–1856, Göttingen/Zürich 1991.

Dorn, Barbara: Friedrich von Gentz und Europa. Studien zu Stabilität und Revolution 1802–1822, Diss. Bonn 1993.

Duchhardt, Heinz: Gleichgewicht der Kräfte – Convenance – Europäisches Konzert. Friedenskongresse und Friedensschlüsse vom Zeitalter Ludwigs XIV. bis zum Wiener Kongreß, Darmstadt 1976.

–: Stein. Eine Biographie, Münster 2007, 2. Aufl. 2010.

–: Der Wiener Kongress und seine »diplomatische Revolution«. Ein kulturgeschichtlicher Streifzug, in: *Aus Politik und Zeitgeschichte* 65 (2015), Nr. 22–24, S. 27–32.

–: The Congress of Vienna, the Balkans, and the Mediterranean, in: *Études Balkaniques* 53 (2017), S. 67–78.

Eich, Ulrike: Russland und Europa. Studien zur russischen Deutschlandpolitik in der Zeit des Wiener Kongresses, Köln/ Wien 1986.

Fladeland, Betty: Abolistionist pressures on the Concert of Europe, 1814–1822, in: *Journal of Modern History* 38 (1966), S. 355–373.

Gall, Lothar: Wilhelm von Humboldt. Ein Preuße von Welt, Berlin 2011.

–: Hardenberg. Reformer und Staatsmann, München/Berlin/ Zürich 2016.

Giesemann, Gerhard: Kotzebue in Russland. Frankfurt/M. 1971.

Griewank, Karl: Der Wiener Kongress und die Neuordnung Europas 1814/15, Leipzig 1942.

Grimsted, Patricia Kennedy: The Foreign Ministers of Alexander I. Political Attitudes and the Conduct of Russian Diplomacy (1801–1825), Berkeley/Los Angeles 1969.

Hammer, Karl: Die Französische Diplomatie der Restauration und Deutschland 1814–1830, Stuttgart 1963.

Hippel, Wolfgang von/Stier, Bernhard: Europa zwischen Reform und Revolution 1800–1850, Stuttgart 2012.

Johannsen, Rolf H.: Das napoleonische Jahrzehnt. Porträtmalerei im frühen 19. Jahrhundert an den deutschen Fürstenhöfen, in: Agnes Husslein-Arco u. a. (Hrsg.), Europa in Wien. Der Wiener Kongress 1815/15, München 2015, S. 187–195.

Kramp, Mario (Hrsg.): Krönungen. Könige in Aachen – Geschichte und Mythos (Ausstellungskatalog), 2 Bde., Mainz 2000.

Ley, Francis: Alexandre Ier et sa Sainte-Alliance (1811–1825), Paris 1975.

Lingens, Karl-Heinz: Kongresse im Spektrum der friedenswahren-

248

den Instrumente des Völkerrechts – Cambrai und Soissons als Beispiele frühneuzeitlicher Praxis, in: Heinz Duchhardt (Hrsg.), Zwischenstaatliche Friedenswahrung in Mittelalter und Früher Neuzeit, Köln/Wien 1991, S. 205–226.

Lovecky, Katharina: Militärische Festivitäten während des Wiener Kongresses, in: Agnes Husslein-Arco u. a. (Hrsg.), Europa in Wien. Der Wiener Kongress 1814/15, München 2015, S. 312–317.

Maurer, Michael: Geschichte Englands, Stuttgart 2000.

Meyer, Karl Franz: Aachen, der Monarchen-Kongreß im Jahr 1818, Aachen 1819.

Molden, Ernst: Zur Geschichte des österreichisch-russischen Gegensatzes. Die Politik der europäischen Großmächte und die Aachener Konferenzen, Wien 1916.

Müller, Harald: Im Widerstreit von Interventionsstrategie und Anpassungszwang. Die Außenpolitik Österreichs und Preußens zwischen dem Wiener Kongress 1814/15 und der Februarrevolution 1848, Teil 1, Berlin 1990.

Näf, Werner: Zur Geschichte der Heiligen Allianz, Bern 1928.

Ordioni, Pierre: Pozzo di Borgo: diplomate de l'Europe française, Paris 1935.

Palmer, Alan: Alexander I: Tsar of War and Peace, London 1974.

Paulmann, Johannes: Pomp und Politik. Monarchenbegegnungen in Europa zwischen Ancien Régime und Erstem Weltkrieg, Paderborn 2000.

Pyta, Wolfram: Konzert der Mächte und kollektives Sicherheitssystem. Neue Wege zwischenstaatlicher Friedenswahrung in Europa nach dem Wiener Kongreß 1815, in: *Jahrbuch des Historischen Kollegs* 1996, München 1997, S. 133–173.

–: Idee und Wirklichkeit der »Heiligen Allianz«, in: Frank-Lothar Kroll (Hrsg.), Neue Wege der Ideengeschichte (Festschrift Kurt Kluxen), Paderborn 1996, S. 315–345.

Römling, Michael: Aachen – Geschichte einer Stadt, Soest 2007.

Rürup, Reinhard: Emanzipation und Antisemitismus. Studien zur »Judenfrage« der bürgerlichen Gesellschaft, Göttingen 1975.

Schindling, Anton/Ziegler, Walter (Hrsg.): Die Kaiser der Neuzeit 1519–1918, München 1990.

Schmalz, Hans W.: Versuche einer gesamteuropäischen Organisation 1815–1820. Mit besonderer Berücksichtigung der Troppauer Interventionspolitik, Aarau 1940.

Schmidt, Peer (Hrsg.): Kleine Geschichte Spaniens, Stuttgart 2002.

Schneider, Karin/Werner, Eva Maria: Europa in Wien. Who is who beim Wiener Kongress 1814/15, Wien/Köln/Weimar 2015.

Schroeder, Paul W.: The Transformation of European Politics, 1763–1848, Oxford 1994.

Schulz, Matthias: Normen und Praxis. Das Europäische Konzert der Großmächte als Sicherheitsrat, 1815–1860, München 2009.

Schwarz, Wilhelm: Die Heilige Allianz. Tragik eines europäischen Friedensbundes, Stuttgart 1935.

Siemann, Wolfram: Metternich. Stratege und Visionär. Eine Biografie, München 2016.

–: Vom Staatenbund zum Nationalstaat. Deutschland 1806–1871, München 1995.

Stamm-Kuhlmann, Thomas: König in Preußens großer Zeit. Friedrich Wilhelm III., der Melancholiker auf dem Thron, Berlin 1992.

Taack, Merete van: »Die Affären gehen gut«. Metternichs kleiner Europa-Kongreß von 1818, Düsseldorf 1988 [überarbeiteter Nachdruck von: »… und weiter tanzt der Kongreß«, Stuttgart 1969].

Thamer, Hans-Ulrich: Die Völkerschlacht bei Leipzig. Europas Kampf gegen Napoleon, München 2013.

Tischendorf, Klaus: »Was in der Dinge Lauf jetzt missklingt, tönt eins in ewigen Harmonien«. Der Düsseldorfer Städtische Musikdirektor August Burgmüller als Begleiter der Sängerin Angelica Catalani, in: *Düsseldorfer Jahrbuch* 71 (2001), S. 243–257.

Vick, Brian E.: The Congress of Vienna: Power and Politics after Napoleon, Cambridge, Mass./London 2014.

Webster, C[harles]. K.: The Foreign Policy of Castlereagh 1815–1822. Britain and the European Alliance, London 1925.

Wende, Peter (Hrsg.): Englische Könige und Königinnen, München 1998.

Wilton, Andrew: Britische Porträtkunst und der Wiener Kongress, in: Agnes Husslein-Arco u. a. (Hrsg.), Europa in Wien. Der Wiener Kongress 1814/15, München 2015, S. 173–185.

Woodhouse, C. M.: Capodistria: The Founder of Greek Independence, London/New York/Toronto 1973.

Zimmermann, Harro: Friedrich Gentz. Die Erfindung der Realpolitik, Paderborn 2012.

Bildnachweis

Personenregister

Die im Text erwähnten Autoren von Forschungsliteratur wurden *kursiv* ausgeworfen. In den Fußnoten genannte Personen wurden nicht berücksichtigt.

256

Geographisches Register

Die damaligen Großmächte (Russland, Österreich, Großbritannien, Preußen sowie Frankreich) wurden ebenso wenig ausgeworfen wie die Kongressstadt Aachen.

Auf dem Weg in die Katastrophe

Heinz Duchhardt

Der Weg in die Katastrophe des Dreißigjährigen Krieges

Die Krisendekade 1608-1618

Piper, 256 Seiten
€ 24,00 [D], € 24,70 [A]*
ISBN 978-3-492-05749-3

Der Dreißigjährige Krieg wurde nicht von einem plötzlichen Ereignis ausgelöst, sondern von einer breiten »öffentlichen Meinung« lange erwartet und in gewisser Hinsicht auch herbeigeredet.

Der renommierte Historiker Heinz Duchhardt beleuchtet die dramatische Krisendekade 1608–1618, die diesem Krieg unmittelbar vorausging: eine Zeit, die hin- und hergerissen war zwischen düsterer Endzeiterwartung und dem Willen, das Verhängnis doch noch abzuwenden. Es war ein hochexplosives Jahrzehnt voller innen- und außenpolitischer Krisen und gleichzeitig ein Jahrzehnt, das von einer großen Zukunftsangst geprägt war.

Leseproben, E-Books und mehr unter **www.piper.de**

Wie Karl Marx zum Kommunisten wurde

Jan Gerber
Karl Marx in Paris
Die Entdeckung des Kommunismus

Piper, 240 Seiten
€ 22,00 [D], € 22,70 [A]*
ISBN 978-3-492-05891-9

Seitdem sich die Elendszonen des Weltmarkts erneut ausweiten und die westlichen Metropolen erreichen, wird auch dort wieder verstärkt von Arbeit und Kapital, von Klasse und Kampf gesprochen: Im 200. Jahr nach seiner Geburt hat Marx Konjunktur.

Jan Gerber legt auf der Grundlage neuester Forschungen eine Auseinandersetzung mit Karl Marx' Leben und Werk vor. Marx' erster Paris-Aufenthalt von 1843 bis 1845 wird dabei zum Dreh- und Angelpunkt. In dieser Zeit entwickelte er die zentralen Begriffe seines Denkens: Marx traf als Radikaldemokrat in Paris ein und verließ die Stadt als überzeugter Klassenkämpfer.

Leseproben, E-Books und mehr unter **www.piper.de**

PIPER

Die Neuveröffentlichung des Standardwerks

Horst Möller

Die Weimarer Republik

Demokratie in der Krise

Piper Taschenbuch, 384 Seiten
€ 14,00 [D], € 14,40 [A]*
ISBN 978-3-492-31290-5

Die Weimarer Republik stand von Beginn an unter keinem guten Stern. Vergangene Niederlagen und die Bestimmungen des Versailler Friedensvertrages waren eine schwere Hypothek. Radikale Strömungen untergruben das Vertrauen in den Staat ebenso wie Inflation und Arbeitslosigkeit. Die Erwartungen an den neuen Staat waren wohl zu groß, die junge Demokratie leistete jedoch mehr, als unter den Bedingungen der Zeit zu erwarten war. Für die Neuveröffentlichung hat Horst Möller den Band komplett überarbeitet und deutlich erweitert.

Leseproben, E-Books und mehr unter **www.piper.de**

PIPER